Kurt Wilhelm Blohm

Städte und Stätten der Türkei

Ein Begleiter zu den Kunstwerken Istanbuls und Kleinasiens

DuMont Buchverlag Köln

Auf der Umschlagvorderseite: Die Hagia Sophia (vgl. Abb. 44)
Auf der Rückseite: Das große Theater an der Westseite des Burgberges von Pergamon, hellenistisch, 2. Jh. v. Chr.
In der Innenklappe: Blick in die Hagia Sophia, Istanbul (Foto: Kurt Röhrig)

Druck und buchbinderische Verarbeitung: Boss-Druck, Kleve

Printed in Germany ISBN 3-7701-0572-9

Inhalt

Zur Aussprache der türkischen Namen

ç = tsch (çay = tschaj)
c = dsch (cemal = Dschemal)
ğ = kaum hörbarer Gurgellaut (dağ = dagh)
ı = (i ohne Punkt) dumpfer ü-Laut
j = französ. j wie in j'ai oder Journal
kâ = etwa gleich deutschem kja
s = stets scharf und stimmlos (Samsun = Ssamssun)
ş = sch
v = w
y = gleich deutschem j (yenice = jenidsche)
z = stets stimmhaftes s wie in sagen (Gazi = gasi)

Kleinasien und seine Kulturen: Übersicht

Die kleinasiatische Halbinsel, im Norden, Westen und Süden von Meeren umschlossen, zeigt eine landschaftliche Vielgestaltigkeit, die an den großen Kontinent erinnert. Das anatolische Hochland, ein Land für Reiter und schweifende Nomaden, das bis zu einer Höhe von 1000 m ansteigt, ist eine Region der Trockensteppe, die von wüstenartigen Senken, Flußtälern und Gebirgsmassiven unterbrochen wird. Das Hochland wird im Norden vom waldreichen Pontischen Randgebirge begrenzt, das die feuchten Nordwinde auffängt. Anatolien war im Neolithikum streckenweise mit dichtem Wald bedeckt, teilweise noch bis in historische Zeit.

Im Süden wird das Hochland von der Tauruskette begrenzt, die, teilweise schroff und unübersteigbar, an der Küste entlang mit ihren Ausläufern weit ins Ägäische Meer hineinstößt, zahlreiche Vorgebirge, Halbinseln und Buchten bildend. Im Gegensatz zum Hochland besitzt die Küstenregion ein ausgeglichenes, mediterranes Klima. Schon früh lockten die fruchtbaren Küstenlandschaften und Flußtäler Kolonisten und seefahrende Eroberer an.

Das Pontische Randgebirge und die Tauruskette verknoten sich mit den vom Iran heranziehenden Gebirgsketten im Osten der Türkei zu einem schwer zugänglichen, rauhen Hochland alpinen Charakters. Ein ernsthaftes Hindernis bildeten diese Gebirgsketten nicht für Eroberer, doch bot das unzugängliche und leicht zu verteidigende Hochland kleineren Reichen einen gewissen Schutz. Die Meerengen im Westen Kleinasiens schlossen die Halbinsel ebenfalls nicht von Europa ab; sie wurden wiederholt von Heeren und wandernden Volksstämmen überquert. Im Altertum bildeten die Meerengen eine lebhaft befahrene Wasserstraße, an deren Ufern zahlreiche Siedlungen entstanden.

So ist Anatolien zu allen Zeiten ein offenes Land gewesen, durch das asiatische Völker nach Westen vordrangen oder das die Vorstöße europäischer Stämme auffing. Die Landbrücke zwischen Europa und Asien war nicht nur eine geographische, sondern auch eine kulturelle. Auf dem Boden Anatoliens treffen wir neben Spuren lokaler Kulturen auch mesopotamische, iranische, indische und zentralasiatische und chinesische sowie später auch europäische Einflüsse an. Hier fand die große fruchtbare Begegnung zwischen der griechischen und orientalischen Kultur statt. Hier finden wir aber auch prähistorische Stätten, die einen eindeutig anatolischen Charakter haben. Ein endgültiger Bericht über die Kulturen Anatoliens kann noch nicht gegeben werden. So, wie vor zwölf Jahren die Entdeckung der neolithischen Stadt Çatal Hüyük eine neue Seite der anatolischen Vorgeschichte aufschlug, kann morgen ein anderer Fund neue Probleme aufwerfen.

Selbst die klassischen Ruinenstätten sind noch nicht vollkommen erforscht. In Ephesus wird noch gegraben, in Städten wie Sillyon, Phaselis oder Termessos ist noch nicht einmal der Spaten angesetzt.

Einzig in ihrem Bestand gesichert sind die Zeugnisse der seldschukischen und osmanischen Epoche. Sie bilden heute neben den griechisch-römischen Ruinenstätten die Hauptanziehungspunkte für den kunstinteressierten Reisenden.

Das paläolithische und mesolithische Anatolien gehörte den Sammlern und Jägern, deren Waffen und Geräte in den Höhlen von Karain, Beldibi und Belbaşı gefunden wurden. 1958 entdeckte der englische Forscher James Mellaart etwa 60 km südöstlich von Konya eine neolithische Stadt – Çatal Hüyük. Aus den Funden ging hervor, daß die Bewohner der Stadt keine Jäger und Sammler allein mehr waren, sondern schon Nahrungsmittel anbauten.

Auf das Neolithikum folgte in Anatolien fast übergangslos das Chalkolithikum – die Steinkupferzeit, in der Steingeräte neben metallenen benutzt wurden.

Tonstatuette einer Göttin aus Hacılar, 6.–5. Jtsd. v. Chr.

Muttergöttin aus Blei, Kültepe-Karum, 19. Jh. v. Chr.

Hethitische Bronzestatuette aus Boğazkale, 15./13. Jh. v. Chr.

Urartäische Bronzefigur aus Toprakkale, 7. Jh. v. Chr., assyrisch beeinflußt

Bedeutendste Fundorte sind hier neben Hacılar, der Yümüktepe bei Mersin, Gözlükule bei Tarsus, die Amık-Ebene, Tilmen Hüyük und Beycesultan. Die Funde des anatolischen Neolithikums lassen zum Teil eine enge Verwandtschaft zur Kultur des minoischen Kreta erkennen: den Kult der Muttergöttin und die Verehrung des Stieres. Etwa um 3000 v. Chr. begann in Anatolien die Bronzezeit, ein weiterer Schritt in ein fortgeschrittenes Produktionsstadium, das eine stärkere Konzentrierung der Siedlungen, soziale Differenzierung und die Ausbildung von Handwerkern schuf.

Fundorte der frühen Bronzezeit sind neben Stätten in Kilikien und Beycesultan vor allem Troja II, wo man gegossenes und geschmiedetes Gerät und Schmuck aus Gold und Silber fand. Einen ausgesprochenen Höhepunkt erreichte die bronzezeitliche Kultur in Alaca Hüyük, dessen Königsgräber die wohl kostbarsten Funde der anatolischen Vorgeschichte bargen.

Ebenfalls um 2000 v. Chr. blühte die bronzezeitliche Siedlung Kültepe bei Kayseri, wo bedeutende Funde gemacht wurden. Neben eigenwilligen Keramiken fand man hier Rollsiegel und Keilschrifttafeln mit assyrischer Keilschrift. Hier befand sich jahrhundertelang eine assyrische Handelsniederlassung.

In dieser Zeit drangen auch indoeuropäische Volksstämme von Osten nach Anatolien ein, die sogenannten Protohattier, die die hohe Kultur ihres Gastlandes annahmen. Im 19. Jahrhundert gelang es dem König Anitta von Kussara, zahlreiche Stämme und Stadtkönigreiche zu vereinigen. Damit entstand ein Staatsgebilde, das wir als hethitisches Altreich bezeichnen. Die Hauptstadt war Hattuša beim heutigen Boğazkale, das später die Metropole des hethitischen Großreichs wurde.

Kitharaspieler von einer phrygischen Statuengruppe, Boğazkale, 6. Jh. v. Chr.

Griechisch-archaische Statuette aus Bayraklı, 7. Jh. v. Chr.

Griechisch-klassische Tonfigur einer Priesterin, Priene, 3. Jh. v. Chr.

Christusrelief von der Kirche von Achtamar, 10. Jh. n. Chr.

Das Hethiterreich wurde um 1200 v. Chr. von aus Westen hereinströmenden Völkern zerstört. Kleinere hethitische Stadtstaaten in Südostanatolien existierten noch bis ins 8. Jahrhundert v. Chr.; dann wurden sie ein Opfer der neuassyrischen Expansion. Die Ruinen auf dem Karatepe stammen von einem solchen späthethitischen Stadtstaat.

Die kriegerischen Ereignisse des 13. Jahrhunderts brachten Anatolien einschneidende Veränderungen. Die in ägyptischen Quellen genannten 'Nordvölker' und 'Seevölker' stürmten durch Kleinasien, zerstörten Reiche und Kulturen und schnitten Anatolien vom ägyptisch-mesopotamischen Einfluß ab. Im Zuge dieser Ereignisse wurde auch um 1250 v. Chr. Troja durch Achäer zerstört. Das ohnehin schon geschwächte Hethiterreich fiel dem Ansturm thrakischer Völker zum Opfer. Die auf diese kriegerischen Ereignisse folgende Zeit ist verhältnismäßig unerforscht (dunkle Periode).

Im 11. Jahrhundert v. Chr. schon begannen die Griechen an der kleinasiatischen Küste Kolonien anzulegen, deren protogeometrische Keramik in Bayraklı bei Izmir und in Milet gefunden wurde.

Nacheinander entstanden nun in Kleinasien Reiche, deren Ruinen oder Kunstwerke noch erhalten sind. So gründeten im 9. Jahrhundert im Osten Anatoliens im Gebiet um den Van-See herum die Urartäer ein Reich mit der Hauptstadt Tuspa beim heutigen Van. Bedeutendere Stadt- und Tempelreste dieses Volkes haben sich allerdings in der Sowjetunion (Kamir Blur) und in Iranisch-Aserbeidschan erhalten.

Eindrucksvolle Grab- und Kultdenkmäler hinterließen die Phryger, die um 750 v. Chr. in Zentralkleinasien ein Reich mit der Hauptstadt Gordion bei Ankara gründeten. Hier fand man neben den Ruinen von Stadtmauern und Häusern das sog. Grab des Midas, einen Grabhügel mit reichem Bronzeschatz. Das erste phrygische Reich wurde um 670 v. Chr. durch die Kimmerier, ein Reitervolk aus den Steppen am Schwarzen Meer, zerstört. Eine zweite Reichsgründung erfolgte später im 6. Jahrhundert zwischen Eskişehir und Afyon. Auch hier künden zahlreiche steinerne Denkmäler von der hohen Kultur dieses Volkes.

Gering ist die Zahl der Kunst- oder Bauwerke der Lyder, die heute noch erhalten sind. Die Lyder gründeten etwa um 680 v. Chr. ein Reich in Westanatolien mit der Hauptstadt Sardes. Der sagenhaft reiche König Kroisos (Croesus) verlor 546 v. Chr. sein Reich an den Perserkönig Kyros. Die Grabhügel in der Ebene bei Sardes sowie geringe Bodenfunde geben spärliche Kunde, so daß wir auf die Berichte antiker Schriftsteller angewiesen sind.

Von besonderer Eigenart sind die Bauwerke der Lykier, die zwischen dem heutigen Antalya und Muğla lebten und die charakteristischen pfeilerartigen Grabdenkmäler schufen. Die aus der Zeit zwischen dem 6. Jahrhundert und etwa 300 v. Chr. stammenden Denkmäler von Xanthos, besonders aber die Felsgräber von Telmessos (Fethiye) oder Limyra verraten schon ionischen Einfluß. Die spätere Kunst der Lykier zeigt keine originalen Züge mehr, sie ist in der griechischen Kunst aufgegangen.

Dürftig ist die Kunde über Karer und Leleger, die an der Küste und zwischen Milas und Muğla etwa wohnten. Die Ruinen karischer Bauten zeigen starken griechischen Einfluß, einzig der Zeus Labrandeus hält ein typisch karisches Symbol in der Hand – die Doppelaxt. Die Schrift der Karer konnte bis heute nicht entziffert werden.

Im 10. Jahrhundert v. Chr. begann dann in mehreren Wellen die eigentliche griechische Kolonisation. Äolier, Dorer und Ionier gründeten unzählige Siedlungen, die zum Teil zu mächtigen Städten heranwuchsen. Waren die ersten Siedler nur Kolonisten, die fruchtbaren Boden für den Ackerbau suchten, so wurden besonders günstig gelegene Städte bald zu ausgesprochenen Handelsstädten. Die griechische Kolonisation an der kleinasiatischen Küste beschränkte sich fast ausschließlich auf den Küstensaum. Eine Verbindung der Siedlungen untereinander war nur zur See möglich, die Ägäis war damals ein griechisches Binnenmeer.

Doch die Energie der Kolonisatoren beschränkte sich nicht nur auf den Aufbau der eigenen Städte. Die größten unter ihnen gründeten bald an weit entlegenen Orten neue Pflanzstädte, so errichteten die Milesier über 80 Kolonien bis zur Krim und östlichen Südküste des Schwarzen Meeres. Überhaupt entwickelte sich Milet bald zur bedeutendsten Stadt an der kleinasiatischen Küste. Im 8. Jahrhundert schlossen sich die ionischen Städte zu einem Bund zusammen, dessen Führung Milet übernahm. Der politischen Konsolidierung folgte eine kulturelle Blüte auf fast allen Gebieten der Künste und Wissenschaften, die im 6. Jahrhundert ihren Höhepunkt erlebte.

Schon im 6. Jahrhundert v. Chr. drangen die Perser in Kleinasien ein. Kyros II. schlug 546 v. Chr. den Lyderkönig Kroisos und eroberte bald ganz Kleinasien. Die griechischen Städte waren gezwungen, mit den Persern Verträge abzuschließen, die ihnen eine gewisse Selbständigkeit gewährten. Durch Intrigen zwischen dem persischen Hof und Aristagoras, dem Tyrannen von Milet, kam es um 500 v. Chr. zur Erhebung der griechischen Städte gegen die Perser. Nach anfänglichen Erfolgen der Griechen gewannen aber die Perser die Oberhand und zerstörten die ionischen Städte – zuletzt 494 v. Chr. Milet. Erst 479

v. Chr., nach dem Seesieg der Griechen über die Perser bei Mykale, wurden die ionischen Städte befreit.

334 v. Chr. zog Alexander d. Gr. an der kleinasiatischen Küste entlang, deren Städte sich ihm zum Teil ergaben, zum Teil aber auch erobert werden mußten. Nach seinem Tod kam Kleinasien unter die Herrschaft der Antigoniden und Seleukiden. Trotz der heftigen politischen Kämpfe erlebten die Künste im Hellenismus einen ungeheuren Aufschwung. Das schönste Beispiel hellenistischer Bildhauerkunst finden wir allerdings nicht mehr in der Türkei – den Altar von Pergamon, der heute in Berlin steht (Abb. 25). 189 v. Chr. schlugen die römischen Legionen bei Magnesia am Sipylos (Manisa) den letzten Diadochen, Antiochos III. Damit öffnete sich Kleinasien dem römischen Einfluß. Noch einmal versuchte ein kleinasiatischer Herrscher, Mithridates von Pontus, sich gegen die Römer aufzulehnen, doch nach seiner Niederlage wurde ganz Kleinasien römische Provinz. Die Pax Romana blieb 300 Jahre erhalten und brachte dem Land eine ungeheure wirtschaftliche und kulturelle Blüte. Der größte Teil der heute sichtbaren Ruinen stammt aus dieser Zeit. Die blühendste Stadt der Provinz Asia war Ephesus, nicht minder bedeutend war Antiochia am Orontes, das heutige Antakya.

Mit den Missionsreisen des Apostels Paulus begann das Christentum in Kleinasien Fuß zu fassen. Doch nicht nur die alten Götter stürzten, das römische Imperium zerfiel unter dem Ansturm nördlicher Barbarenstämme. Aus den Trümmern des überrannten Imperiums rettete Konstantin I. das neue oströmische Reich, dessen Hauptstadt 324 das alte Byzantion wurde. Kernland des oströmischen Reiches bildete Kleinasien. Das Christentum und die Organisation des byzantinischen Militärstaates bestimmten die nächsten Jahrhunderte. Zahlreiche Kirchen, Klöster und Festungen sind aus dieser Zeit erhalten.

1071 schlugen die Seldschuken, eine nach Westen drängende Stammesgruppe der persischen Großseldschuken, das byzantinische Heer bei Malazgirt am Van-See. Die West- oder Rum-Seldschuken gründeten in Zentralanatolien ein kurzlebiges Reich. In Kayseri, Sivas und Konya, der Hauptstadt, entstanden zahlreiche Moscheen, Koranschulen und zwischen den Städten festungsartige Karawansereien. In der Baukunst und im Kunsthandwerk der Seldschuken finden wir Stilelemente, die ihre Ursprünge in Persien, Indien und Zentralasien haben.

Westkleinasien gehörte noch zu Byzanz, an der Schwarzmeerküste existierte das Königreich Trapezunt, und in Ostanatolien wurde Armenien den Seldschuken wieder entrissen. Armenien mit der Hauptstadt Ani, dessen Kirchen zu den bemerkenswertesten Sehenswürdigkeiten der Osttürkei zählen, konnte bis zum Mongoleneinfall, Mitte des 13. Jahrhunderts, seine Selbständigkeit bewahren.

In Kleinasien wurde die leidliche Koexistenz zwischen Byzanz und den Seldschuken durch die Kreuzzüge, die Auflösung des Seldschukenreiches, den Einfall der Mongolen und später durch das Auftreten eines anderen Turkstammes – der Osmanen – stark beeinträchtigt. Die Osmanen stürmten über Kleinasien hinaus bis in den Balkan hinein. Ihre Kraft wurde nur vorübergehend durch eine Niederlage durch Timur – 1402 bei Ankara – geschwächt. Schon 1453 konnte der Osmanensultan Mehmet II. die Stadt Konstantinopel erobern, letzte Bastion des byzantinischen Reiches. Unter Süleyman I. (1520–1566) erreichte das osmanische Reich seinen politischen und kulturellen Höhepunkt. In dieser 200 Jahre währenden Blütezeit entstanden die großartigen Moscheen, Medresen und Bäder in Istanbul, Edirne, Bursa und den anderen Städten der Türkei. Im 17. Jahrhundert begann die Macht des osmanischen Reiches zu schwinden, bis es sich nach dem Zusammenbruch im 1. Weltkrieg 1923 als 'Türkische Republik' in den heutigen Grenzen konsolidierte.

Inner- und Ostanatolien: Stein- und Bronzezeit, Hethiter, Urartäer, Phryger, Lyder, Griechen, Byzantiner und Armenier

Steinzeit

Das anatolische Hochland, weite, fast baumlose Hügellandschaft, wird durch Bergmassive, wüstenähnliche Senken und wenige Flußläufe gegliedert und geht im Osten in das armenische und kurdische Bergland mit ragenden Dreitausendern über. Flora und Fauna haben sich seit der Steinzeit, ja seit der Antike erheblich verändert. Große Gebiete waren einst mit Wald bestanden, der einer artenreichen Tierwelt Lebensraum bot und als natürliches Wasserreservoir die Anlage von fruchttragenden Äckern begünstigte.

Alt- und mittelsteinzeitliche Funde (Höhlen von Karain, Beldibi und Belbaşı) zeugen von sehr früher Besiedelung des Landes. Der Altsteinzeitmensch hinterließ auf seinen Siedlungsplätzen Werkzeuge, Schnitzereien, Felsmalereien und Steinritzungen.

Im 7. Jahrtausend etwa vollzog sich in mehreren Stellen Vorderasiens der Übergang vom Sammler- und Jägerdasein zum seßhaften Ackerbauerntum und damit zur jüngeren Steinzeit, zum Neolithikum. Funde aus dieser Zeit geben uns auch nähere Kunde vom Leben des prähistorischen Anatoliens. In Hacılar (bei Burdur) und Çatal Hüyük (bei Konya) wurden Fundamente stadtähnlicher Siedlungen freigelegt. Besonders die reichen Funde von Çatal Hüyük machen das hohe Niveau neolithischer Kulturen in Anatolien deutlich.

Die Ausgrabungen von Çatal Hüyük, 1961–1963 von dem englischen Archäologen James Mellaart durchgeführt, brachten 12 Schichten ans Tageslicht, die in die Zeit von etwa 7000–5800 v. Chr. zurückreichen.

Die Menschen Çatal Hüyüks waren Jäger und Ackerbauer. Ob Vieh gehalten wurde, ist unbekannt. Çatal Hüyük war eine Stadt ohne Straßen. Man errichtete die Häuser ohne Zwischenräume unmittelbar nebeneinander, so daß ein Zugang nur vom Dach aus möglich war. Beim Bau der Häuser, die nach einem festen Plan angelegt waren, beachtete man bestimmte Größennormen, die immer

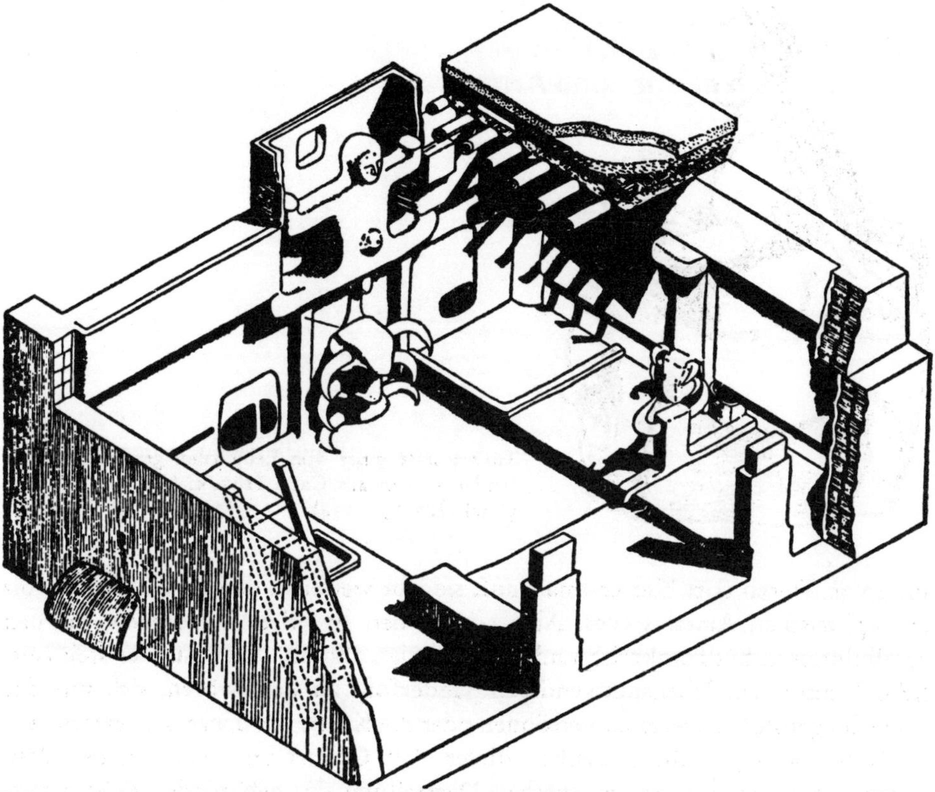

Rekonstruktion einer Kultstätte von Çatal Hüyük, Kultbau VI A 10. (Aus: James Mellaart, Çatal Hüyük, S. 152)

wiederkehren – Hand und Fuß. Das Haus war aus Lehmziegeln errichtet und flach gedeckt. In jeder Hausgruppe befand sich ein unbebauter Platz, ein Hof. Überraschend ist die große Zahl der Kultstätten. Auf etwa 140 ausgegrabene Häuser entfallen mehr als 40 Kulträume. Diese Räume waren mit bemalten Reliefs, mit Malereien und Reihen von Stierschädeln (Bukranien) geschmückt. Die Wandbilder, in Naturfarben auf weißem oder gelblichem Untergrund ausgeführt, gehören zu den ältesten Kunstwerken der Welt. Dargestellt sind neben geometrischen Ornamenten naturalistische oder symbolische Szenen. An der Daseinsform des Jägers sind noch die zahlreichen rituellen Jagdszenen orientiert, am beginnenden Ackerbauerntum die Verehrung des weiblichen Idols, der Muttergottheit der Fruchtbarkeit. Die Darstellung der Muttergottheit in Beglei-

Tonstatuette einer von Leoparden gestützten gebärenden Göttin aus Çatal Hüyük. (Aus: J. Mellaart, Çatal Hüyük, S. 234)

tung von Tieren tritt hier erstmals auf, sie lebt weiter in den Kybelebildern bis zur ephesischen Artemis (vgl. Abb. 21). In den rituellen Jagdszenen, die den Jagdbildern in Südfrankreich und Nordspanien ähneln, versuchte der steinzeitliche Mensch den lebensnotwendigen Jagderfolg zu beschwören, sich mit der Seele des getöteten Tieres zu versöhnen oder die Kräfte des Tieres zu erwerben.

Weiter bewegten die Menschen dieser Zeit Geburt und Tod. In gemalten Totenkultszenen und der plastischen Darstellung der gebärenden Göttin versuchten sie diese Naturvorgänge zu symbolisieren.

Neben Wandmalereien und Plastiken ist uns noch Keramik aus Çatal Hüyük erhalten, die zum Teil mit Ritzdekor und auch mit Bemalung versehen ist.

Siegelstempel aus gebranntem Ton mit dekorativen Mustern aus Çatal Hüyük. (Aus: J. Mellaart, Çatal Hüyük, S. 262)

II Brunnen Ahmets III. vor dem Topkapı Sarayı

◁ I Blick auf Topkapı Sarayı

III Im Topkapı Sarayı

IV Am Bosporus

V Bosporus-Fahrt

VI In der Sultan Ahmet-Moschee (Blauen Moschee)

VII

VIII

X

X

VII–X Mosaiken in der Ehemaligen Erlöserkirche des Klosters Chora (Museum)

XII Alte Brücke bei Assos

XIII Tempel von Euromos

XIV Blick von Priene auf die Mäander-Ebene

VI Aphrodite-Tempel in Aphrodisias

XV Ruinen des Apollo-Tempels von Didyma, jüngeres Didymaion

XVII Kalksinterterrassen von Pamukkale

XVIII Kreuzritterburg Anamur

XIX Blick auf Alanya

XX Küste bei Antalya ▷

XXII Lykische Felsengräber bei Fethiye

XXIII Blick auf Konya

◁ XXI Blick auf Antalya

XXIV Felsengräber bei Finike

XXIII

XXIV

XXVI Das Felsental von Göreme

XXV Phrygische Felsengräber nördlich von Afyon

XXVII

XXVIII

XXI

XX Blick auf Ortahisar bei Ürgüp, Kappadokien

XXVII Göreme: Innenraum der Apfelkirche

XXVIII Göreme: Fresken in einer der Höhlenkirchen

XXIX Höhlenwohnungen im Tal von Göreme

XXXI Kaukasusausläufer bei Erzurum ▷

XXXII Die Kathedrale von Ani

XXXIII Das Euphratbecken in der Provinz Erzican

XXXIV Berg Ararat mit einem anatolischen Dorf im Vordergrund

Sämtliche Funde aus Çatal Hüyük wurden ins Archäologische Museum in Ankara (Hethiter-Museum) geschafft. Dort ist auch einer der Kulträume naturgetreu wiederhergestellt worden.

Bronzezeit

Auf die anatolische Jungsteinzeit folgte die Steinkupferzeit, das Chalkolithikum, etwa 5500–3000 v. Chr., eine Zeitspanne, in der Steingeräte neben Bronzewerkzeugen und Schmuck im Gebrauch waren. Auch in dieser Zeit entwickelten sich in Anatolien zahlreiche regionale Kulturzentren, teilweise auf den alten neolithischen Plätzen – wie in Çatal Hüyük und Hacılar. Reiche Funde mit charakteristischem Formenschatz wurden an mehreren Orten Anatoliens gemacht, in Troja, Kültepe, Tarsus, Beycesultan, Tilmen Hüyük, Gedikli, der Amık-Ebene und Alaca Hüyük. Von diesen im 3. Jahrtausend blühenden Siedlungen wollen wir zwei näher besprechen – Alaca Hüyük und Kültepe, das alte Kaneš, nordöstlich von Kayseri.

In Alaca Hüyük wurden Funde von einer Eigenart und Kostbarkeit gemacht, die wahre Schätze des Hethiter-Museums in Ankara darstellen. Diese Funde werden in die Zeit zwischen 2350–2100 v. Chr. datiert und stammen aus 13 Fürstengräbern, die 1935–1941 von türkischen Archäologen freigelegt wurden. In Alaca befand sich der Sitz eines Stadtfürstentums der Hattier. Über die Herkunft dieses Volkes gibt es keine sicheren Zeugnisse. Es bewohnte im 3. Jahrtausend Zentral- und Südostanatolien. Seine Sprache ist keiner der bis heute bekannten Sprachen Kleinasiens verwandt. Die Hethiter verwendeten später das Hattische bis in die Großreichszeit hinein als Kultsprache.

Die 13 Fürstengräber in Alaca Hüyük liegen in unterschiedlicher Tiefe; sie nahmen vermutlich im Laufe zweier Jahrhunderte die Angehörigen einer Fürstendynastie auf. Die Gräber waren etwa 1 m tief, west-östlich orientiert, etwa 3–8 m lang und 2–5 m breit. Der Tote wurde auf der rechten Seite liegend in Hockstellung beigesetzt, mit dem Kopf nach Westen, das Gesicht nach Süden gewandt. Neben dem persönlichen Schmuck legte man dem Toten auch Kultgegenstände ins Grab. Die Gruft, deren Seiten mit Steinen zugesetzt waren, wurde mit Holzbalken verschlossen. Über dem Grab fand ein Tieropfer statt, dessen Reste ebenfalls mit Erde bedeckt wurden. Die bemerkenswertesten Grabbeigaben waren Kultgegenstände – Sonnenstandarten und Tierfiguren. Die Sonnenstandarten, die vermutlich das Himmelsgewölbe symbolisierten, wurden auf gespaltene Stangen gesetzt und mit Schnüren oder Riemen befestigt. Ornamentale Grundlage dieser Standarten ist immer das Stiergehörn, über dem sich

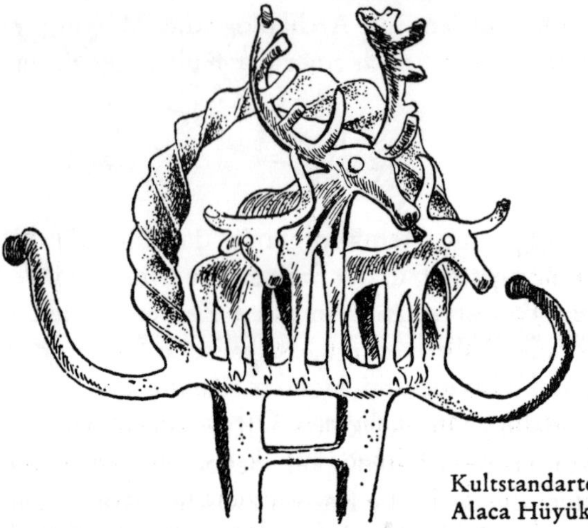

Kultstandarte, Hirsch und zwei Rinder darstellend, Alaca Hüyük, etwa 2300–2100 v. Chr. Ankara

eine reich gegliederte, durchbrochene Scheibe wölbt, mit Strahlen versehen oder ein einfacher gedrehter Metallbogen. In der Mitte steht oft ein Hirsch, flankiert von Stieren oder Leoparden. Daneben gibt es Standarten, die rein ornamental gestaltet sind – mit Swastika, Rad- oder Kreuzmotiven. Die Hirsch- und Stierfiguren, charakteristisch mit ihrem abfallenden Rücken und dem langgezogenen Maul, wurden vermutlich auf Baldachine oder andere Kultgeräte aufgezapft. Ihre Bronzekörper sind oft mit Silbereinlagen versehen, Kopf und Geweih mit Silber überzogen. Die Hirschfigur als Standartenaufsatz finden wir wieder in einer frühbronzezeitlichen Hirschfigur aus Sibirien, einer chinesischen Elchstandarte und am ähnlichsten wohl in einem hölzernen Standartenkopf, dessen Geweih aus Leder geschnitten ist, gefunden in einem Kurgan von Pazirik (Ostaltai) aus dem 4. Jahrhundert v. Chr.

Zu den Kultgeräten der alten Hattier gehörten noch die Rasseln (Sistren), die, ebenfalls mit Hirschen und anderen Tierfiguren geschmückt, auf dem Horoztepe bei Konya gefunden wurden.

Neben den Kultstandarten und der figürlichen Kleinplastik fand man in Alaca Hüyük noch eine große Anzahl von Vasen, Krügen, Tassen, Pokalen und Schalen aus Kupfer, Gold und Silber. Nicht zu vergessen der Schmuck, unter dem sich so erlesene Stücke wie das filigranartig gearbeitete Golddiadem aus dem Grab M a befindet. Alle diese Funde zeugen nicht nur von hoher künstlerischer Fertigkeit, sondern auch vom überwältigenden Reichtum der Hattier.

Ein anderer bronzezeitlicher Ort, in dem bedeutende Funde gemacht wurden, ist Kültepe bei Kayseri. Neben dem Sitz des Stadtfürsten auf dem Hüyük be-

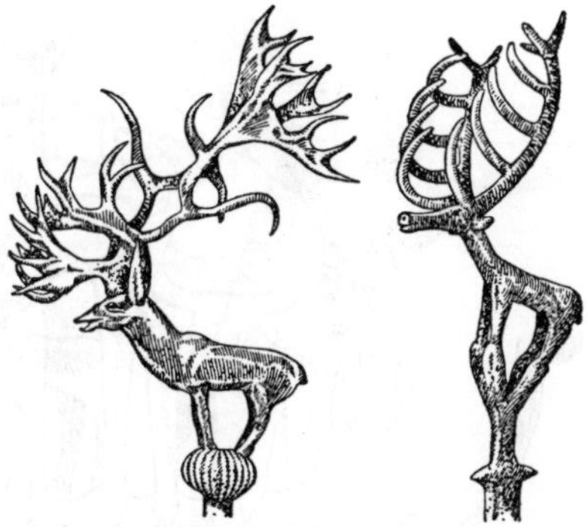

Links: holzgeschnitzter Hirsch aus dem Kurgan 2 von Pazirik. Rechts: bronzener Hirsch aus dem Grab A von Alaca Hüyük, frühe Bronzezeit, um 2500–2000 v. Chr. (Aus: H. Findeisen, Die Skythen im Altai, KOSMOS 7/1956, S. 311)

fand sich im Nordwesten eine ausgedehnte Handelskolonie (Karum) der Assyrer. Die assyrischen Kaufleute lebten unter der Botmäßigkeit des Stadtfürsten und unterhielten zahlreiche Außenposten, die bis in die Region zwischen Konya und Malatya reichten. Sie exportierten anatolische Landesprodukte: Kupfer, Gold, Silber, Edelsteine und Tiere und führten die Luxusartikel ihrer hochentwickelten Manufakturen in Mesopotamien ein. Diese Handelskolonien bestanden etwa zwischen 2000 bis 1800 v. Chr.

Die Assyrer importierten ebenfalls etwas, das die Zeitspanne ihrer Niederlassungen in die historische Zeit rückt – die Schrift. Unter den Funden, die in Kaneš-Karum gemacht wurden, sind Keilschrifttafeln und Rollsiegel von großer Wichtigkeit, enthalten sie doch Zeugnisse des bronzezeitlichen Alltags – Kaufverträge, Briefe und andere Urkunden, die die Struktur der assyrischen Handelsorganisation und ihr Verhältnis zu den örtlichen Stadtfürsten deutlich machen. Die Schrifttafeln nennen auch zum erstenmal Namen, nach denen eine Datierung möglich ist – z. B. die der Assyrerkönige Sargon, Erisum und Puzur Assur (1850–1750 v. Chr.).

Aus der Schicht II, der Blütezeit von Kaneš-Karum stammt eine große Zahl hervorragender Keramiken, die sich heute im Museum in Ankara befinden. Sie wurden auf der Töpferscheibe gefertigt, mit rotem Anguß versehen und hochglänzend poliert. Am bemerkenswertesten sind aber die Gefäße in Tierform (zoomorphe Gefäße), die Löwen, Ziegenböcken, Stieren, Ebern und Widdern nachgebildet sind. Daneben wurden Trinkhörner (Rhyta) in Schnecken- und Schnabelschuhform gefunden. Sie dienten vermutlich nur zu kultischen Zwecken. Um 1750 v. Chr. ging Kaneš in Flammen auf. Die assyrische Handelsorganisation brach zusammen, als die Hethiter die einzelnen Stadtfürstentümer zerstörten oder unter ihre Herrschaft brachten.

Gefäß in Antilopenform, Kültepe Karum, 19. Jh. v. Chr. Ankara

Hethiter

Anitta, Sohn des Pithana, König von Kussara, unterwarf um 1700 v. Chr. zahlreiche inneranatolische Stadtstaaten – darunter auch Hattuša; doch waren es keine blutigen Eroberungen, wenn man den Berichten des Anitta glauben darf, sondern eher etwas forcierte Zusammenschlüsse der aus Hethitern und Hattiern gemischten Bevölkerung. Der erste Hethiterkönig, der wirkliche Expansionspolitik betrieb, war Labarna, der Ahnherr der Herrscherdynastie des Alten Hethitischen Reiches (1700–1450 v. Chr.). Er erweiterte seinen Machtbereich nach Norden bis ans Schwarze Meer und nach Süden bis ans Mittelmeer. Sein Nachfolger, Hattušili II., verlegte die Hauptstadt von Kussara nach Hattuša, das einst sein Ahn Anitta zerstört und mit einem Fluch belegt hatte: »Wer nach mir König wird und Hattuša wieder besiedelt, den soll der Wettergott des Himmels treffen.«

Muršili I. setzte die Eroberungspolitik seines Vorgängers fort, nahm Aleppo und drang auf einem Raubzug bis nach Babylon vor. Doch das schnell gewachsene Hethiterreich war innenpolitisch zu wenig gefestigt, um die eroberten Gebiete zusammenhalten zu können. Konflikte mit dem Adel und mangelnde Organisation brachten die letzten Herrscher des Alten Reiches in Schwierigkeiten. Die Hethiter mußten sich aus ihren eroberten Gebieten zurückziehen, und so konnte im 16. Jahrhundert v. Chr. in Nordmesopotamien und Syrien das Hurriterreich der Mitanni entstehen, die indo-iranischer Abstammung waren. Bauwerke aus der Zeit des hethitischen Alten Reiches lassen sich nicht mit Sicherheit nachweisen, doch wurden andere Erzeugnisse des Kunsthandwerks gefunden: rotbraun glasierte Schnabelkannen sowie Trinkgefäße (Rhyta) in Tierform, Kleinplastiken und die ersten Königssiegel, die den Namen in Keilschrift und hethitischen Hieroglyphen enthalten. Die Keilschrift übernahmen die Hethiter von den Mesopotamiern und schrieben damit in ihrer eigenen – d. h. nesischen Sprache Annalen, Verträge, Schriftwechsel, Wörterbücher usw. Die Hieroglyphen ließen sich nicht in Ton ritzen und wurden nur zur Beschriftung von Skulpturen, Reliefs und Denkmälern benutzt.

Nach 1450 v. Chr. gelangte eine neue Dynastie in Hattuša zur Macht. Mit dem König Supiluliuma I. begann das hethitische Großreich (1450–1200 v. Chr.). Supiluliuma brachte das Reich Mitanni wieder unter die Botmäßigkeit der Hethiter und drang nach Syrien vor. Da Ägypten unter dem Pharao Echnaton außenpolitisch wenig aktiv war, gelang es dem Hethiter, sein Land als dritte Großmacht neben Ägypten und Assur zu stellen. Bezeichnend für das Ansehen der Hethiter war der zweimal vorgetragene Wunsch der Witwe Tutanchamons, ihr einen hethitischen Prinzen als Gemahl zu schicken.

Die Auseinandersetzung mit Ägypten kam 1285 v. Chr. bei Kadesch, wo sich die Heere des Hethiters Muwatalli und Ramses II. gegenüberstanden und nach

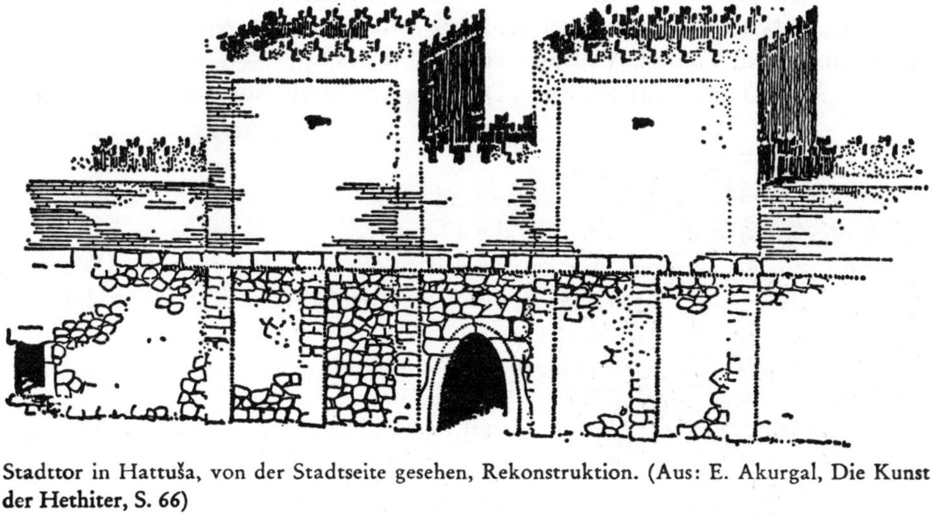

Stadttor in Hattuša, von der Stadtseite gesehen, Rekonstruktion. (Aus: E. Akurgal, Die Kunst der Hethiter, S. 66)

anfänglichen hethitischen Erfolgen eine entscheidungslose Schlacht lieferten. Nach einem Friedensvertrag, der den Hethitern Nordsyrien zusicherte, blieb das Verhältnis zwischen beiden Völkern freundlich. Es war übrigens der älteste Vertrag der Geschichte.

Um 1200 v. Chr. drangen die sog. Seevölker und thrakische Stämme in Kleinasien vor, unter ihrem Ansturm zerbrach das Hethiterreich, seine Hauptstadt Hattuša wurde durch Feuer vernichtet.

In der Großreichszeit entstanden die mächtigen Befestigungsanlagen, die Tempel und die Akropolis von Hattuša – heute Büyükkale genannt. An der West- und Südseite des Burgareals lagen verschiedene, meist zweistöckige Gebäude, das Archiv, in dem 3350 Tontafeln gefunden wurden, ein Gebäude für Kunsthandwerker, der Königspalast, ein kleines Heiligtum und eine Halle. Zu sehen sind heute die steinernen Fundamente dieser Bauten, die einst einen Lehmziegelaufbau trugen und flach gedeckt waren (Abb. 1). Hallen wurden nicht durch Säulen, sondern durch Vierkantpfeiler gestützt. Alle diese Bauten haben vermutlich große Rechteckfenster besessen, die sonst in der orientalischen Bauweise unbekannt sind.

Bemerkenswert ist die Befestigungsanlage Hattušas, das von einer 6,5 km langen Doppelmauer umzogen war. Der Unterbau war aus mächtigen 'kyklopischen' Steinen errichtet, die roh zugehauen, jedoch sorgfältig aneinandergepaßt waren. Der Oberbau der Mauer sowie der Türme war aus Lehmziegeln errichtet.

Da im Süden der Stadt das Gelände flach abfällt, also keinen natürlichen Schutz bot, wurde der Boden hier künstlich aufgeschüttet. Die zum Tor (Yerkapı) hinaufführende Treppe ist erhalten, ebenso die Poterne, ein Ausfalltor mit 70 m langem Tunnel. Von den Toren sind das sog. Königstor und das Löwentor (Abb. 2) recht gut erhalten. Die Löwen richten, wie auch an allen spä-

Siegel des Hethiterkönigs Muršili II. (etwa 1345–1315 v. Chr.) mit bildluwischem (innen) und keilschriftlichem (außen) Text. (Aus: E. Akurgal, Die Kunst der Hethiter, S. 40)

Begegnung der Götter, Relief an der Nordwand des Felsenraumes A, Yazilikaya. Großreichszeit (um 1450–1200 v. Chr.). (Aus: E. Akurgal, Die Kunst der Hethiter, S. 79)

teren hethitischen Stadttoren, ihren drohend aufgesperrten Rachen gegen den Eindringling. Alle Tore waren Doppeltore und mit einer Torkammer versehen. Das Königstor besaß noch ein Relief des Kriegsgottes, das sich heute in Ankara befindet.

Die Stadt war nicht nur durch eine Doppelmauer gesichert, sondern auch noch durch zahlreiche Quermauern gegliedert, in denen mehrere kleinere Burgen lagen.

Von den Tempelanlagen ist die Ruine des Wettergottes im Norden der Stadt am besten erhalten. Der gesamte Komplex ist 160 m lang und 135 m breit. Der eigentliche, unsymmetrisch angelegte Tempel war von einem Hof umgeben, an dem zahlreiche Magazinräume lagen. Erhalten sind die mächtigen Fundamente des Tempels, in denen man Türschwellen mit exakt gebohrten Dübellöchern und ein steinernes Wasserbecken erkennen kann (Abb. 3). Im Tempel stand einst ein Bild des Wettergottes, das heute verschollen ist und vor dem Brand- und Trankopfer (Libation) dargebracht wurden. Auch dieser Tempel besaß wie die Zivilbauten große Fenster, die das Bild des Gottes beleuchteten.

Hauptgott der Hethiter war der Wettergott, protohattisch: Taru, hurritisch: Teschup. Sein Attribut war der Stier. Weiter wurde eine weibliche Hauptgottheit verehrt – Hepat, in den Texten auch 'Sonnengöttin von Arinna' genannt. Das ihr geheiligte Tier ist der Panther. Sohn der Hepat ist Sarruma, der auf dem Relief von Yazilikaya König Tuthalija schützend umfängt.

Eine Tempelanlage, die vermutlich auch dem Totenkult später diente, war Yazilikaya, 3 km östlich von Hattuša. Den Felsenkammern waren drei Tempel vorgebaut, deren Fundamente noch erhalten sind. In der Hauptkammer befindet sich ein Podest, der sicher als Altar diente, an den Felswänden zieht in Reliefs eine Götterprozession, von links die männlichen, von rechts die weiblichen Götter, die sich in der Mitte begegnen. In der Hauptkammer sehen wir rechts noch ein Relief König Tuthalijas, auf Bergspitzen stehend (Abb. 4). Die Nebenkammer, in die man durch eine kleine Schlucht gelangt, diente vermutlich der Aufbewahrung der königlichen Graburnen. Auch hier sehen wir an den Felsen ein Relief Tuthalijas, der von seinem Schutzgott Sarruma umarmt wird, sowie ein Zwölfgötterrelief (Abb. 5). In der Großreichszeit erreichte die hethitische Kunst ihre größte Ausdruckskraft. Die Reliefs sind straff komponiert, die Plastik monumental und streng stilisiert. Doch diese Charakteristika verschwinden in der späthethitischen Kunst.

Nach der Zerstörung des hethitischen Großreichs existierten die hethitischen Kleinstaaten noch bis ins 9. Jahrhundert v. Chr. weiter. Ausgrabungen wurden in Karkemiş, Maraş, Malatya und auf dem Karatepe gemacht. Die Kunst dieser Zeit, die uns hauptsächlich auf den großen Orthostaten im Hethiter-Museum in Ankara erhalten ist, wird schon von assyrischen und aramäischen Elementen geprägt. Neben mythologischen Szenen treten jetzt auch Bilder aus dem täglichen Leben auf – besonders auf den Orthostaten des Karatepe, die noch in situ auf dem Berg stehen.

Diese Reliefs zeigen uns die Hethiter beim Festmahl, im Familienkreis, zeigen Gaukler und Jäger. Sie sind sorglos komponiert, fast lässig und schwimmend im Aufbau, mit fast karikierten Gesichtern und ohne proportionale Ordnung. Oft zieht die Schrift einfach ohne Sinnverbindung über das Bild.

Urartäer

Am Anfang des 19. Jahrhunderts begann auch die Erforschung des östlichen Anatoliens, dieses unwegsamen Gebirgslandes, das überragt wird vom gewaltigen Ararat (5172 m), dem heutigen Büyük Ağrı Dağı, an dessen vereisten Hängen noch heute Expeditionen nach Spuren der biblischen Arche suchen. Bronzefunde, Keilinschriften, Felskammern und Festungsruinen brachten die Wissenschaftler damals auf die Spur eines Volkes, das fast seit 2000 Jahren in Vergessenheit geraten war.

In diesem unzulänglichen Bergland lebten zahlreiche unabhängige Völker, die erst vom Beginn des 9. bis zum Beginn des 6. Jahrhunderts v. Chr. in einem

Reich – eben dem urartäischen Großreich – von energischen Königen zusammengefaßt wurden. Gegenspieler der Urartäer waren immer die Assyrer, und aus ihren Kriegsberichten stammen die ersten Nachrichten vom Reich Urartu. Schon Salmanassar I. (1273–1144 v. Chr.) zog gegen die Urarti, die damals noch keinen geschlossenen Stammesverband bildeten. Erst Sardur I. (844–828 v. Chr.) nannte sich »Sohn des Lutipri, des Großkönigs, des mächtigsten Königs der Welt, des Königs von Nairi« und »König der Könige, der von allen Königen Tribut empfängt«. Diese Inschrift in assyrischer Keilschrift ließ Sardur an den Stützmauern seiner Burg am Nordwestfluß des Van-Felsens anbringen. Die Bezeichnung 'König der Könige' weist ihn schon als Herrn über mehrere Völker aus. Unter seinem Nachfolger Ispuini-Menua (828–785 v. Chr.) begann die Machtentfaltung des Urartäerreiches. Unter den Königen Sardur II. (753–730 v. Chr.) und Rusa I. (730–714 v. Chr.) stießen die Urartäer nach Syrien, zum Urmia-See (Iran) und nach Leninabad (UdSSR) vor. Die Bedrohung ihres Reichsgebietes zwang die Assyrer zum Handeln. Tiglatpilesar III. (745–727 v. Chr.) warf die Eindringlinge zurück, drang aber nicht in urartäisches Gebiet ein. Die Urartäerkönige bauten ihre Hauptstadt Tuspa, das heutige Van, so stark aus, daß auf dem Felsen Vankale, der jetzt von einer türkischen Zitadelle gekrönt ist, noch zahlreiche Grabkammern und Inschriften aus der Urartäerzeit erhalten sind (Abb. 6).

Schon unter Rusa II. (680–645 v. Chr.) erschienen die Kimmerier und besetzten den Nordteil des Reiches. Nach der Besetzung Ninives durch die Meder (612 v. Chr.) wurde Urartu von ihnen abhängig. Später wanderten Armenier ein, ihnen folgten Araber, Seldschuken und Turkmenen. 1915–1917 besetzte Rußland das Gebiet um den Van-See, das Kernland des Urartäerreiches, dessen einstiges Gebiet heute teilweise zur Türkei, zum Iran und zur Sowjetunion gehört.

Baudenkmäler aus urartäischer Zeit sind heute nur noch in geringen Resten erhalten. Der Zitadellenhügel von Van birgt Grabkammern der Könige Sardur II. und Argisti I., weiter Kammern und Inschriften, auf denen sich Sardur zum erstenmal 'König der Könige' nennt.

Die Mauern der alten Stadt sind heute verschwunden, nur die treppenförmigen Abtragungen im Fels sind erhalten, auf die einst der Mauerfuß gebettet war. Im Britischen Museum befindet sich eine Bronzeplatte, die eine Vorstellung vom urartäischen Festungsbau ermöglicht.

Sechs Kilometer östlich des Vanfelsens erhebt sich der Hügel Toprakkale, den vermutlich Rusa I. zu einer Burg ausbaute. Dort stand auch der Tempel des Hauptgottes der Urartäer – Haldi, der iranischen Ursprungs ist (Abb. 7). Dieser Haldi-Tempel, der Ende des vorigen Jahrhunderts freigelegt wurde und dessen Mauern damals noch über 4 m hoch waren, ist heute restlos abgetragen – von den Einwohnern Vans, die die Quadern zum Hausbau benutzten. Durch Sicherung der Spuren im Fels und Vergleich mit anderen Tempelruinen der Urartäer konnte man den Grundriß des Heiligtums rekonstruieren. Dieser Grundriß, ein Quadrat von 13,80 m mal 13,80 m, besaß an den Ecken breite, vorgezogene Risalite, etwa 4 m dicke Mauern, die eine Cella umschlossen. Die Frontansicht eines urartäischen Tempels zeigt uns ein Relief aus Khorsabad, das die Plünderung der urartäischen Stadt Musasir durch Sargon II. darstellt. Das Relief ging später verloren, doch wurde kurz nach der Auffindung eine Zeichnung angefertigt, die uns heute Aufschluß über das Aussehen eines urartäischen Tempels gibt. Die Front wurde durch Risalite gegliedert, die mit Rundornamenten geschmückt waren. Zwischen den Risaliten hingen Weihschilde, die Tür flankierten zwei Statuen. Ein hölzernes Zeltdach, das oben mit einer Lanzenspitze versehen war, deckte den Bau. Ob in der Cella ein Götterbild stand, ist ungewiß. Das Opfer für den vielleicht bildlosen Gott wurde auf der vor dem

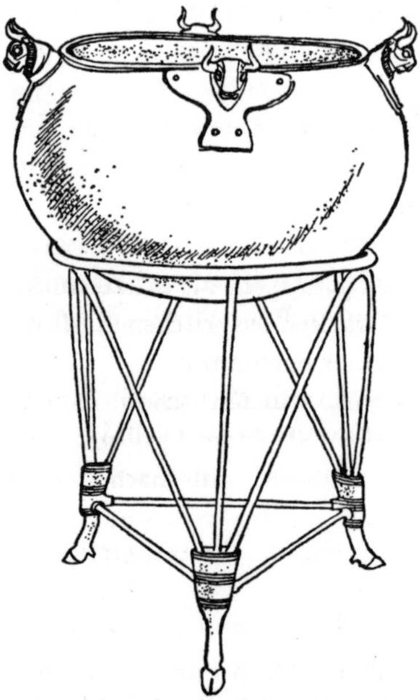

Urartäischer Kessel mit Stierköpfen aus Altintepe. Zweite Hälfte des 8. Jh. v. Chr. Ankara

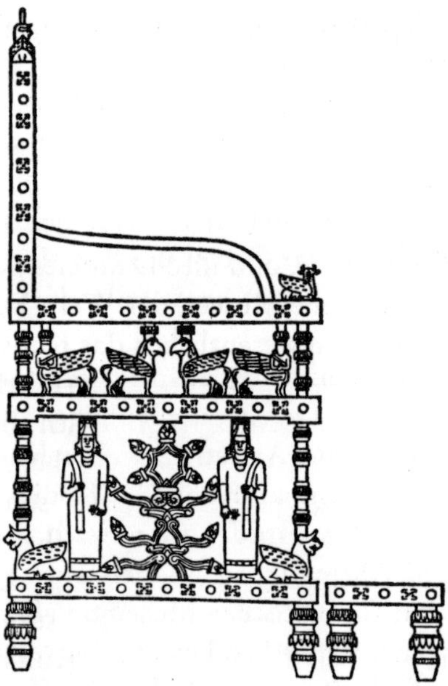

Rekonstruktion des Kultsessels von Toprakkale. (Aus: M. Riemschneider, Das Reich am Ararat, S. 102)

Urartäischer Tempel und urartäische Häuser. Eroberung der urartäischen Stadt Musasir durch Sargon II. Relief aus Khorsabad. (Aus: M. Riemschneider, Das Reich am Ararat, S. 51)

Tempel liegenden Terrasse dargebracht – täglich 17 Rinder und 34 Schafe, wie eine Inschrift kündet. Das Blut der Opfertiere rann in zwei Rinnen den Hang hinab. Diese Rinnen sind teilweise auf dem Toprakkale erhalten.

Eine besondere Bedeutung besaßen die kultischen Throne – etwa den Felsthronen der Phryger vergleichbar. Diese reich geschmückten bronzenen Kultsessel wurden nach ihrer Auffindung rasch eine Beute der Kunsträuber. Man zerschlug sie, und ihre Dämonen, Greifen und Löwen gelangten als Einzelstücke in zahlreiche Museen der Welt. Die Figuren zeigen starken assyrischen Einfluß, der auch im wesentlichen das Kunstschaffen der Urartäer bestimmte.

Weitere Erzeugnisse urartäischer Bronzegießkunst wurden schon in der Antike exportiert – vorzüglich die großen Kessel, die auf einem Dreifuß oder kegelförmigem Untersatz stehen. Die Kessel gelangten nicht nur nach Kreta, Samos, Delphi und Olympia, sondern auch nach Etrurien, wo man sie in Gräbern des 7. Jahrhunderts v. Chr. fand. Diese Gefäße, deren Attaschen (Handgriffe) Menschenköpfe, Stiere, Greifen und Löwen zeigen, stellten ein Wertobjekt ersten Ranges dar. Sie standen vor den urartäischen Tempeln, man fand sie bei der Ausgrabung von Kultstätten und in Gräbern. Doch nur ein Teil der aufgefundenen Kessel ist urartäischen Ursprungs, viele – hauptsächlich mit Löwen- und Greifenfiguren – stammen aus syrisch-hethitischen Werkstätten. Später stellten die Griechen selbst diese Weihkessel her.

Die seit ihrer Entstehung eng mit Assyrien verbundene urartäische Kunst brachte neben Reliefs auch Schmuck und Gebrauchsgegenstände von hoher Vollendung hervor. In der Spätzeit des urartäischen Reiches wurde diese Kunst feiner und zierlicher, aber auch kraftloser.

Phryger

Zwischen 1250 und 1100 v. Chr. strömten thrakische Völker aus Südosteuropa nach Kleinasien, unter ihnen die Phryger, die vermutlich auch an der Zerstörung des Hethiterreiches beteiligt waren. Die frühen Siedlungsorte der Phryger sind uns unbekannt, archäologisch faßbar werden sie erst im 8. Jahrhundert. Die Gründung des phrygischen Reiches erzählt Arrian (Anabasis II,3): »Als Alexander nach Gordion kam, ergriff ihn das Verlangen, zur Burg hinaufzugehen, wo das Königsschloß des Gordios und seines Sohnes Midas standen, und den Wagen des Gordios sowie den Knoten am Joch sich anzusehen ... Die Sage berichtet, daß Gordios ein armer Mann mit wenig Land gewesen sei, der aber zwei Gespanne Rinder besessen habe. Und als er einst pflügte, sei ein Adler auf das Joch geflogen und darauf sitzengeblieben.«

Gordios, der das als ein Götterzeichen empfand, fragte eine Seherin um Rat, die ihm befahl, unverzüglich dem Zeus zu opfern. Gordios opferte und heiratete später die Seherin. Ihrer beider Sohn Midas wurde König der Phryger, und zwar durch einen Götterspruch: Die Phryger waren zerstritten und befragten ein Orakel, das ihnen sagte, sie sollten den zum König wählen, der ihnen zuerst auf einem Wagen gebracht würde. Da nahte Midas auf einem Wagen der

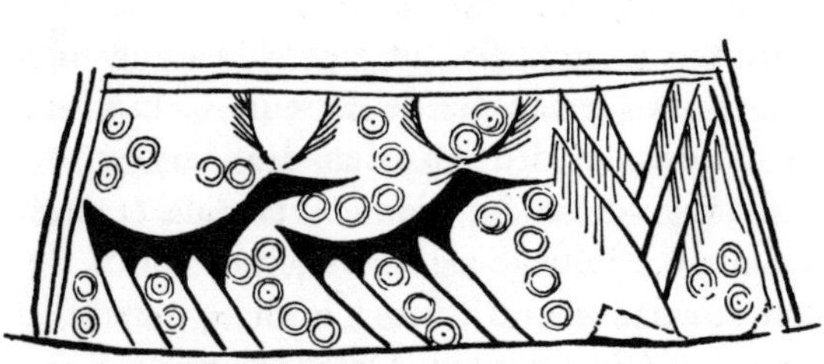

Hirsche von einem phrygischen Gefäß aus Alişar. Frühphrygisch, um 750 v. Chr. Ankara

Löwe von einer phrygischen Kanne aus Gordion. Reifphrygisch, um 700 v. Chr. Ankara

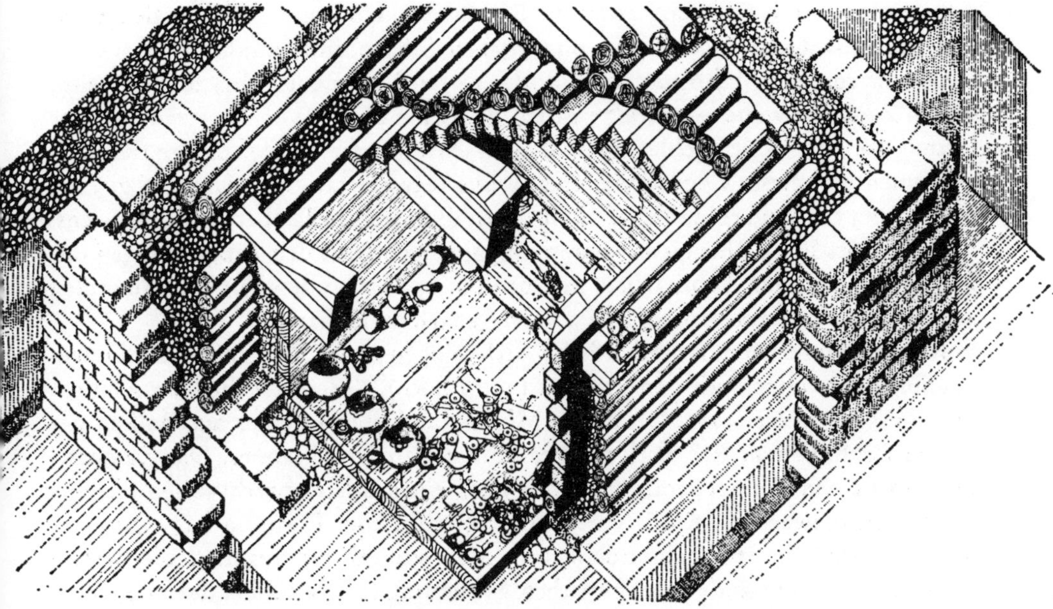

Grab des Midas. (Aus: Brion, Die frühen Kulturen der Welt, Köln 1964, S. 251)

Versammlung. Die Phryger wählten ihn zum König, und Midas stellte den Wagen seines Vaters im Zeus-Heiligtum auf. Das Joch des Wagens war an der Deichsel befestigt – wie Arrian berichtet – »mit einem Knoten aus Bast der Kornelkirsche, und es war weder Anfang noch Ende von ihm zu sehen«. Daran knüpfte sich die Weissagung, daß, wer diesen Knoten löse, ganz Asien beherrsche. Alexander durchschlug diesen Knoten mit dem Schwert im Winter 334/333 v. Chr. Soweit Arrian.

Über die Zeit von der Einwanderung der Phryger bis zur Gründung ihres Reiches berichten weder antike Quellen noch Spatenfunde. Erst im 8. Jahrhundert v. Chr. taucht ein König Mita (Midas) in den Annalen der Assyrer auf. Midas war mit dem König von Karkamiş verbündet, den er vermutlich gegen Sargon II. (721–705) von Assyrien aufwiegelte. Sargon besiegte jedoch den König von Karkamiş, zog gegen die Urartäer und zwang auch – vermutlich um 715 v. Chr. – Midas von Phrygien zur Huldigung. Das phrygische Reich, das damals im westlichen Anatolien vom Schwarzen Meer bis in die heutige Provinz Konya reichte, wurde im Osten vom Halys, dem heutigen Kızılırmak, begrenzt. Seine Hauptstadt war Gordion, südwestlich von Ankara.

Etwa um 695 v. Chr. eroberten die Kimmerier, ein Reitervolk aus den Steppen des Schwarzen Meeres, die phrygischen Städte und brannten sie nieder. Gegen Ende des 7. Jahrhunderts jedoch entstand ein neues phrygisches Reich, dessen Zentrum weiter südlich zwischen Eskişehir und Afyon lag, während der Ostteil des alten Reichsgebietes von den Lydern besetzt wurde. Zahlreiche Felsmonumente in dieser Gegend weisen auf eine rege Bautätigkeit. Um 546 v. Chr. verlor Phrygien seine Unabhängigkeit durch die persische Eroberung Kleinasiens.

Die Erforschung Phrygiens begann im Jahre 1900 mit den Ausgrabungen der Brüder Gustav und Adolf Körte in Gordion. Später gruben Türken, Amerikaner und Deutsche in Gordion, Boğazkale, Pazarlı und Alişar.

In Gordion öffneten amerikanische Archäologen einige der großen Grabhügel (Tumuli), darunter auch den größten (59 m hoch), der vermutlich ein Königsgrab barg. In diesem sog. 'Grab des Midas' fand man in einer aus Balken gefügten Grabkammer das Skelett eines etwa 60jährigen Mannes. Die Kammer, die durch einen Tunnel geöffnet wurde, barg einen Schatz prachtvollen phrygischen Kunstgewerbes: 169 Bronzegefäße verschiedener Form und 175 Bronzefibeln – aber kein Stück aus Edelmetall. Man schließt hieraus, daß die Bestattung des Königs nach der kimmerischen Eroberung stattfand, bei der alle Gold- und Silbergegenstände von den Plünderern geraubt wurden. Gold und Silber fehlen ebenfalls unter den Gegenständen, die in den Ruinen Gordions und in anderen Grabhügeln gefunden wurden. Die Ausgrabung Gordions, das nach der Zerstörung später von den Persern noch einmal befestigt wurde, brachte Aufschluß über den auf hohem Niveau stehenden phrygischen Hausbau und die Befestigungen, die sogar den griechischen an der Westküste überlegen waren. Neben den Stadtmauern und Toren Gordions, die aus dem 8. Jahrhundert stammen, wurden die Fundamente von Wohnhäusern freigelegt. Diese Megaron-ähnlichen Gebäude besaßen oft Bodenmosaiken aus Kieseln, in der Mitte einen Rundherd, waren aus Holz und Lehmziegeln aufgeführt und mit einem Satteldach gedeckt, das dem regenarmen Anatolien fremd ist und auf die südosteuropäische Herkunft der Phryger deutet.

Die auf den phrygischen Stätten gefundenen Keramiken und Bronzearbeiten weisen fremde Stileinflüsse auf: griechisch-geometrische, späthethitische, assyrische und iranische. Doch besaß das ehemalige Nomadenvolk, das durch den Einbruch in Anatolien mit den überlegenen Kulturen Vorderasiens konfrontiert wurde, die Kraft zur Umformung und zur schöpferischen Produktion. Gerade Metallarbeiten phrygischen Ursprungs gelangten an die kleinasiatische Westküste und nach Griechenland. Alle auf phrygischen Grabungsstätten gemachten Funde werden heute im Hethitermuseum in Ankara aufbewahrt.

Phrygische Muttergottheit mit Flöten- und Harfenspieler. Oberkörper stark ergänzt. Der Flötenspieler trägt eine Mundbinde, die Mittelfigur einen hohen Kopfputz (Polos) und einen langen gefältelten Rock (Chiton). 2. Hälfte des 6. Jh. v. Chr. aus Boğazkale. Ankara

Nach der erneuten Konsolidierung Phrygiens im 6. Jahrhundert v. Chr. entstanden zwischen Eskişehir und Afyon zahlreiche Felsgräber, Kultmonumente und Stufenaltäre, die mit geometrischen Ornamenten und Schriftbändern geschmückt sind. Ein lykisch-ionischer Einfluß ist hier unverkennbar, wenn auch das geometrische Dekor als eigentümlich phrygisch angesehen werden muß.

An den Kultdenkmälern wurde das Bild der Kybele verehrt und auf den Felsenthronen stellte man sich die anatolische Erdmutter sitzend vor. Mittelpunkt des Kybelekultes war Pessinus (beim Dorf Balhisar, 60 km südwestlich von Gordion). Der Kult der Göttin besaß orgiastisch-ekstatische Züge mit lärmender Musik von Zymbeln, Flöten, Klappern und Hörnern, der die Priester bis zur Geißelung und Selbstentmannung trieb. Dieser Kult verbreitete sich im ganzen Mittelmeerraum, 204 v. Chr. hielt Kybele als 'magna mater' ihren Einzug in Rom.

Lyder

Die Herkunft der Lyder ist dunkel, ihre Sprache enthält indogermanische und semitische Elemente, die Schrift ähnelt der griechischen. Die von Herodot (I, 7 ff.) erwähnten Dynastien der Atyaden und Herakliden sind legendär, historisch dagegen die der Mermnaden, deren König Gyges 652 v. Chr. beim Einfall der Kimmerier, die vorher die Phryger (695 v. Chr.) überrannt hatten, ums Leben kam. Die Lyder drängten später in die ehemaligen phrygischen Siedlungsgebiete; ihr König Alyattes schlug die Kimmerier und kämpfte im Osten gegen die vordringenden Meder. Alyattes griff auch die ionischen Städte an der kleinasiatischen Küste an und zerstörte Smyrna, konnte jedoch Milet nicht be-

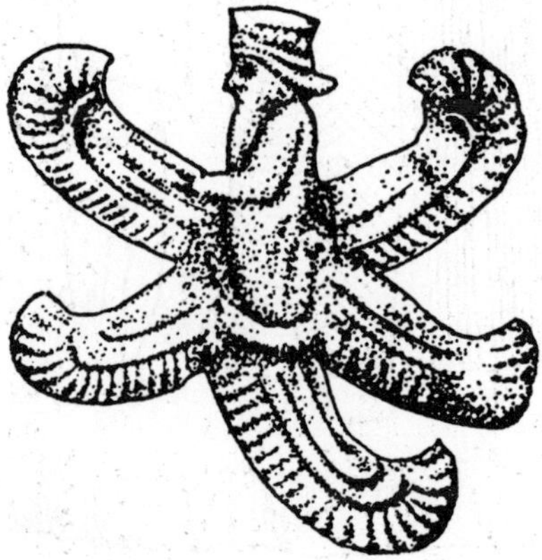

Schwebender Ahuramazda, Goldplättchen aus Sardes (Lydien). (Aus: K. Bittel, Grundzüge der Vor- und Frühgeschichte Kleinasiens, Abb. 46)

1 Fundamente der Bauten auf der Burg Büyükkale in Boğazkale. Hethitische Großreichszeit (um 1450–1200 v. Chr.)

2 Das Königstor in der Stadtmauer von Hattusa, Außenseite, Großreichszeit

3 Hattusa (Boğazkale) · Großer Tem-
pel des Wettergottes, eines der Wasse
becken im Hof zwischen Tempel un
Südwest-Magazinen. Großreichszeit

4 Yazilikaya · König Tuthalija IV
(um 1250–1220 v. Chr.) auf zwei Ber
gipfeln stehend, vor ihm seine N
menskartusche. Relief an der Ostwa
des Felsraumes A

5 Yazilikaya. Zug von zwölf Gö
tern, Relief an der Westwand des F
senraumes B. Großreichszeit

6 Der Felsen von Van mit urartäischen Grabkammern und den Resten einer seldschukischen Festung

7 Fundamente vom Tempel auf Toprakkale bei Van (Ostanatolien). (Aus: C. F. Lehmann-Haupt, Armenien einst und jetzt, Bd. 1931 2, S. 460)

Der große Fels von Ortahisar. Einst bei kriegerischen Einfällen eine sichere Zuflucht, ist der Fels heute unbewohnt. Die Häuser n Fuße des Berges sind vor die alten Höhlen gebaut

9 Das Felsental von Göreme mit Höhlenkirchen, Eremitagen, Klöstern und Wohnungen des 8. bis 11. Jh.

› Abendmahl. Wandmalerei in der
aranlık Kilise in Göreme. 11. Jh.

Tokalı Kilise, die bedeutendste
öhlenkirche im Tal von Göreme.
ıdgültiger Ausbau im 10. Jh.

12 Armenische Kirche auf der Insel Ahtamar im Van-See, erbaut 915–922. Bauornamentik an der Ostseite

13 Ruine der Erlöserkirche in Ani, ein armenischer Zentralba aus den Jahren 1035–1036

siegen und mußte einen Vertrag mit der Stadt schließen. Sein Nachfolger Kroisos (etwa 560–546 v. Chr.) eroberte Ephesus und festigte das Reich bis zum Halys, dem heutigen Kızılırmak. Kroisos war ausgesprochen griechenfreundlich, er ließ den zerstörten Artemistempel in Ephesus wieder aufbauen und spendete den griechischen Orakeln kostbare Geschenke. Der Wohlstand Lydiens und Reichtum des Kroisos wurde sprichwörtlich.

Die Griechen erklärten das durch eine Sage, wonach der König Midas auf Geheiß des Dionysos im Paktolos baden mußte, um seine Zauberkraft abzuwaschen, die alles, was er anrührte, in Gold verwandelte. Doch hat vermutlich das Gold des Paktolos nicht allein zum Wohlstand der Lyder beigetragen. Weiter berichtet Herodot (I, 26 ff.) über den (chronologisch undenkbaren) Besuch Solons bei Kroisos. Der Lyderkönig prahlte mit seinem Reichtum und fragte Solon, wen er wohl für den glücklichsten aller Menschen halte. Solon soll geantwortet haben, daß keiner sich glücklich preisen könne, bis er in Frieden aus dem Leben scheide.

Inzwischen fiel das den Lydern benachbarte Mederreich teils durch Verrat, teils durch Kriegsglück an den Perser Kyros II., der später der Große genannt wurde (etwa 559–529 v. Chr.). Kroisos wollte durch einen Präventivkrieg das Vordringen der Perser verhindern und fragte – so Herodot – das Orakel von Delphi um Rat. Die Antwort war dunkel und vieldeutig: Wenn du den Halys – den Grenzfluß im Osten – überschreitest, wirst du ein großes Reich zerstören. Kroisos überschritt mit seinen Lanzenreitern im Frühjahr 546 v. Chr. den Grenzfluß und wurde von Kyros geschlagen. Die Perser verfolgten das Lyderheer und eroberten Sardes. Kroisos geriet in Gefangenschaft.

Die lydische Hauptstadt wurde Sitz eines persischen Satrapen; zeitweilig residierte auch der jüngere Kyros (etwa 423–401 v. Chr) hier. Von der Pracht und dem Reichtum des Lyderreiches ist kaum etwas erhalten.

Nahe Sardes liegen etwa hundert Grabhügel, unter denen der größte dem König Alyattes zugeschrieben wird. Dieser Tumulus übertrifft mit einem Durchmesser von 355 m und einer Höhe von 69 m das sogenannte Midasgrab in Gordion. Nach Herodot (I, 92) krönten die Hügelspitze fünf Säulen, auf denen die Spenden der Lyder zum Grabmal ihres Königs verzeichnet waren. Herodot vermerkt verwundert, daß die Kurtisanen von Sardes den größten Teil des Geldes beigesteuert hatten. Die dreifach ummauerte Akropolis auf dem Burghügel über Sardes ist verschwunden, die Lage des Königspalastes unbekannt. Die Lyder müssen eine hochentwickelte Goldschmiedekunst besessen haben, doch sind nur geringe Reste erhalten. Zuerst wurden Münzen in Elektron, später in Gold und Silber geprägt.

Erhalten sind ferner lydische Keramiken, darunter das Lydion für den Export der Salbe Bakkaris. Alle Arbeiten weisen aber einen so starken griechischen (äolischen) Einfluß auf, daß schon frühzeitig eine Abhängigkeit der lydischen Kunst vom griechischen Formengut anzunehmen ist.

Bedeutendstes Baudenkmal in der alten Lyderhauptstadt ist heute der Artemistempel, von dessen östlicher Fronthalle noch zwei 17,73 m hohe Säulen mit ionischem Kapitell stehen. Nachforschungen haben ergeben, daß die Tempelanlage erst nach dem 5. Jahrhundert v. Chr. entstanden ist, also nicht in lydische Zeit zurückreicht. Vor der Westfront des Tempels liegt ein Altar, der von Votivstelen aus persischer Zeit umgeben ist. Ein großzügiger Ausbau des Tempels als ionischer Pseudodipteros (mit einfacher Ringhalle) mit 8 Säulen an der Front- und 20 an den Längsseiten begann erst in hellenistischer Zeit. Der Tempel war ursprünglich als Doppelanten-Tempel konzipiert (3. Jahrhundert), später (2. Jahrhundert) als Pseudodipteros mit erweiterter Vorhalle geplant, in der römischen Kaiserzeit in dieser Ordnung als Doppeltempel für Artemis und die Kaiserin Faustina umgebaut, aber nicht vollendet.

Griechen

Mit der Niederwerfung der Lyder, der Eroberung der ionischen Küstenstädte und ganz Kleinasiens bis zum Marmarameer begann die Wiedererstarkung des persischen Reiches, das jetzt eine Ausdehnung erlangte wie zur Zeit der ersten Achämeniden. Die zweihundertjährige Perserherrschaft (546–334 v. Chr.) hat in Anatolien verhältnismäßig geringe Spuren hinterlassen. Von den Palästen der persischen Satrapen ist nur ein Mauerrest bei Daskyleion am Manyas-See (heute Kuş Gölü) nördlich von Balıkesir erhalten. Weiter wurden Reliefs mit Jagdszenen und Goldschmuck gefunden, hergestellt oft von griechischen Künstlern, die persische, meist höfische Motive verwendeten. Die einzigartige Kultur der ionischen Städte, die auf vielen Gebieten eine führende Stellung im griechischen Kulturkreis besaß, begann nach der persischen Eroberung abzusterben.

Im Jahre 334 v. Chr. überschritt Alexander d. Gr. die Dardanellen, und damit begann für die Welt Vorderasiens eine weittragende Veränderung. Wir können uns nicht in Spekulationen darüber verlieren, was geschehen wäre, wenn Alexander länger gelebt hätte. Trotz seinem frühen Tod und den erbitterten Kämpfen der Diadochen, öffnete sich Vorderasien dem politischen und kulturellen Einfluß der Griechen. Das ursprünglich auf die Küstengebiete beschränkte Griechentum erlebte eine neue mächtige Expansion, die auf ganz Vorderasien bis zum Indus übergriff. In Kleinasien konsolidierten sich ein Menschenalter nach Alexanders Tod zwei Reiche, das des Lysimachos im Westen und das des Seleukos im Osten, Reiche zweier zu Königen gewordenen Generäle.

In den Bergen Armeniens behaupteten sich noch persische Fürsten, ebenso im Königreich Pontos an der Schwarzmeerküste. Doch spielten die Kleinstaaten nur eine untergeordnete Rolle. Kleinasien befand sich fest in der Hand der Griechen, die überall die Oberschicht bildeten. In dieser Epoche, in der sich orientalische Einflüsse fruchtbar mit dem Griechentum mischten, kristallisierte sich in Kleinasien Pergamon als Zentrum hellenistischer Kultur heraus.

Nach der Schlacht von Magnesia am Sipylos (190 v. Chr.) verstärkte Rom seinen Einfluß in Kleinasien, der schließlich zur völligen Besitzergreifung des Landes als römische Provinz führte. Die Ostgrenze der römischen Provinz Asia bildete der Euphrat. Hier am Euphrat, im heutigen Vilayet Adıyaman existierte im 1. Jahrhundert v. Chr. das Königreich Kommagene, ein kleiner Pufferstaat zwischen Römern und Parthern, beherrscht von einem Zweig der Seleukiden.

Um 100 v. Chr. regierte hier der König Mithradates Kallinikos. Er ließ in Arsameia am Euphrat (heute Gerger) und Arsameia am Nymphaios (heute Eski Kâhta) ein Hierothesion anlegen – Königsgrab und Heiligtum zugleich. Sein Sohn und Nachfolger, Antiochos I. von Kommagene, vergrößerte diese beiden Hierothesia und baute noch drei weitere auf dem Nemrut Dağı, dem Karakuş und Sesönk.

Während das Hierothesion in Arsameia am Euphrat durch den Bau einer mittelalterlichen Festung zerstört wurde, konnten in Arsameia am Nymphaios durch Prof. Dörner, Münster, 1951 die Anlagen einer Königsresidenz auf dem Burgberg entdeckt werden. Zum Heiligtum, das auf dem Gipfelplateau lag, zog einst ein Prozessionsweg mit drei Stationen hinauf, die mit Skulpturen und Reliefs geschmückt waren, darunter ein Relief, das eine Begrüßungsszene zwischen Mithradates Kallinikos und Herakles (rechts mit Keule und Löwenfell) darstellt. Unter den von Antiochos I. in der ersten Hälfte des 1. Jahrhunderts v. Chr. erbauten Grabheiligtümern nimmt das mächtige Hierothesion auf dem Nemrut Dağı einen besonderen Platz ein. In 2200 m Höhe wurde hier auf dem Gipfelplateau ein etwa 50 m hoher künstlicher Hügel aufgeschichtet. Zu Füßen dieses Kegels legte man über dem natürlichen Steilhang drei Terrassen an, von denen zwei – die West- und Ostterrasse – mit Kolossalstatuen geschmückt sind. Die Sitzstatuen stellen den König, flankiert von gräzisierten iranischen Gottheiten (Oromazdes, Mithras, Artagnes), Löwen und Adlern dar. Zugleich wird der König auf Stelen wie auf dem Relief von Arsameia am Nymphaios in enger Verbindung mit den Göttern gezeigt. Das Bemühen des Herrschers wird hier

König Mithradates Kallinikos von Kommagene und der Gott Herakles-Artagnes, Relief vom Hierothesion von Arsameia am Nymphaios (Provinz Adıyaman) Griechisch-iranisch, 69–34 v. Chr. (Nach: F. K. Dörner, Kommagene, S. 58)

deutlich, sich in den Rang der Götter zu erheben und durch einen festgelegten Kult diese Vergöttlichung weiterleben zu lassen.

Die Skulpturen auf dem Nemrut Dağı, die eine Provinz der griechisch-iranischen Kunst bilden, zeugen vom ins Grandiose gesteigerten Gedanken des altorientalischen Gottkönigtums, das von Ptolemäern und Seleukiden aufgegriffen, später im 'divus Augustus' und der Vergöttlichung der nachfolgenden Kaiser seine Fortsetzung fand.

Byzantiner

Bereits im 3. Jahrhundert konnte das Christentum in Caesarea, dem heutigen Kayseri, Fuß fassen. Von hier aus erfolgte auch die Christianisierung Armeniens, das bis zum Jahre 373 seine Bischöfe in Caesarea weihen ließ. Wie überall nahm das Christentum von den Städten seinen Ausgang. So wurden von Caesarea aus zahlreiche Gemeinden in Kappadokien gegründet. Diese Orte wurden ab 574 durch Streifzüge der Perser und nach 642 auch durch die Araber stark beunruhigt, die schließlich den Ostteil Kappadokiens besetzten.

Die Christen Caesareas zogen in die Tuffsteingebiete westlich der Stadt, die durch Erosionen der vom Erciyes Dağı, (mons Argaeus) und anderer Vulkane herausgeschleuderten Tuffaschefelder entstanden waren. Durch Verwitterung entstand hier eine Landschaft bizarr geformter Kegel, Felsentürme und Schluchten, in deren weichen Tuff vermutlich schon in vorgeschichtlicher Zeit Menschen ihre Wohnhöhlen gruben (Abb. 8).

Die abgelegene Landschaft bot den verfolgten Christen ideale Lebensbedingungen, zumal in den fruchtbaren Tälern Ackerbau möglich ist. So lebten hier im 8. Jahrhundert etwa dreißigtausend Mönche und Einsiedler. Zahlreiche Eremitenwohnungen, Klöster, Kapellen und Kirchen entstanden – allein im Tal von Göreme, dem alten Korama, über dreihundertsechzig Anlagen (Abb. 9). Nach dem Einfall der Seldschuken im 11. Jahrhundert entstanden zunächst keine bedeutenderen Höhlenkirchen mehr, obgleich die Eroberer die Christen kaum an der Ausübung ihres Glaubens behindert haben dürften. Durch den Rückgang der seldschukischen Macht und das Erstarken des byzantinischen Reiches von Nikaia um 1200 wurde die Kunst in den kappadokischen Gemeinden neu belebt. Nach dieser kurzen Blüte setzte jedoch ein Rückgang der bildnerischen Kräfte ein. 1923 wurden die letzten christlichen Griechen ausgesiedelt; die prachtvollen Kirchen und Klöster verfielen, bis sie später von der türkischen Denkmälerverwaltung unter Schutz gestellt wurden.

Die kappadokischen Felsenkirchen wurden erstmals ab 1908 von dem französischen Pater G. de Jerphanion untersucht, der das Ergebnis seiner Forschungen ab 1924 in mehreren Werken veröffentlichte.

Erhalten sind heute im Gebiet zwischen Ürgüp und Nevşehir so viele Kirchen, Klöster, Kapellen und Eremitagen, daß die Zahl – besonders der letzteren nicht genau angegeben werden kann. Eine große Anzahl von Mönchen lebte in Eremitagen, die oft Räume in mehreren Etagen besaßen. Zu diesem Zweck wurde ein Felskegel durch Kammern, Gänge, Schächte und Treppen nahezu vollkommen ausgehöhlt. Selbst das spärliche Mobiliar meißelte man aus dem Stein. Es war vielleicht nicht die Bedrängung durch Feinde allein, die die Mönche hier eine Zuflucht finden ließ, sondern auch der Umstand, daß die Gläubigen hier eine Landschaft vorfanden, die ihnen ideale Lebensmöglichkeiten bot. Auch in Syrien und Ägypten zogen sich die Mönche in Höhlenlandschaften zurück.

Wurden die ersten Höhlenkirchen noch als rechteckige Räume mit flacher Decke aus dem Fels geschnitten, so begann man bald alle bekannten Kirchenformen in einer Scheinarchitektur nachzuahmen. Da die Baumeister nicht bauten, sondern konkave Formen herausschälten, konnten sie die Gesetze der Statik weitgehend außer acht lassen, Kuppeln auf gewagte Auskragungen oder zu schmale Gurtbogen setzen. Das Gefühl der Unwirklichkeit wird noch erhöht, wenn über einer weggebrochenen Säule die Pendentifs frei im Raum hängen.

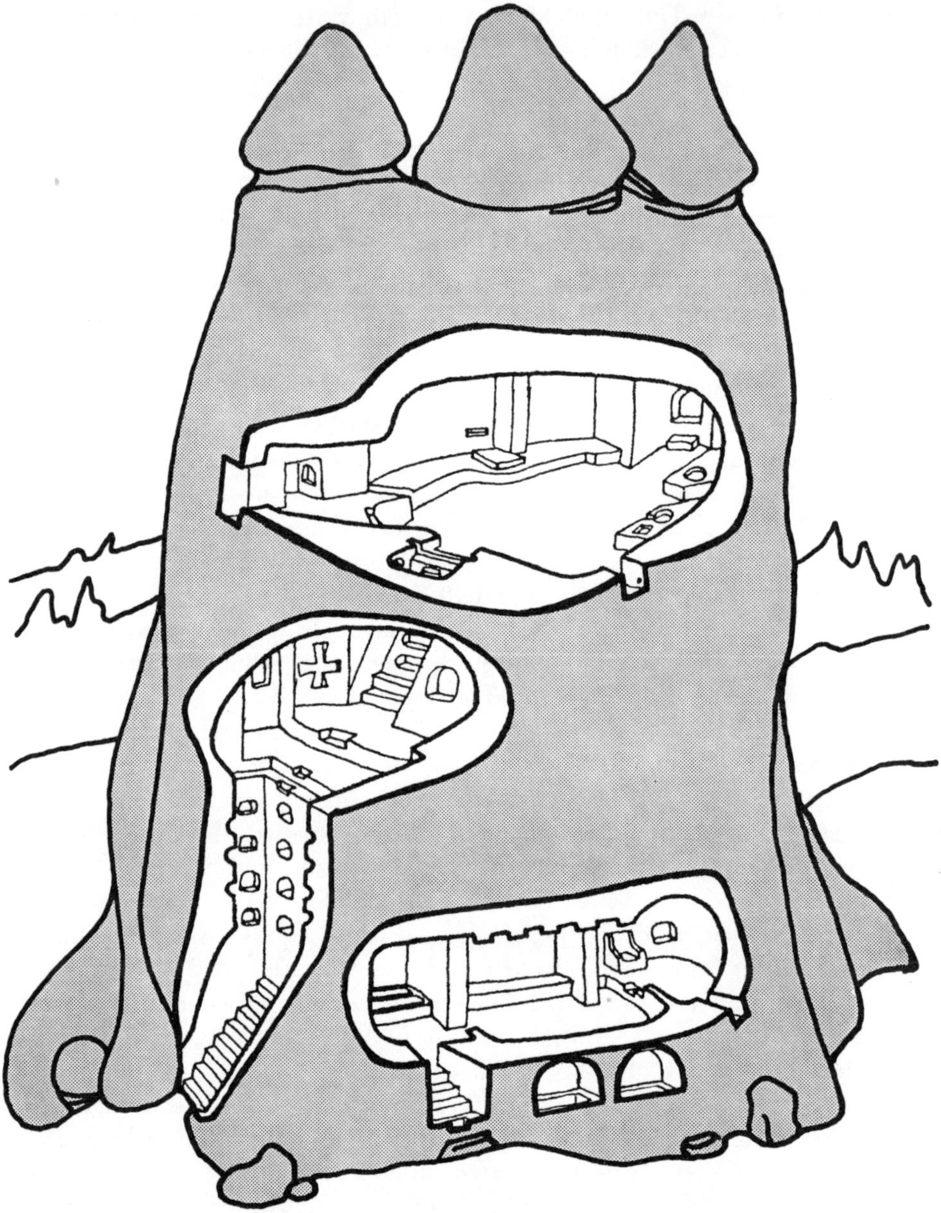

Eremitenwohnung in einem Felskegel im Gebiet von Ürgüp. (Aus: ›Länder und Völker‹, Vorderasien I., Heft 3, S. 143)

Wurden die ersten Kirchen noch mit reich ornamentierten Fassaden versehen, so legte man die Eingänge der späteren Räume versteckt und unauffällig an, um sie vor den Feinden zu verbergen. Mit besonderer Liebe aber wurde das Kircheninnere ausgestaltet. Die Ausmalung war zuerst einfach und verwandte nur geometrische Linien, Rauten, Kreuz- und Blattmotive, die mit roter Farbe direkt auf den Fels getragen wurde – ungelenk oft und grob. Diese Periode der bildlosen Ausmalung setzte sich im Ikonoklasmus, dem Bilderstreit (730–842) fort. Nach Aufhebung des Bilderverbots entstanden bis zum Ende des 12. Jahrhunderts, dem Seldschukeneinfall, die Höhlenkirchen mit der reichsten Ausmalung und ausgewogensten Architektur. Schon Pater de Jerphanion gliederte die Höhlenkirchen dieser Epoche in zwei Gruppen – eine ältere, archaische des 9. und 10. Jahrhunderts und eine jüngere Gruppe von Kreuzkuppelkirchen.

Die älteste ausgemalte Kirche ist St. Theodor bei Ürgüp. Bereits im 8. Jahrhundert erbaut und mit linearem Dekor versehen, wurde sie im 9. Jahrhundert figürlich ausgemalt, und da sie bis zum Jahre 1923 als Kirche diente, restaurierte man mehrmals die alten Malereien. Die rechtwinklig angelegte Kirche mit Nischen, einem Nebenraum und flacher Decke ist mit Bildreihen ausgemalt. Die Medaillonbänder zeigen die vierzig Märtyrer von Sebaste und in fortlaufendem Zyklus apokryphe Szenen, beginnend mit der Kindheit Jesu bis zur Auferstehung. Die Figurenfolge ist auf dreifarbigem Hintergrund dargestellt, der Erde (grün), Horizont (weiß) und Himmel (blau) symbolisiert. Diese Friese sind Zeugnisse einer Volkskunst mit syrischem Einfluß, die sich in den Klöstern Kleinasiens erhalten hatte, während die Kunst der Hauptstadt schon eine andere Formensprache gefunden hatte.

Aus dem 10. Jahrhundert stammt eine Gruppe von Kirchen im Tal von Göreme: die Elmalı Kilise (Apfelkirche), Karanlık Kilise (Dunkelheitskirche), Çarıklı Kilise (Sandalenkirche) und die bedeutendste von allen – die Tokalı Kilise (gegürtete Kirche; Abb. 11). Diese durch vorzügliche architektonische Gliederung und bemerkenswerte Harmonie zwischen Malerei und Architektur beeindruckende Kirche entstand aus einem einfachen rechteckigen Raum, dem um die Mitte des 10. Jahrhunderts ein querliegender übertonnter Saal angefügt wurde. An der Rückseite liegen hinter einer Arkadenreihe drei Chornischen, links ebenfalls hinter Arkaden eine Nebenkapelle mit runder Apsis. Die Tympana werden von einem Reliefkreuz gegliedert, unter dessen Armen die vierzig Märtyrer von Sebaste in Arkadennischen dargestellt sind. Die Ausmalung der Kirche verrät mit ihren feineren figürlichen Darstellungen, dem reicheren Umweltbild den stärkeren Einfluß von Byzanz nach der Konsolidierung des Reiches in der zweiten Hälfte des 10. Jahrhunderts.

Während die Tokalı Kilise schwach durch eine natürliche Lichtquelle erhellt wird, liegt die Karanlık Kilise – wie ihr Name sagt – in völliger Dunkelheit und gibt dadurch die ursprüngliche Atmosphäre wieder, ein mystisches Halbdunkel mit schwachem Öllampen- und Kerzenschein. Die Karanlık Kilise zeigt wie auch die anderen Kirchen dieser Zeit nicht mehr den erzählenden, aneinandergereihten Bilderfries. Nur die Hauptthemen werden behandelt, sie sind locker komponiert, die Figuren eleganter, die Gestik feierlich, die Details oft schon manieriert, die Farben subtil und raffiniert (Abb. 10).

Die eben erwähnten Kirchen – mit Ausnahme der Tokalı Kilise – weichen in ihrer Ausmalung nicht wesentlich voneinander ab. Alle drei Kreuzkuppelkirchen waren ursprünglich mit linearem Dekor versehen und wurden später figürlich ausgemalt.

Noch 1957 wurde im Tal von Göreme eine neue Kirche entdeckt – die Johanneskirche, deren Malereien fast unversehrt sind. Die fast expressionistisch empfundenen Landschaften, die eigenwillige und kraftvolle Gliederung der Figurengruppen läßt über manche Schwächen des Details hinwegsehen. Die Ausmalungen der Kirche, die in der zweiten Hälfte des 10. Jahrhunderts entstanden sind, zeigen einen Meister, der im Rahmen der traditionellen Malerei eine hoch zu bewertende Eigenleistung hervorbrachte.

Eine Sonderstellung in der byzantinischen Kunst nimmt Trapezunt ein (heute Trabzon), in das zwei Söhne des Kaisers Andronikos I. Komnenos (1183–1185) nach der Ermordung ihres Vaters flüchteten. Einer von ihnen, Alexios, gründete das selbständige Königreich Trapezunt, das später Angriffen der Seldschuken und Mongolen trotzte und erst neun Jahre nach dem Fall Konstantinopels von den Osmanen eingenommen werden konnte. Die Hauptkirche der Stadt, Hagia Sophia, erinnert in Stil und Ikonographie an die Klosterkirche Chora in Istanbul. Bei den Reliefs macht sich armenischer, georgischer und auch sassanidischer Einfluß geltend. 50 km südlich der Stadt liegt hoch in den Bergen das Kloster Sumela, ein Höhlenkloster, das vermutlich aus einer Einsiedelei entstand. Es erlebte seine Blütezeit im 14. Jahrhundert, als es von den Kaisern Alexios III. (1350–1390) und Manuel III. (1390–1420) bevorzugt wurde. Auch nach der türkischen Besetzung war das Kloster noch bewohnt, 1710 und 1740 wurden Umbauten vorgenommen, 1860 noch ein Hospiz errichtet. Nach dem ersten Weltkrieg verließen die Mönche das Kloster. Seine Wandmalereien stammen aus dem 14. Jahrhundert, wurden aber teilweise noch im 18. Jahrhundert restauriert.

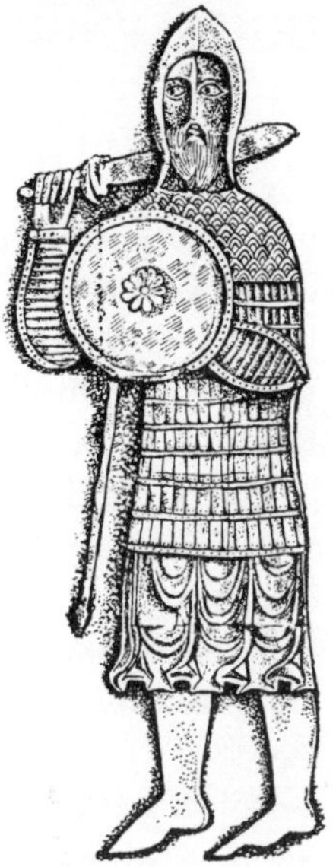

Armenischer Krieger, Goliath aus der David-und-Goliath-Gruppe von der Südseite der Kirche auf Achtamar. (Aus: Morgen des Abendlandes, S. 80)

Armenier

Das Gebiet des alten Armenien liegt im äußersten Osten der Türkei, in der Sowjetunion und im Irak. Fast tausend Jahre vorher existierte hier das Reich Urartu. Seit Beginn seiner wechselvollen Geschichte wurde Armenien immer wieder von Römern und Parthern, Byzantinern, Sassaniden und Arabern in blutigen Schlachten erobert, geplündert, seine Bewohner verfolgt oder ausgesiedelt. Nur wenige Epochen des Friedens verblieben dem Land. In diesen Zeiten aber entstand eine reiche Kultur, von der noch die Bauwerke in der Türkei und der UdSSR zeugen. In der Türkei sind es die Ruinen von Ani bei Kars und auf der Insel Achtamar im Van-See. Die Kirchen von Varzahan bei Bayburt sind verschwunden, das Kloster Warak Wankh bei Van, das Bachmann noch 1911 besuchte, bis auf wenige Reste zerstört.

Jahrhundertelang ein Zankapfel zwischen Rom und seinen östlichen Nachbarn, den Parthern und Sassaniden, wurde Armenien 298 nach dem Frieden von Nisibis (heute Nusaybin) römisches Protektorat. Die Römer setzten den vertriebenen Arsakiden Tiridates (Trdat) III. wieder als König ein, der sich um 300 von Gregor dem Erleuchter zum Christentum bekehren ließ. Die Lehre Christi wurde damit zur Staatsreligion Armeniens erhoben. Durch diese Hinwendung zum christlichen Abendland entstand ein gefährlicher Gegensatz zum mazdaistischen Persien, dem unmittelbaren Nachbarn Armeniens im Osten. 338 besetzten die Perser wieder Armenien, und fast ein halbes Jahrhundert zogen sich die Kämpfe zwischen Ostrom und Persien hin. Eine Entfremdung zwischen Armenien und Byzanz trat ein, als Armenien 451 die Beschlüsse des Konzils von Chalkedon ablehnte und sich von der römischen Kirche trennte.

Nicht unwesentlich zur Bildung eines armenischen Nationalbewußtseins trug auch die Einführung einer eigenen Schrift durch den Kleriker Mesrop (361–440) bei. Nun entwickelte sich eine umfangreiche armenische Literatur auf verschiedenen Gebieten der Wissenschaften, insbesondere der Geschichtsschreibung. Die Bibel wurde ebenfalls im 5. Jahrhundert ins Armenische übersetzt. Auch die Baukunst blühte auf, hauptsächlich in den Städten Dwin und Wagarschapat, heute in der Sowjetunion.

Unter oströmischer, persischer und später arabischer Herrschaft entwickelte sich eine aristokratisch-feudalistische Gesellschaftsordnung in Armenien. Die Macht im Staat besaßen die Nachararen, die Landfürsten, die eine absolute militärische und administrative Gewalt ausübten. Sie stellten im Kriege die berühmte armenische Reiterei. Ihnen folgten die Grundbesitzer, die Freien oder Azaten, dann das gemeine Volk, Ramik, das zum größten Teil aus Leibeigenen bestand. Lediglich die größeren Städte besaßen Selbstverwaltung und ihre Bewohner größere Freiheiten als die Bauern. Die armenische Kirche, deren oberster Bischof sich als Katholikos bezeichnete, wurde zu einer unabhängigen Macht im Staate.

Byzantiner, Perser und Araber versuchten vergeblich, die Macht der Nachararen zu brechen. Es kam zu heftigen Kämpfen und Grausamkeiten. So wurden im Jahre 705 1200 Nachararen von den Arabern in eine Kirche gelockt und dort verbrannt. Bis ins 9. Jahrhundert folgte nun eine Zeit der Unterdrückung und des Elends. Die Chasaren überfielen Armenien, die Handelswege waren blockiert. Doch unter dem Bagratiden Aschot I., den der Kalif Harun al Raschid zum Fürsten von Armenien ernannt hatte, regten sich Unabhängigkeitsbestrebungen im Lande, die allerdings der Kalif Mutawakil 852 blutig unterdrückte. Mit Hilfe der Byzantiner brachte Aschot den Feind zum Stehen, so daß sich der Kalif zu einem Bündnis mit den Armeniern bereitfand. Aschot wurde zum Fürsten der Fürsten Armeniens – allerdings von des Kalifen Gnaden – ernannt. Er suchte auch eine Annäherung an Byzanz und reiste zu diesem Zweck an den Bosporus.

Unter dem Bagratiden Gagik I. (990–1020) und seinen Nachfolgern begann für Armenien das Goldene Zeitalter. Der Transithandel, der jahrhundertelang brachgelegen hatte, blühte wieder auf und brachte dem Lande Wohlstand.

Gleichzeitig mit der Wirtschaft belebte sich auch das geistige und künstlerische Schaffen. Einem Höhepunkt der armenischen Architektur begegnen wir in Ani, der neuen Hauptstadt des Landes. Die Stadt soll am Ende des 10. Jahrhunderts von 100000 Menschen bewohnt worden sein, 10000 Wohnhäuser und 1000 Kirchen besessen haben.

Ani, auf einem dreieckigen Hochplateau zwischen den Flüssen Achurian und Ani gelegen, war mit einem dreifachen Mauerzug umgeben. Festung und Königspalast bildeten das Zentrum der Stadt. Ausgrabungen legten Stadtviertel frei, die von bestimmten Handwerkergruppen bewohnt waren, weiter Karawansereien, Werkstätten und Basare. Die ärmste Bevölkerung Anis lebte in Höhlen des Steilufers über dem Achurian. Zur gleichen Zeit blühte auch das kleine Fürstentum Waspurakan am Van-See, von dem noch die Kirche auf der Insel Achtamar kündet (Abb. 12), letzter Rest einer Königsresidenz.

Nach dem Tode Gagiks I. (1920) endete wieder eine kurze Blütezeit des Landes. Thronstreitigkeiten der Bagratiden, das Vordringen der Byzantiner und Raubzüge der Seldschuken verursachten Wirren. Johannes Sembat hatte den byzantinischen Kaiser Basileios II. zum Erben seines Reiches bestimmt, die Armenier weigerten sich aber, die Oberhoheit der Byzantiner anzuerkennen bis sich Konstantinopel durch einen Feldzug Armenien sicherte.

1067 eroberten die Seldschuken unter Alp Arslan Ani und stürmten weiter nach Kleinasien. Der Bagratide Ruben wanderte nun mit einem Teil der armenischen Adels nach Kilikien aus. Hier gründeten sie 1080 das Fürstentum der Rubeniden, das seit 1198 auch als kleinarmenisches Königreich bezeichnet wurde und drei Jahrhunderte lang bestand. Die Kleinarmenier hielten nicht nur mit den Byzantinern, sondern auch mit europäischen Staaten enge Handelsbeziehungen.

Anfang des 13. Jahrhunderts verwüsteten die Mongolen Armenien, 1468 geriet es unter die Herrschaft der Turkmenen, die wenig später wieder von den Persern vertrieben wurden. 1514 eroberte der Osmanensultan Selim I. den Westteil Armeniens, der Ostteil blieb persisch.

Der Kunst Armeniens begegnen wir hauptsächlich in den Sakralbauten. Die Ruinenstätte Ani wird beherrscht von den Resten der großen Kathedrale, die zwischen 989 und 1001 von dem Baumeister Trdat im Auftrag der Königin Katramide, der Gattin Gagiks, errichtet wurde. Die Kathedrale gehört wie die Kirche des Gregor Honentz und andere Kirchen Anis zum Typ der Kuppelbasiliken, bei denen sich die kegelförmige Kuppel auf hohem Tambour über der im Grundriß kaum ausgeprägten aber durch die Giebel markierten Vierung erhebt. Kirchen dieses Typs entstanden schon im 7. und 8. Jahrhundert.

Der wie ein antiker Tempel auf getrepptem Podest stehende Bau besitzt glatte, durch Blendarkaden gegliederte Wände. Im Inneren fangen Spitzbogen die gebündelten, vielgliedrigen Pfeiler auf und nehmen damit Elemente vorweg, die erst ein Jahrhundert später in der europäischen Gotik auftreten. Im Gegensatz zur byzantinischen Bautechnik besteht der Baukörper hier aus einem gegossenen

Kathedrale von Ani, erbaut zwischen 989 und 1001 von dem Architekten Trdat. (Aus: E. Neubauer, Armenische Baukunst vom 4.–14. Jh., S. 33)

Kern, der mit Steinplatten verkleidet ist. Eigen ist allen armenischen Bauten eine kristallische Schärfe; Turm und Wände scheinen wie aus einem Stück geschliffen. Die Bauornamentik ist sparsam. Große glatte Flächen kontrastieren mit schmalen Dekorstreifen und runden Medaillons. Eigentümlich sind die schartenähnlichen dreieckigen Fensternischen.

Neben der langschiffigen Kuppelbasilika tritt ein anderer Typ auf, den die armenische Baukunst aus dem Zentralbau entwickelte – der Tetrakonchos, der später zum Achtkonchenbau abgewandelt, hauptsächlich im 10. und 11. Jahrhundert Verwendung fand. Der Kirchenbau verrät hierdurch deutlich eine Tendenz zum Vertikalen.

Die Erlöserkirche in Ani, erbaut 1036, heute noch zur Hälfte erhalten, zeigt diesen Achtkonchenbau (Abb. 13). Die acht Apsiden sind außen sechzehneckig ummantelt, so daß der Bau fast rund erscheint. Er erinnert stark an die Kathedrale von Swartnotz (UdSSR). Neben der Kirche des Gregor Aburgantz finden wir in Ani noch mehrere Kirchen dieses polygonen Typs, darunter die kleine, gut erhaltene Hirtenkapelle, erbaut um 1000. Die Kapelle steht auf einem kreisrunden Podest; über einem mit Blendarkaden gegliederten Unterbau erhebt sich ein sechseckiges Obergeschoß, das einen kreisrunden Tambour mit Kegeldach besitzt. Noch deutlicher zeigt diese vertikale Tendenz eine Zweietagenkirche in Nor-Getik (UdSSR), die fast einem Wehrturm gleicht.

Von besonderer Eigenart ist die Ruine der Apostelkirche in Ani, vermutlich die Bischofskathedrale, ein Tetrakonchos mit etwas gestreckter Ost-West-Achse und vier großen, reich gegliederten Eckkapellen. Das Portal erinnert mit dem Wechsel von glatten Flächen und feinem Filigran sowie dem Stalaktitengewölbe über dem Tor deutlich an seldschukische Portale. Noch stärker ist iranischer Ein-

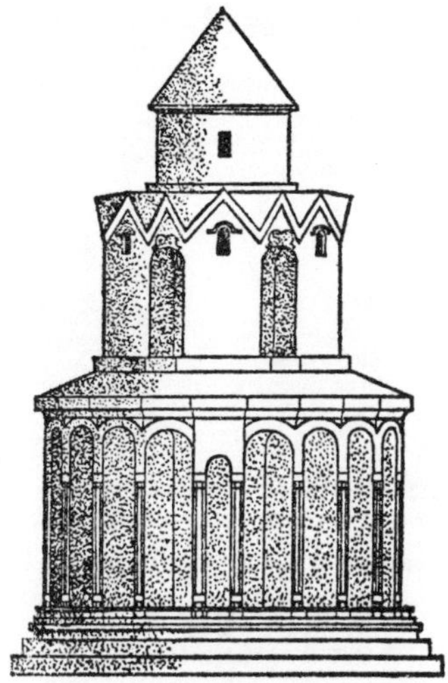

Hirtenkapelle in Ani, erbaut um 1000. (Aus: Morgen des Abendlandes, S. 79)

fluß an der Heiligkreuzkirche auf der Insel Achtamar zu erkennen, die in ihrer reichen Bauornamentik eine einzigartige Stellung in der armenischen Baukunst einnimmt. Die Kirche gehört zum Awan-Ripsime-Typus, der schon in Wagarschapat vorgebildet wurde – ein komplizierter Tetrakonchos, erbaut 915–922 von dem Architekten Manuel (Abb. 12). Die Kirche war einst von mehreren Profanbauten umgeben, die heute verschwunden sind. Die Außenwände sind mit Ornamentfriesen, Medaillons, Figurenreihen und Reliefs geschmückt, die Szenen aus dem Alten Testament, Christus, Maria und den König Gagik (von Waspurakan) darstellen. Ein Rankenfries mit Szenen aus dem täglichen Leben, Weinernte, Jagd, Festmahl, umzieht das ganze Gebäude. Neben dem schon in Ani beobachteten seldschukischen Dekor zeigt sich hier abbasidischer Einfluß. An der Ostseite thront zwischen Weinranken ein Abbasiden-Kalif (vermutlich Muqtadir) im Türkensitz. Die flach geschnittenen Reliefs heben die Körperumrisse hervor, während die Details oft wie geritzt erscheinen oder durch Schrägschnitt modelliert sind. Durch Verschmelzung byzantinischer, persischer und eurasischer Elemente entstand hier eine eigenständige Reliefkunst.

Die Kirche auf der Insel Achtamar inmitten des von hohen Bergen umgebenen Van-Sees ist das Denkmal einer kurzen glücklichen Epoche in der von Krieg und Verfolgung geprägten Geschichte Armeniens. In der Kunst Armeniens begegneten sich christliche und orientalische Elemente, die zu eigener Formensprache entwickelt, später auf Byzanz und die islamische Kunst – besonders die seldschukische – zurückwirkten.

Westküste: Karer und Lykier

Karer

»Nastes führte die Karer, die, rauh und fremd in der Rede,
Fern Miletos besaßen und Phthirois waldige Kuppen
Und des Maiandros Strom und Mykales steile Gebirge.«

So beschreibt Homer im Schiffskatalog (Ilias II, 867 f.) die Karer; Herodot (I, 171) berichtet, daß die Karer ursprünglich Leleger hießen und auf Kreta und den Kykladen beheimatet waren. Thukydides erwähnt auch eine karische Besiedlung von Delos. So sind die Karer vermutlich später nach Kleinasien zurückgedrängt worden. Die Karer wichen auch den kolonisierenden Griechen und bewohnten zuletzt das Küstengebiet zwischen Milet und dem heutigen Muğla.

Wichtigste Städte waren Alinda, Halikarnassos, Mylasa – das heutige Milas – Stratonikeia, Alabanda und Labranda, das auch religiöser Mittelpunkt Kariens war. 334 v. Chr. besuchte Alexander d. Gr. nach der Eroberung Milets die Königin Ada von Karien in Alinda, deren Familie schon vor dem Alexanderzug Beziehungen zum makedonischen Königshaus unterhalten hatte.

Kunst- und Bauwerke der Karer waren schon früh unter ionisch-griechischen Einfluß geraten und weisen nur noch geringe karische Eigenschaften auf. Unbekannt ist uns die Sprache, die Schrift noch nicht entziffert.

Das Heiligtum des Zeus Labrandeus in Labranda, nordwestlich von Milas, ist eine Ruinenstätte, die von schwedischen Wissenschaftlern ausgegraben wurde. Die Architektur folgt auch hier im wesentlichen den ionischen Vorbildern. In Milas finden wir ein fast vollständig erhaltenes karisches Bauwerk – ein Grabmonument aus der ersten Hälfte des 2. Jahrhunderts n. Chr., von den Türken heute Gümüşkesen genannt, und wohl eine Kopie des großen Mausoleions in Halikarnassos. Vier Pfeiler und acht Säulen sind hier auf dem eigentlichen Grabbau errichtet und tragen eine flach abgetreppte Pyramide, auf der sicher eine Statue des hier Beigesetzten stand.

Bild des Zeus Labrandeus mit der Doppelaxt.
Silbermünze des karischen Satrapen Pixodaros

Das Vorbild dieses Grabmals – das Mausoleion in Halikarnassos – einst eines der Sieben Weltwunder, steht heute nicht mehr. Doch die im abgearbeiteten Fels erkennbaren Maße des Bauwerks sowie aufgefundene Skulpturenfragmente, Friese und Architekturstücke ließen eine ziemlich genaue Rekonstruktion zu. Außerdem wurde das Bauwerk von Plinius d. Ä eingehend beschrieben.

Der Bau wurde etwa um 350 v. Chr. von dem in Karien regierenden persischen Satrapen Mausolos errichtet und nach seinem Tode 353 v. Chr. von seiner Gemahlin Artemisia weitergeführt.

Als Vorbild für sein Grabmal diente dem Mausolos vermutlich das Grabmal des Kyros in Pasargadai; Krischen weist auch auf Verbindungen zum Turm Etemenanki in Babylon hin, da die Rechteckform des Grundrisses eigentlich nicht dem pyramidenförmigen Dachaufbau entspricht. Daß sich Mausolos in einem hochaufragenden Grabmal beisetzen ließ und nicht – wie die Perserkönige und die lykischen Nachbarn – in einem Felsengrab, kann natürlich auch auf das Fehlen der hierfür notwendigen Felsen bei Halikarnassos zurückzuführen sein. Jedenfalls entstand aus karischem Bauwillen und orientalischen Einflüssen ein mächtiges Bauwerk, das griechische Künstler schufen und das in seinen Details absolut ionisch ist.

Das Mausoleion war 38,735 m lang, 32,94 m breit und etwa 48 m hoch. In allen Maßen des Bauwerks ist der 'ionische Fuß' (etwa 35 cm) nachzuweisen. Dadurch konnte das Bauwerk an Hand der aufgefundenen Werkstücke, in denen der 'ionische Fuß' aufgeht, mit ziemlicher Sicherheit rekonstruiert werden.

Auf einem fünfstufigen Sockel erhob sich der etwa 18 m hohe Unterbau, der oben mit einem Doppelfries geschmückt war. Ein Ring von 36 ionischen Säulen, zwischen denen Löwenfiguren standen, umzog den eigentlichen Grabbau. Darüber erhob sich das pyramidenförmig abgetreppte Dach, das die Quadriga mit dem Bild des Mausolos und seiner Gemahlin Artemisia trug.

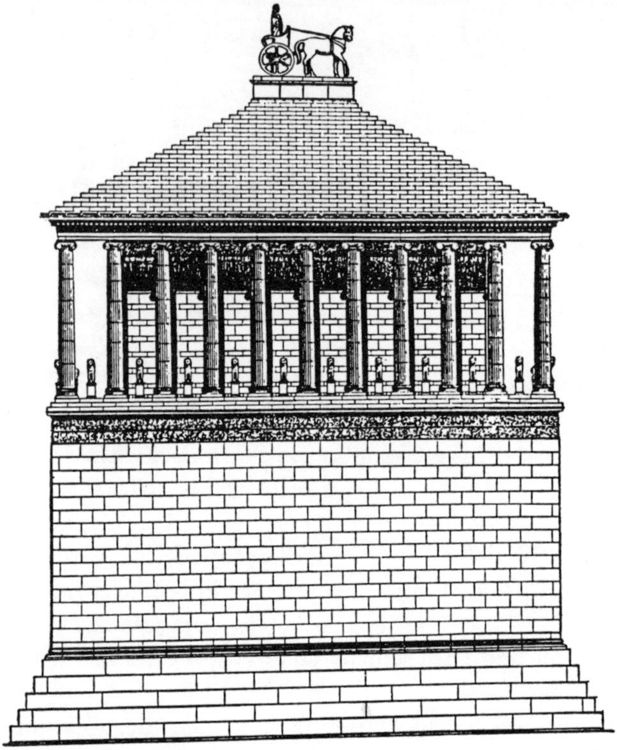

Grabmal des Mausolos in Halikarnassos, Rekonstruktion. (Aus: F. Krischen, Weltwunder der Baukunst in Babylonien und Ionien, S. 75)

Architekt des Bauwerks war Pytheos, der auch den Athenatempel in Priene erbaute. Die Reliefs an den vier Seiten waren von vier verschiedenen Bildhauern gearbeitet, unter denen die des Skopas an der Ostseite am wertvollsten sind (heute wie alle anderen Skulpturen des Mausoleions im Britischen Museum). Als um 1400 das Kastell St. Peter erbaut wurde, trug man das Mausoleion, das inzwischen auch durch Erdbeben stark zerstört war, restlos ab und verbaute die Werkstücke und Friese im Kastell. 1862/63 fand der englische Archäologe Newton die Stätte des Mausoleions wieder und auch einen Teil der herabgestürzten Skulpturfragmente. Erhalten sind also heute neben Friesfragmenten und Architekturstücken die Statue des Mausolos, Löwen und Teile der Pferde. An Ort und Stelle finden wir nichts mehr von diesem Weltwunder der Baukunst, das allen späteren Grabbauten seinen Namen hinterließ.

Lykier

»Lykier führte Sarpedon mit Glaukos, dem wackren, gemeinsam
Fern aus Lykien her von dem wirbelnden Strome des Xanthos.«

So berichtet Homer im Schiffskatalog (Ilias II, 876 f.) über die Lykier. Auch hier erzählt Herodot (I, 172 u. 173), daß die Lykier, die sich Termilen nannten, aus Kreta stammten. Demgegenüber werden die »Lukka-Länder« schon von den Hethitern erwähnt. Der Ursprung des Volkes bleibt also unsicher. Das Lykische gehört zur indogermanischen Sprachfamilie, die Schrift weist Ähnlichkeit mit dem griechischen Alphabet auf.

Denkmäler der Lykier reichen nur bis ins 6. Jahrhundert v. Chr. zurück; die Kunst bewahrte zuerst einen eigenständigen Charakter, bis sie später griechische Formenelemente und zuletzt persische aufnahm. Das lykische Bergland – von Muğla bis zum Golf von Antalya reichend – übte schon früh auf die Griechen einen starken Reiz aus, so daß sie Handlungsort und Ursprung einiger Sagen (Bellerophon) in die Bergwälder Lykiens verlegten.

Ungriechisch ist bei den Lykiern die Stellung der Frau, die auf Grabmälern oft in gleicher Größe wie der Mann dargestellt wird und von der auch Herodot (I, 173) berichtet.

Lykische Grabmäler, Felsengräber und Reliefs finden wir in Xanthos – der alten Hauptstadt –, die 545 v. Chr. vom persischen Feldherrn Harpagos zerstört wurde – in Fethiye (Telmessos), Patara, Kaş (Antiphellos), Demre (Myra), Gölbaşı (Trysa) und Finike (Limyra).

Charakteristisch für die lykischen Ruinenstätten sind die Felsengräber und die einzeln stehenden Grabmonumente. Die letzteren zeigen zwei Bautypen: das Pfeilermonument mit flachem Dach und den Grabbau mit aufgesetztem hausförmigem Sarkophag. Die Leiche des Verstorbenen wurde immer im oberen Teil des Grabmals untergebracht, weil nach dem Glauben der Lykier der Tote von den Vogeldämonen, den Sirenen, in den Himmel getragen wurde.

Grabmonumente mit flachem Dach finden wir in Xanthos; das bekannteste ist das sog. Harpyienmonument, das um 480 v. Chr. entstand. Dieses Grabmal besaß im oberen Teil ein umlaufendes Relief, dessen Originale sich im Britischen Museum befinden. In das in Xanthos stehende Grabmal wurden Abgüsse eingesetzt. Sie stellen die Verehrung der Toten dar – an der Westseite zwei Frauen und an den anderen Seiten je eine sitzende Männerfigur. Die Anbetenden tragen Fruchtbarkeitssymbole wie Ei, Granatapfel und Hahn. An den Außenseiten der Nord- und Südreliefs sehen wir ebenfalls geflügelte Sirenen, die die Seelen der Verstorbenen forttragen. Verstorbene und Lebende erscheinen hier erstmals in gleicher Größe, während auf älteren Grabreliefs der Verstorbene überlebensgroß dargestellt wurde. Die Figuren mit ihren reich gefälteten Gewändern weisen in ihrer streng archaischen Gestaltung auf einen griechischen oder griechisch geschulten Künstler hin.

Lykisches Grabmonument, Sarkophag mit spitzbogigem Satteldach, Telmessos (Fethiye), 4.–3. Jh. v. Chr. (etwas ergänzt)

Oben rechts: Tönernes Hausmodell des 8. Jh. v. Chr. aus Perachora (Peloponnes). Das steile, gewölbte Dach ist sicher weich gedeckt, den First bildet vermutlich ein gedrehter Strick. Athen

Darunter: Zeichen vom Diskos von Phaistos, einen Hausgiebel darstellend

Zu dieser Gruppe von Grabmonumenten gehört auch der sog. Inschriftenpfeiler in Xanthos neben dem Theater, ein etwa 4 m hoher Monolith, das Grab eines lykischen Prinzen aus dem späten 5. Jahrhundert. An den vier Seiten befinden sich Inschriften in lykischer Sprache.

Die zweite Gruppe der Grabmäler ist von einem Sarkophag in Hausform gekrönt, der oft ein gewölbtes Satteldach mit aufragendem First trägt. Diese Giebelform finden wir unter den Zeichen auf dem Diskus von Phaistos in Kreta (16. Jahrhundert v. Chr.), bei späteren griechischen Haustypen und auch bei mitteleuropäischen Bauernhäusern.

Bei den lykischen Sarkophagen ist die Holzkonstruktion des Hauses mit Stützbalken, Ankern und Dachsparren genau in Stein nachgebildet.

Diese getreuen Kopien des Holzbaues finden wir aber auch bei den später entstandenen Felsgräbern wieder, die zuerst weit aus der senkrechten Felswand herausgearbeitet waren, später aber immer flacher wurden. Die frühen Felsgräber verraten noch rein lykischen Charakter. Zu erwähnen ist hier ein Grabhaus in Pinara, das etwa 2 m aus dem Felsen herausragend, ein zweistöckiges altlykisches Stadtwohnhaus wiedergibt, das vermutlich in Lehmziegelbauweise mit Holzgerüst errichtet wurde und ein flaches Lehmdach trug. Das Haus war verhältnismäßig schmal und besaß mehrere hintereinanderliegende Räume, auf deren Trennwänden die Rundhölzer der unteren Dachschicht auflagen. Diese frühen lykischen Felsengräber stammen aus dem 5. Jahrhundert. In Myra sehen wir eine ganze Felswand mit zahlreichen Felsgräbern dieses Typs aus dem 5. und 4. Jahrhundert.

Später machte sich ionischer Einfluß bemerkbar. So finden wir zahlreiche Varianten, in denen sich Elemente der ionischen Tempelfassade mit der des lykischen Hauses mischen. Die ehemals funktionellen Holzbauteile wandelten sich zu Dekorationselementen. Im 4. Jahrhundert entstanden dann Grabfassaden in vollkommen ionischer Ordnung mit Säulen und Mittel- und Eckakroter auf dem flachen Giebel. Hier war jede lykische Eigenart völlig verschwunden.

Das Felsengrab besitzt einen Vorraum hinter der Säulenfassade; hinter ihm liegt die eigentliche Grabkammer, verschlossen durch eine steinerne Tür, die die Form der alten hölzernen und darum längst vergangenen griechischen Tempeltüren wiedergibt.

Von einem anderen Grabmonument – dem Nereidenmonument – sind nur noch der Unterbau in situ erhalten. Das gesamte Bauwerk ist mit den Original-Reliefs im Britischen Museum wiederaufgebaut. Es ist ein auf ein hohes Podest gesetzter griechischer Tempel, erbaut im letzten Viertel des 5. Jh. Der Unterbau ist mit Reliefs geschmückt, die Kampfszenen darstellen sowie den hier beigesetzten Fürsten bei der Einnahme einer Stadt. Der Stil ist ostgriechisch – d. h. orientalisch beeinflußt.

Ein weiterer bemerkenswerter Grabbau ist das Heroon von Gölbaşı (Trysa), ebenfalls aus dem 5. Jahrhundert, ein Grabhaus, das von einer Umfassungsmauer (Peribolos) umgeben ist. Die Reliefs dieser Mauer stellen Szenen aus der griechischen Heldensage dar; sie befinden sich seit 1882 in Wien.

Als letztes großes Grabmal müssen wir den in Sidon gefundenen lykischen Sarkophag erwähnen, der sich heute im Museum in Istanbul befindet (Saal IX). Auf seinen Längs- und Schmalseiten sind Jagd- und Kampfszenen, in den Giebelfeldern Sphingen und Greifen in sorgfältiger Ausführung dargestellt. Der um 400 v. Chr. entstandene Sarkophag bildet einen Höhepunkt der lykisch-ostgriechischen Kunst.

Am Südhang der Akropolis von Limyra wurden Reste eines Heroons ähnlich dem Nereiden-Monument freigelegt. Es war die Ruhestätte des lykischen Dynasten Perikles aus dem 4. Jahrhundert v. Chr. Karyatiden und Reliefs sind am Ort, die Akroteria im Museum von Antalya zu besichtigen.

Den umfangreichsten Schatz lykischer Reliefkunst besitzt neben dem Antikenmuseum in Istanbul das Britische Museum. Die hier aufbewahrten Bildwerke des 5. Jahrhunderts zeigen schon die fortgeschrittene Gräzisierung der lykischen Kunst, aber auch persische Einflüsse. Mit dem Beginn der hellenistischen Periode am Ende des 4. Jahrhunderts ging die lykische Bildkunst unter, nachdem sie ein Jahrhundert vorher schon ihre Eigenständigkeit eingebüßt hatte.

Später entstandene sogenannte Zwölfgötterreliefs (heute in den Museen von Istanbul und Antalya), die eine streng stilisierte Reihung geometrisch gezeichneter Götterbilder darstellen, stammen aus spätrömischer Zeit und gehen auf späthethitische Vorbilder des 8. Jahrhunderts v. Chr. zurück, die Götterprozessionen zeigen. Ihre abstrakt symbolisierende Auffassung ist keine Fortsetzung der traditionellen lykischen Kunst.

Lykischer Sarkophag aus Sidon, Giebelfeld mit Sphingen. Ende des 5. Jh. v. Chr. Istanbul, Antikenmuseum

Ägäische Küste: Griechen und Römer

Die durch vorspringende Gebirgszüge und tief einschneidende Buchten reich gegliederte ägäische Küste der Türkei bildet eine geographische Einheit. Gemeinsam ist ihr die westliche Begrenzung durch das Meer und die östliche durch das anatolische Hochland. Die zahlreichen Buchten und fruchtbaren Flußtäler lockten schon früh Kolonisten an, und so bildete die türkische Ägäis-Küste auch im Altertum eine kulturelle Einheit. Bis zur Zeit Alexanders d. Gr. waren die Griechenstädte an der kleinasiatischen Westküste mehr oder weniger eng mit dem Mutterland verbunden, ihr Einfluß reichte aber kaum ins anatolische Hinterland. In hellenistischer, besonders aber in römischer Zeit breitete sich die griechisch-römische Kultur über ganz Kleinasien aus.

Wenn wir hier Troja, Bayraklı bei Izmir und das alte Milet als Beispiele früher mykenisch-griechischer Besiedlung beschreiben, so ist das nur die Fixierung des augenblicklichen Standes der Forschung an der kleinasiatischen Ägäisküste. Es gibt sicher eine Anzahl von frühen Siedlungsplätzen, die noch unbekannt sind, und zahlreiche bekannte Siedlungen, die noch nicht ausgegraben wurden.

Die chronologische Aufzählung der Städte erweist sich als problematisch. Troja wurde z. B. von etwa 3000 v. Chr. bis 700 v. Chr. – also etwa 2500 Jahre besiedelt, die Denkmäler Milets reichen vom 13. Jahrhundert v. Chr. bis ins 15. Jahrhundert n. Chr., erstrecken sich also über einen Zeitraum von knapp 3000 Jahren. Ephesus wurde von 900 v. Chr. vermutlich bis ins 5. Jahrhundert n. Chr. bewohnt, Izmir gar von seiner Neugründung durch Lysimachos im 4. Jahrhundert v. Chr. bis zum heutigen Tag.

In zahlreichen Orten finden wir Denkmäler unterschiedlicher Kulturen: Mykener, Griechen, Römer, Byzantiner, Seldschuken und Osmanen. Nirgends wird uns Wandel und Vergänglichkeit der großen Kulturen so anschaulich vor Augen geführt wie hier an der ägäischen Küste Kleinasiens. In Ephesus z. B. dienten die Werkstücke römischer Bauten zur Errichtung byzantinischer Kirchen und Festungen, die Säulen der Hafenthermen zum Bau einer seldschukischen Moschee. Oft wurden – wie in Troja – die Häuser und Mauern auf den Fundamenten älterer Bauten errichtet. In anderen Fällen zwang die Verlandung einer Meeresbucht zur Verlegung einer Stadt – wie Ephesus und Priene – oder führte den Untergang der Stadt herbei. Auch Kriege und Erdbeben löschten Städte aus. So sehen wir uns in den antiken Stätten an der türkischen Ägäisküste meistens einer verwickelten Stadtgeschichte gegenüber, die es oft unmöglich macht, eine Ruinenstätte eindeutig als griechisch oder römisch zu bezeichnen. Wenn hier trotzdem die Städte und Stätten ungefähr chronologisch aufgeführt werden, sind starke Überschneidungen nicht zu vermeiden.

Das homerische »mauergewaltige Troja«, auch Ilion, lat.: Ilium, bietet sich dem heutigen Besucher als von zahlreichen Gräbern zerfurchter Hügel mit allerdings noch imponierendem Mauerrest, den Ruinen zweier römischer Theater, mehreren Gebäudefundamenten, Rampen und Torresten dar.

Der Hügel von Hisarlik, der Stadthügel des alten Troja, in der Ebene des antiken Skamandros, heutigen Menderes Cayı gelegen, wurde schon um 3000 v. Chr. besiedelt. Dank ihrer strategisch günstigen Lage – sie konnte die Einfahrt in die Dardanellen kontrollieren – gelangte die Stadt schon in der frühen Bronzezeit zu größerer Bedeutung. Funde deuten auf Handelsbeziehungen mit Mesopotamien hin. Nach wiederholten Zerstörungen setzten sich Mykener auf dem Hügel fest. Wohlstand und weitreichende Handelsbeziehungen gaben vermutlich Anlaß zum Trojanischen Krieg. Die Stadt (Troja VII) wurde um 1275 v. Chr. durch Erdbeben zerstört und dann von Achäern erobert. Später besiedelten Thraker und darauf äolische Griechen den Hügel. In römischer Zeit erlangte Troja wieder größere Bedeutung. Es wurde von zahlreichen gebildeten Römern

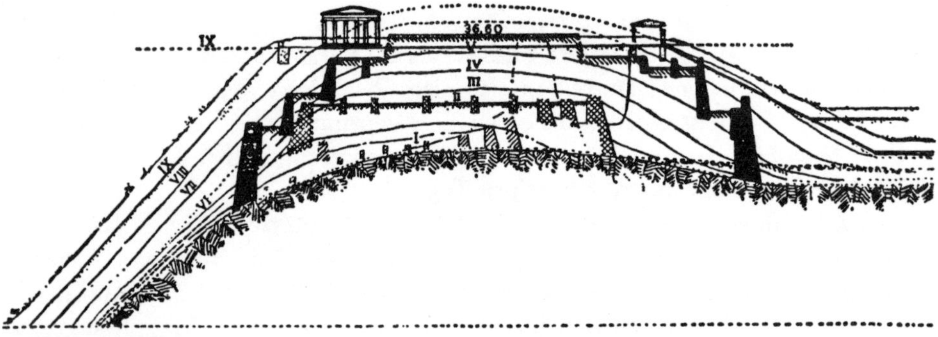

Nord-Süd-Schnitt durch den Hügel von Troja. (Aus: C. W. Blegen, Troy, S. 32)

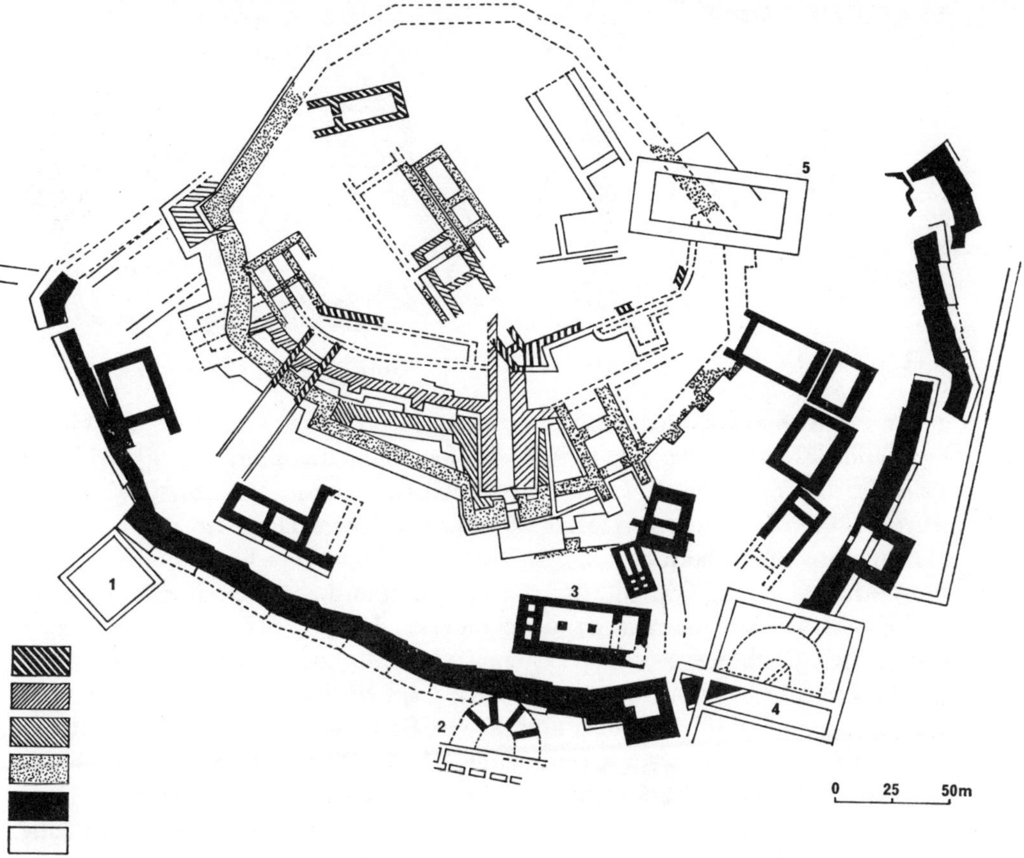

Plan von Troja. (Aus: C. W. Blegen, Troy, S. 29). 1 Sanktuarium 2 Theater C 3 Säulenhaus 4 Theater B 5 Athenatempel.
Schraffierungen von oben nach unten: Troja I, Troja IIa, Troja IIb, Troja IIc, IIg, Troja VI, Troja IX

besucht, denn mehrere römische Familien führten ihre Abkunft auf Äneas zurück, einen Trojanerfürsten, der nach der Zerstörung seiner Stadt an die Küste Latiums gelangte. Seine Nachkommen Romulus und Remus gründeten dann Rom.

Die Entdeckung und Ausgrabung des alten Troja ist eng mit dem Namen Heinrich Schliemann verbunden, doch zuerst vermutete der amerikanische Konsul in Çanakkale, Frank Calvert, Troja im Hügel Hisarlik. Er kaufte den halben Hügel, doch reichten seine Mittel nicht, dort Grabungen durchzuführen. Da nahm 1868 Heinrich Schliemann, Pastorensohn aus Mecklenburg und durch eigene Geschäftstüchtigkeit später Großkaufmann in St. Petersburg, die Grabun-

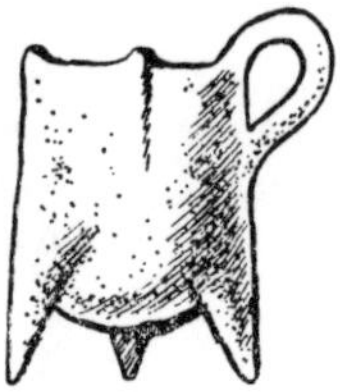
Troja I

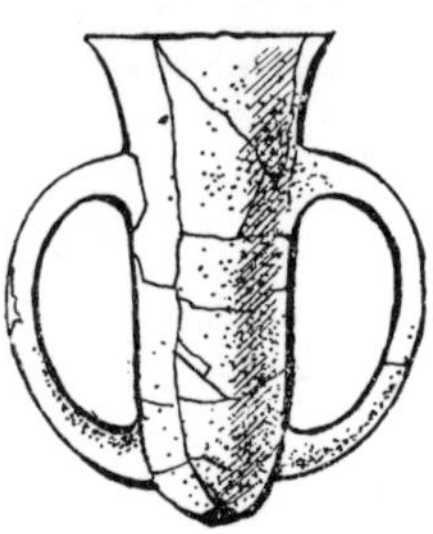
Troja II

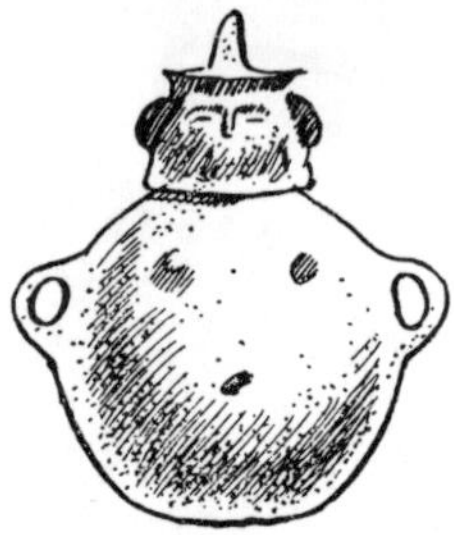
Troja III

Troja VI

gen in Hisarlik auf. Schliemann schnitt von Norden einen Graben in den Hügel und fand dort 1873 den sog. 'Schatz des Priamos', der allerdings aus früherer Zeit, der Schicht Troja II (2500–2200 v. Chr), stammt. Eine dritte Grabung wurde 1882–1883 und eine vierte 1890 mit Wilhelm Dörpfeld durchgeführt. Man machte Schliemann später den Vorwurf, durch unsachgemäßes Vorgehen 1873 Schaden an der Grabungsstätte angerichtet zu haben. Doch stak um 1870 die Spaten-Archäologie noch in den Kinderschuhen, so daß Schliemann kaum Gelegenheit gehabt hätte, sich an systematischen Methoden zu orientieren. Solche Grabungen wurden erst 1932–1938 durch Carl William Blegen von der Universität Cincinnati durchgeführt und die von Schliemann-Dörpfeld erarbeiteten sechs Schichten um drei weitere (mit einigen Unterstufen) vermehrt, so daß heute ein klares Bild über die Siedlungsschichten auf dem Hügel Hisarlik vorliegt. Die Forschungen haben folgendes ergeben: Troja I (3000–2500 v. Chr) war eine befestigte Siedlung mit Mauern in Fischgrätentechnik, in der meistens schwarz polierte Keramiken und Fundamente von Lehmziegelhäusern gefunden wurden, Troja II (2500–2200 v. Chr.) eine bronzezeitliche Stadt, umgeben von einer Lehmziegelmauer auf Steinfundamenten. Das Kunstgewerbe stand schon auf hoher Stufe und verrät mesopotamischen Einfluß. Die Stadt wurde durch einen Brand vernichtet. Troja III bis V (2200–1800 v. Chr.) wies keine besonderen Eigentümlichkeiten auf; die Keramiken ähneln Troja II, und erst gegen 1800 v. Chr. wurde der Ort wieder befestigt. Troja VI (1800–1300 v. Chr.) war die größte und am besten befestigte Stadt, deren Mauern im Ostteil noch heute erhalten sind (Abb. 14). Die Türme aus sorgfältig behauenen Quadern wurden später angesetzt. Stil der Keramik und Bauweise der Häuser sind typisch mykenisch. Troja VII a (1300–1260) war vermutlich das homerische Troja, das nach einem Erdbeben von den Achäern zerstört wurde, denn Troja VII b (1260–1100 v. Chr.) zeigt gänzlich andere Töpferware und zwar die aus Mitteleuropa stammende Buckelkeramik. In den nächsten Schichten, Troja VIII (Abb. 15) bis IX (ab 1100 v. Chr.) wurde tiefschwarze Keramik mit Fischgrätenmuster und Blattornamenten verziert.

Unter Alexander d. Gr. und seinen Nachfolgern sowie in römischer Zeit wurde Troja häufig besucht. In hellenistischer Zeit entstanden dort ein Tempel und Altar, in römischer später das Rathaus und ein Theater.

Ein Mauerzug, ein Opferplatz, Torruinen, Mosaikreste, Sitzreihen eines Theaters, ein verwirrendes Netz von Gräben, Fundamenten, Steinreihen und die Tempelhöhe mit dem weiten Blick auf die Skamanderebene ist heute alles, was von der »glänzenden Feste Ilion«, der mauerumwallten Residenz des Priamos, übrigblieb.

Nach dem Fall Trojas und Hattušas, der Hauptstadt des Hethiterreiches, begannen die Griechen an der kleinasiatischen Küste Kolonien zu gründen.

Schon im 11. Jahrhundert v. Chr. errichteten äolische Griechen in Bayraklı, unmittelbar nördlich vom heutigen Izmir, auf dem Boden einer älteren Siedlung eine Stadt, die im 9. Jahrhundert unter den Einfluß ionischer Griechen aus Kolophon geriet. Aus dieser frühen Siedlung sind frühgeometrische Keramiken und die Grundmauern von Wohnhäusern mit abgerundeten Ecken aus Lehmziegeln erhalten. Im 7. Jahrhundert erreichte Bayraklı – auch Alt-Smyrna genannt – eine wirtschaftliche Blütezeit, von der noch Teile der Stadtmauer mit polygonalem Fundament, ein Megaron mit dreiräumigem Männersaal, Frauengemach und Hof sowie andere Gebäude zeugen. Die Stadt besaß einen Tempel, dessen Eingang von Pylonen flankiert war und der vermutlich auch ein Kultbild

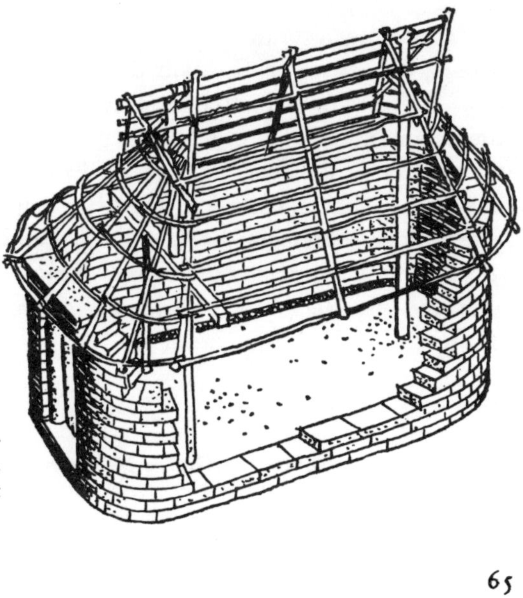

Frühgriechisches Haus aus Bayraklı (Alt-Smyrna). Rekonstruktionsversuch von R. V. Nicholls. (Aus: E. Akurgal, Die Kunst Anatoliens, S. 301)

barg. Stadt und Tempel wurden um 600 v. Chr. von dem lydischen König Alyattes III. zerstört, die Bevölkerung vertrieben. Die Einwohner kehrten jedoch zurück, bauten die Stadt wieder auf und bewohnten sie bis ins 4. Jahrhundert.

Nach dem Einmarsch Alexanders d. Gr. in Kleinasien wurde die Bevölkerung Alt-Smyrnas auf Anordnung des Lysimachos am Fuße des Pagusberges, an der Stelle des heutigen Izmir angesiedelt.

Erhalten sind bei Bayraklı heute noch die Reste der Stadtmauer-Fundamente, kyklopisches Mauerwerk, das einst eine Lehmziegelmauer mit Zinnen und Wehrgang trug, sowie die Reste eines Rundbaus, eines Tholos.

Unter den zahlreichen Keramiken der geometrischen Periode, die in Bayraklı gefunden wurden, ist eine Scherbe mit der Darstellung einer siebensaitigen Leier bedeutsam. Ist es doch die erste Darstellung einer Leier in der griechischen Kunst überhaupt. Weder in der Ilias noch in der Odyssee wird eine Lyra (Leier) erwähnt. Die Griechen scheinen sie erst im 7. Jahrhundert durch die Lyder kennengelernt zu haben, die mehrsaitige Musikinstrumente benutzten. Das Bild der frühgriechischen Städte Kleinasiens, wie es uns die Ausgrabungen von Bayraklı zeigen, wird vervollständigt durch Funde auf den benachbarten Inseln Lesbos und Samos. Alle Funde aber zeigen, daß die ostgriechische bildende Kunst damals in starkem Maße von der festländisch-griechischen abhängig war, daß die ostgriechischen Künstler trotz gewisser Originalität zu jener Zeit noch nicht die Leistungen des Mutterlandes erreichten.

Die Zerstörung Bayraklıs brachte vermutlich einer anderen griechischen Stadt Vorteile, die später als Seestadt überragende Bedeutung gewann – Milet. Doch Milet dürfte sehr viel älter als Bayraklı gewesen sein. Bei Ausgrabungen am Athenatempel kamen kretische Keramikscherben aus dem 16. Jahrhundert v. Chr. zum Vorschein; darüber lag eine Stadtmauer aus mykenischer Zeit. Hier gründeten im 11. Jahrhundert ionische Griechen die erste Siedlung, nachdem sie die Ureinwohner vertrieben hatten. Doch kamen diese frühen Griechen nicht als Eroberer, sondern als landsuchende Kolonisten. Auch später – als das Stadtgebiet und die Versorgung gesichert waren, richtete sich der Expansionsdrang der Ionier nicht ins Binnenland, sondern auf ferne Küsten bis hinauf ins Schwarze

Rechte Seite:
Plan von Milet: 1 Theater 2 Großes Monument 3 Nordmarkt 4 Buleuterion 5 Delphinion 6 Südmarkt mit Markttor 7 Faustinathermen 8 Stadion 9 alter Westmarkt 10 Athenatempel 11 Ilyas-Bey-Moschee 12 Löwenbucht 13 Theaterhafen 14 Kalabaktepe

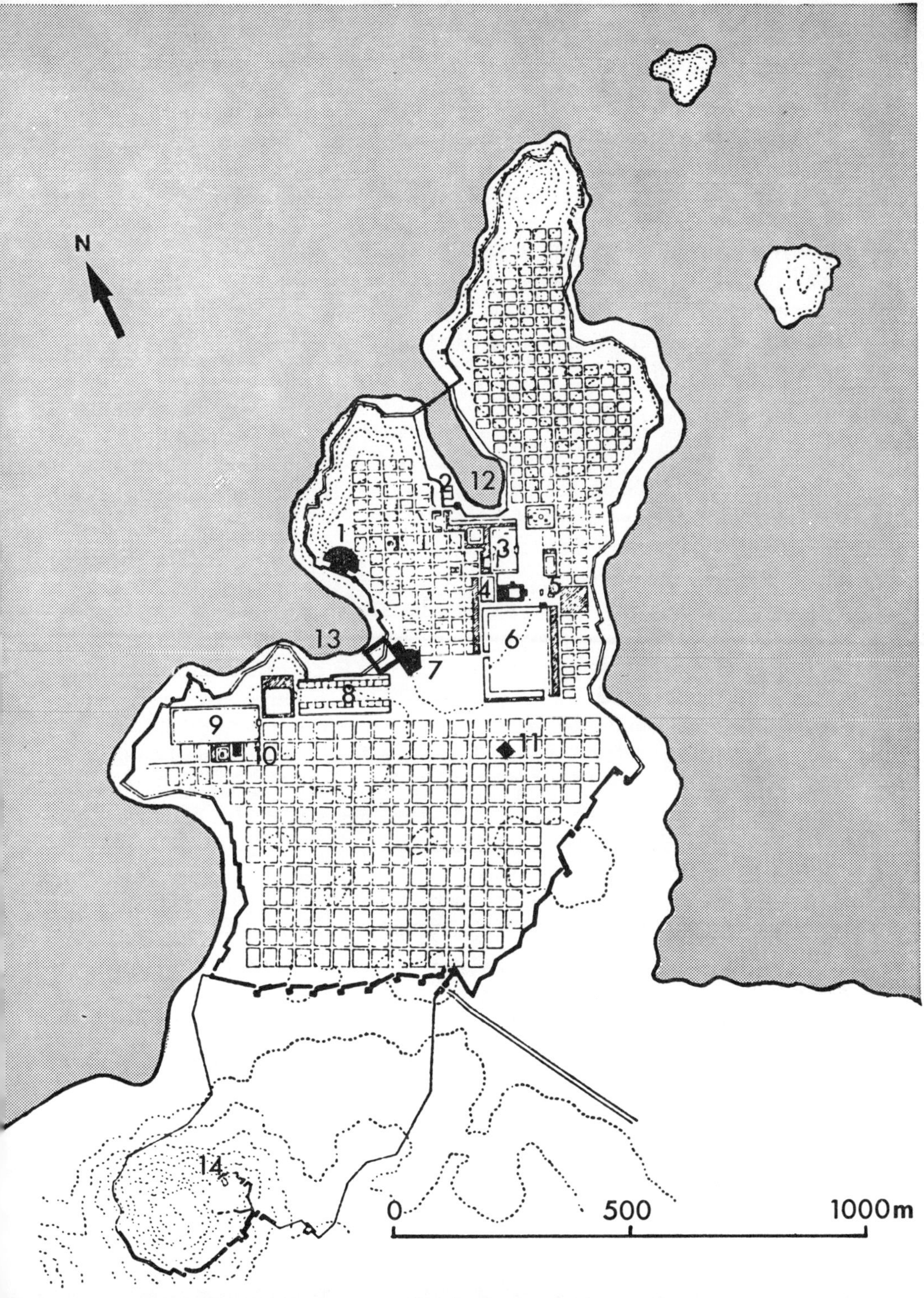

N
1
2
12
3
4
5
6
7
8
9
10
11
13
14
0
500
1000m

Meer. Im 8. und 7. Jahrhundert v. Chr. soll Milet über 80 Kolonien gegründet haben, darunter sogar einen Handelsposten im Nildelta – Naukratis–, der vermutlich exterritorialen Charakter besaß. Den Grund dieser ungeheuren Energieentfaltung kennen wir nicht.

Als Mittelpunkt dieses weitausgreifenden Netzes von Kolonien wurde Milet nun der Hauptumschlagplatz der hier zusammenströmenden Waren. Vermutlich war es in erster Linie Getreide vom Schwarzen Meer.

Dieser gewaltige wirtschaftliche Aufstieg vollzog sich, während das lydische Heer gewissermaßen vor den Toren der Stadt stand. Nach zwölfjährigem vergeblichen Krieg entschloß sich der Lyderkönig Alyattes endlich zu einem Friedensvertrag mit Milet.

Im 7. Jahrhundert war Milet die Königin der Ägäis, die blühendste und volkreichste Stadt Griechenlands. Die historische Bedeutung Milets gründete sich jedoch nicht nur auf wirtschaftliche Macht. Auch Künste und Wissenschaften blühten. Im 6. Jahrhundert lebte dort Thales, der als erster im Walten der Natur eine Gesetzmäßigkeit erkannte, dann die Philosophen Anaximander und Anaximenes, die sog. Vorsokratiker, weiter der Geograph und Historiker Hekataios und der Historiker Kadmos.

Schon früher hatten sich zwölf ionische Städte zu einem Städtebund zusammengeschlossen, dessen Führung Milet übernahm. Das Panionion, ein Poseidonheiligtum, nördlich von Priene gelegen, wurde zum Beratungsort des ionischen Städtebundes. Doch war die Stellung Milets so stark, daß es sich Sonderverträge mit fremden Staaten – auch auf Kosten seiner Verbündeten – erlauben konnte. So verlängerte der Tyrann Thrasybulos Anfang des 6. Jahrhunderts den Bündnisvertrag mit den Lydern nicht, sondern schloß einen Pakt mit dem Perserkönig Kyros ab, der Milet nach dem Sieg der Perser über die Lyder natürlich eine Sonderstellung einräumte.

Doch die späteren Tyrannen gingen von der klugen Bündnispolitik ab, und als um 500 v. Chr. die ionischen Städte gegen die Perser aufstanden, übernahm Milet die Führung. Nach anfänglichen Erfolgen der Griechen siegte die Übermacht der Perser, und in der Seeschlacht bei der Insel Lade wurde die griechische Flotte geschlagen. 494 v. Chr. zerstörten die Perser Milet.

Nach Beendigung der Perserkriege und dem Seesieg der Griechen am Vorgebirge Mykale im Jahre 479 v. Chr. wurde mit dem Wiederaufbau von Milet begonnen. Das alte Milet reichte vom Kalabak Tepe im Südwesten bis zur Landspitze nördlich der Löwenbucht. Bei der Anlage des neuen Milet schob sich die Stadt weiter nach Norden, so daß der Kalabak Tepe außerhalb der neuen Stadtmauern lag.

Später geriet Milet wieder unter persische Herrschaft und wurde von Alexander d. Gr. 334 v. Chr. im Sturm genommen. Nach den Wirren der Diadochenzeit kam Milet unter den Einfluß Roms. Es blieb auch unter den Römern dank seiner günstigen Lage und der Manufakturen, die Stoffe und Möbel herstellten, eine blühende Handelsstadt. Besonders in der Kaiserzeit entstanden in Milet zahlreiche prunkvolle Bauten, die vom regen Interesse der Kaiser an der kleinasiatischen Hafenstadt zeugen.

Im Laufe des 3. Jahrhunderts setzte der Rückgang Milets ein; die byzantinische Stadt gruppierte sich nur noch um den Theaterhügel mit dem Kastell Palatia. 1399 wurde das Bistum Milet dem Bistum Aphrodisias zugeteilt. Später gehörte Milet den Emiren von Menteşe. 1402/3 verbrachte Timur den Winter in Ephesus und Balat, wie damals Milet genannt wurde. 1404 erbaute der Menteşe-Emir Ilyas Bey die nach ihm benannte Moschee, ab 1425 gehörte das Emirat Menteşe zum osmanischen Reich.

1446 weilte der italienische Humanist und Kaufherr Ciriaco Pizzicolli d'Ancona in Milet. Später besuchen Engländer und Franzosen die Stätte, im Herbst 1899 begannen die Ausgrabungen der Berliner Königlichen Museen unter Theodor Wiegand. 1938 wurden die Ausgrabungen fortgesetzt und nach dem Krieg 1955 wiederaufgenommen.

Das Stadtgebiet Milets ist heute für das Auge kaum faßbar. Einen Überblick verschafft man sich vom Theaterhügel, auf dem die Ruinen eines byzantinisch-seldschukischen Kastells stehen. Nach Norden breitet sich die weite Mäanderebene aus, die im Norden vom Mykalegebirge, dem heutigen Samsun-Dağları, begrenzt wird. Dort lag Priene, und der helle Marmorblock der Akropolis leuchtet als sichtbare Landmarke hervor. Nach Westen geht der Blick über die im Sommer mit Getreide und Baumwolle bebaute und vom Mäander träge durchflossene Ebene zu einem kleinen Höhenrücken, der ehemaligen Insel Lade, bei der die Griechen die Perser 479 v. Chr. entscheidend schlugen. Weiter draußen im Meer kann man an klaren Tagen die Insel Gaidaronisi erkennen, das alte Tragia. Hier wurde der junge Caesar von Seeräubern gefangengehalten.

Im Osten der Ebene erheben sich die Zacken des Latmos-Gebirges, des heutigen Beş Parmak Dağı, des Fünffingergebirges, im frühen Christentum ein Zufluchtsort von Mönchen und Einsiedlern. Am Südfuß des Gebirges lag einst Herakleia am Latmos. Herakleia war wie das nordwestlich gelegene Myus und Priene Seestadt. Erst wenn man sich die heutige Mäanderebene als Meeresbucht vorstellt, erkennt man auch die überaus günstige Lage Milets, das eine in die Bucht vorspringende Landzunge einnahm.

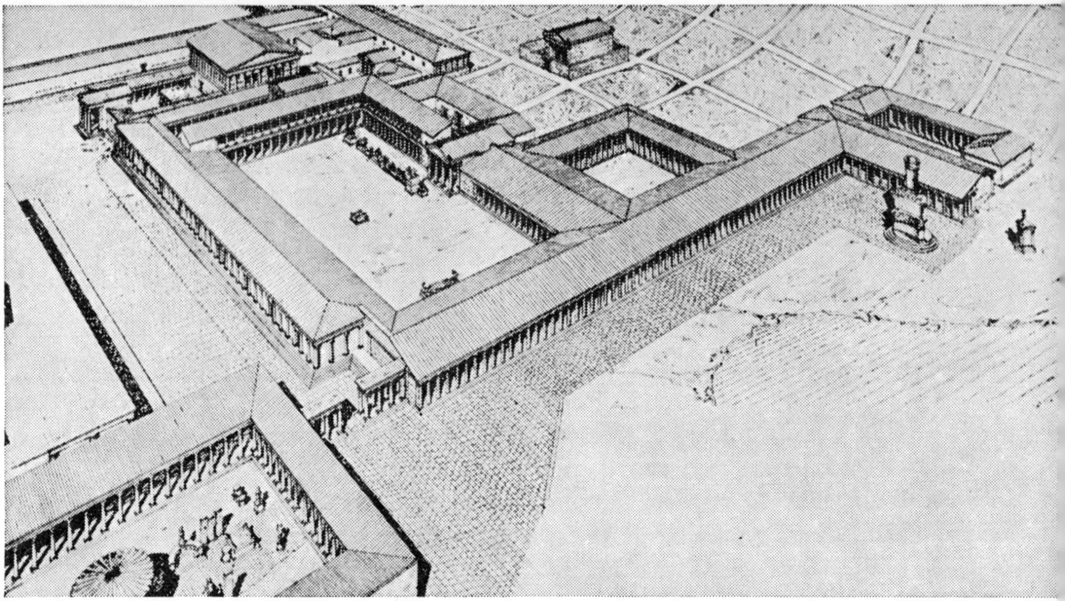

Der Nordmarkt in Milet, 2. Jh. n. Chr., Rekonstruktion. (Aus: G. Kleiner, Die Ruinen von Milet, S. 55)

Nach Osten erstreckt sich die heute kaum wahrnehmbare Löwenbucht, einst der Haupthafen Milets, mit dem Nordmarkt und seinen prunkvollen Gebäuden, und die südliche Agora, der größte Marktplatz der Antike. Im Osten und Süden lagen die Wohnviertel des klassischen Milets, quadratisch angelegt nach den Plänen des milesischen Architekten Hippodamos. Im Gegensatz zu Priene ist heute hiervon nichts mehr zu sehen. Verstreut ragen aus den Sumpfflächen und den Macchiabüschen die Ruinen von Bauwerken aus der römischen Kaiserzeit, südlich unter einer Baumgruppe die Ilyas-Bey-Moschee und im Südwesten ein flacher Tafelberg, der Kalabak Tepe, einst vermutlich Fluchtburg und Sitz des Thrasybulos. Unmittelbar südlich des Theaterhügels lag einst der Theaterhafen, an seinem Südufer das Stadion und weiter westlich der Athenatempel. Hier fand man Spuren des alten, archaischen Milet sowie der ersten kretischen Siedlung aus dem 16. Jahrhundert v. Chr.

Der Theaterhügel erzählt die Geschichte der Stadt, reichen doch seine Bauteile vom 7. Jahrhundert v. Chr. bis ins 14. Jahrhundert n. Chr. Schon in archaischer Zeit dürfte hier das Theater Milets gelegen haben. Das Quellentor an der westlichen Stirnwand – später römisch ummauert – stammt ebenso wie die Reste eines Turms an der östlichen Stirnwand aus der Zeit des alten Milet. In hellenistischer Zeit wurden Bühnenhaus und ein Teil der Sitzbänke errichtet; den entscheidenden Umbau erlebte das Theater in der römischen Kaiserzeit. Es

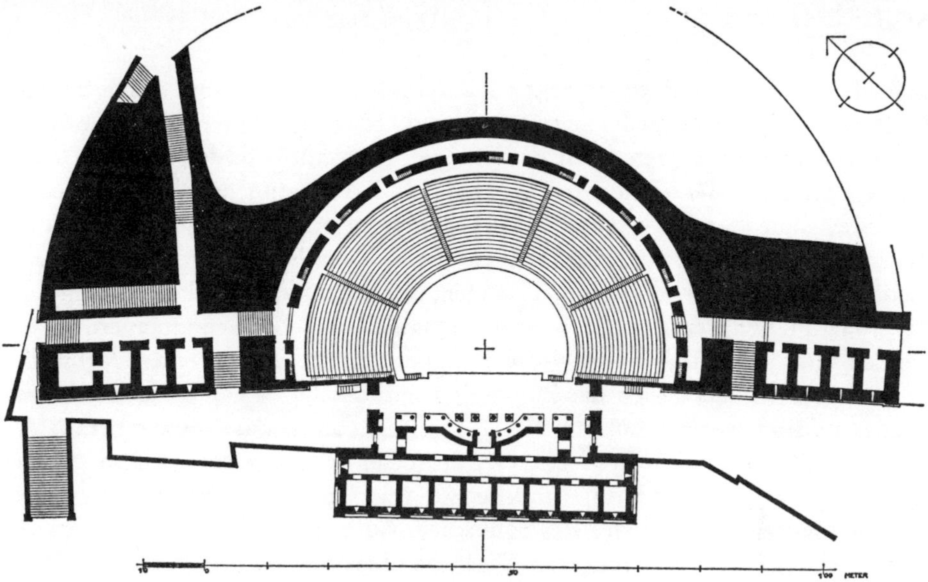

Theater von Milet, Grundriß. (Aus: Kleiner, Milet, S. 74)

wurde etwa im 2. Jahrhundert n.Chr. vollendet (Abb. 16). Mit einer Frontbreite von 140 m und Sitzplätzen für 15000 Zuschauer war es wohl das größte Theater Kleinasiens. Heute sichtbar sind Reste des Bühnenhauses, einst etwa 25 m hoch, der Zuschauerraum (Cavea) mit dem gut erhaltenen ersten Rang und den beiden Säulen der Kaiserloge; der zweite Rang ist schon stärker zerstört, der dritte vollkommen verschwunden. Seine Werkstücke sind im Kastell auf der Höhe verbaut. In byzantinischer Zeit wurde der Zuschauerraum durch eine Sperrmauer abgeriegelt und auf der Hügelhöhe ein Kastell errichtet, das in seinem trapezförmigen Grundriß in seldschukischer Zeit noch einmal restauriert wurde.

Die ältesten Häfen Milets waren der Theaterhafen und die Löwenbucht mit dem Nordmarkt. Die Löwenbucht erhielt ihren Namen nach zwei die Hafeneinfahrt flankierenden Löwen, die heute noch erhalten sind. Bei Kriegsgefahr konnte hier der Hafen durch eine eiserne Kette gesperrt werden. Der an die Löwenbucht anschließende Nordmarkt ist mit seinen Nebenbauten offensichtlich schon beim Neubau der Stadt durch Hippodamos angelegt worden. Wie der Stadtplan zeigt, war Milet zwar in einer geometrischen Ordnung, aber nicht – wie die späteren Römersiedlungen – in einem strengen Quadrat angelegt. Die Hippodamische Stadt kannte keine axiale Gliederung, sie ist bei allen geometrischen Bindungen locker gestaltet und den topographischen Gegebenheiten angepaßt. Die flachen meist einstöckigen Häuserblocks (insulae) sind durch breitere Straßen und Plätze gegliedert und werden von öffentlichen Gebäuden überragt.

Unmittelbar am Hafen – vor der großen Nordhalle – finden wir eine kreisrunde Basis, auf der einst ein Denkmal zur Erinnerung an einen Seesieg in römischer Zeit stand. Tritonen-Reliefs sind noch erhalten. Östlich des Nordmarktes zog eine Prachtstraße nach Süden, an der hervorragende öffentliche Gebäude lagen: das Delphinion, Thermen, das Buleuterion und das prachtvolle Nymphäum. Während von den ersteren Bauten nur die Grundmauern zu erkennen sind, haben sich vom Nymphäum, dem Stadtbrunnen, noch Werkstücke in situ erhalten, aus denen das Bauwerk zumindest in den unteren Geschossen wiedererrichtet werden könnte. Ein Aquädukt führte das Wasser heran, das über drei Kammern, Röhren und Wasserspeier in das große Becken geleitet wurde. Die reich gegliederte Prunkfassade mit ihren zahlreichen unterlebensgroßen Figuren verrät trotz des römischen Aufwandes die alte hellenistische Grundordnung, die Betonung der Waagerechten und Senkrechten (vermutlich 3. Jahrhundert n. Chr.). Die Prachtstraße schloß im Süden mit dem Markttor ab, das heute im Pergamon-Museum in Berlin steht (Abb. 17). In situ sind nur die Unterbauten erhalten. Auch dieses Tor – etwas strenger als die Fassade des

Großes Hafenmonument am Nordmarkt in Milet, 2. Jh. n. Chr., Rekonstruktion. (Aus: G. Kleiner, Die Ruinen von Milet, S. 58)

14 Stadtmauer von Troja VI, Ansicht von Südosten, zerstört um 1240 v. Chr.

5 Tempel und Opferplätze von Troja VIII, ab 700 v. Chr.

16 Das Theater von Milet. Letzter Umbau vermutlich im 2. Jh. n. Chr. Blick auf das Bühnenhaus. Vorn die zwei Säulen der Kaiserloge

17 Das Markttor von Milet, heute im Pergamon-Museum in Berlin. Um 165 n. Chr. Staatliche Museen Berlin, Antiken-Sammlung

} Wiederaufgerichtete Säulen des thenatempels von Priene. Erbaut im Jh. v. Chr.

Priene. Blick von der Athena-aße nach Südosten über die Grund-uern von Wohnhäusern auf die llige Halle und den Markt

20 Ruine der Johannesbasilika in Ephesus, erbaut unter Justinian (527–565)

21 Artemisstatue aus dem Prytaneion von Ephesus, römische Kaiserzeit

22 Hadrianstempel in Ephesus, einer der beiden Kaisertempe der Stadt, erbaut zu Ehren Hadrians (117–138 n. Chr.) ▷

23 Die Celsusbibliothek in Ephesus, erbaut 135 n. Chr. vo Iulius Aquila zu Ehren seines Vaters C. Iulius Celsus Ptole maeanus, Gouverneurs der Provinz Asia ▷

22

23

24 Das Theater am Südwesthang des Burgbergs von Pergamon. Hellenistisch, 2. Jh. v. Chr. Hinter dem Theater die Fundamer
des Zeusaltars

25 Zeusaltar von Pergamon, heute im Pergamon-Museum in Berlin.
1. Hälfte des 2. Jahrh. v. Chr.

26 Gallier, der sein Weib und sich selbst tötet.
Pergamenische Arbeit, um 230 v. Chr. National-Museum, Rom

27 Apollotempel von Didyma, Baubeginn im 3. Jh. v. Chr., unvollendet Nordostseite mit Pronaos

28 Frontsäulen vom Pronaos de Apollotempels von Didyma. Die Base sind mit Reliefkassetten versehen

Nymphäums konzipiert – verrät wenig vom römischen Barock, der Bogen ist zweitrangig, Horizontale und Vertikale herrschen vor. Erbaut wurde das Tor vermutlich im 2. Jahrhundert n. Chr.

Südlich des eben besprochenen Markttores lag der Südmarkt, nach dem letzten Umbau in römischer Zeit 196 x 164 m groß. Er ist noch nicht ausgegraben, sondern nur durch Sondagen erforscht.

Das Buleuterion (Rathaus), dessen Grundmauern noch die Anlage erkennen lassen, unterscheidet sich erheblich vom Buleuterion in Priene. Der milesische Ratssaal gliedert sich in Vorhalle, einen Säulenhof mit einem zweistöckigen Ehrengrab in der Mitte und dem rechteckigen Sitzungssaal, auf dessen 18 Sitzreihen 1200 Personen Platz nehmen konnten. Der Sitzungssaal war mit einem hölzernen Satteldach gedeckt. Eine Stifterinschrift am Torbau besagt, daß die Brüder Timarchos und Herakleides, Günstlinge des Königs Antiochos IV. Epiphanes, das Rathaus dem Apollon von Didyma, der Hestia Buleia, der Herdgöttin, und dem Volk von Milet geweiht hätten.

Das Nymphaeum in Milet, erbaut vermutlich im 1. Jh. n. Chr., restauriert am Anfang des 3. Jh., Rekonstruktion. (Aus: G. Kleiner, Die Ruinen von Milet, S. 114)

Westlich des Südmarktes liegen die am besten erhaltenen Ruinen Milets – die der Faustinathermen. Bemerkenswert ist, daß diese Anlage sich nicht dem geometrischen Schema der Stadt einfügt, sondern sich schräg abwinkelt und mit der Nordwand der Palästra wohl dem Verlauf der Bucht folgt. Die Thermen wurden nach der Kaiserin Faustina, der jüngeren, Gemahlin Kaiser Mark Aurels benannt, die im Jahre 164 n. Chr. nach Ephesus kam, um ihre Tochter zu besuchen, die Frau des Mitkaisers Lucius Verus. Vermutlich war sie in dieser Zeit auch in Milet.

Die Anordnung der Thermen entsprach der Badeprozedur: Apodyterium – Umkleideraum, Tepidarium – Warmbad, Caldarium – Heißbad, Sudatorium – Schwitzbad und abschließend das Frigidarium – Kaltbad. Vergleichbare Anlagen – etwa das Vediusgymnasium in Ephesus, die Hadriansthermen in Lepcis Magna oder die Caracallathermen in Rom – sind axial geplant. Das war hier in Milet beim Bau der Faustinathermen nicht möglich, denn zwischen der bereits vorhandenen Palästra und den anderen, den Fluchten der Stadtanlage folgenden Bauten, blieb nur noch ein polygonales Areal.

Bemerkenswertester Raum der Anlage ist der große Saal, der vermutlich als Umkleideraum diente. Er war einst mit einer Tonnendecke überwölbt. Die Mauern der Westseite stehen noch in voller, die der Ostseite in halber Höhe, so daß die 13 Kammernischen an beiden Längsseiten zu erkennen sind. In den 4 m hohen Nischen standen vermutlich einst Ruhebetten auf einem 1 m hohen durchlaufenden Sockel, der sicher über eine kleine Holztreppe zu erreichen war. Im Norden wurde das Apodyterium durch einen quadratischen sog. Musensaal abgeschlossen, der an der Nordwand eine Apsis mit vier Rundnischen besaß. In den jeweils fünf Nischen der Seitenwände standen einst fast lebensgroße Marmorfiguren Apollos und der neun Musen – wie üblich in jener Zeit –, Nachbildungen älterer Skulpturen. Sie befinden sich heute im Museum in Istanbul.

Weitere Säle sind nach den Aufräumungsarbeiten der letzten Jahre in ihrer Konstruktion gut zu erkennen: das Caldarium mit dem Badebecken in der nördlichen Halbrundnische, ehemals mit einem etwa 25 m hohen Tonnengewölbe überdacht, das Frigidarium, in dessen Schwimmbecken noch Reste des alten Bodenbelags zu sehen sind, sowie das Tepidarium, das sich mit einem großen Bogen zum Apodyterium öffnet. In diesen Bogen wurde später – vermutlich im 3. Jahrhundert – ein kleineres Rundbogentor hineingebaut.

Unmittelbar südlich schließt das Stadion an, das sich dem rechtwinkligen Stadtplan wieder einfügt. Erhalten ist die Nordostfront mit den aus hellenistischer Zeit stammenden sauber gearbeiteten Bossenquadern und Parodosöffnungen. Die Säulenhalle des Osttores stammt aus spätantiker Zeit. Die noch erhaltenen Säulenbasen lassen erkennen, daß hier einst acht Säulenpaare mit korinthischen Kapitellen die Bogen eines Prunktores trugen.

Über das Stadtgebiet Milets liegen verstreut Ruinen aus byzantinischer Zeit, darunter eine Bischofskirche südöstlich des Nymphäums. Deutlicher treten die Bauwerke aus der islamischen Vergangenheit Milets in Erscheinung: Karawansereien, Bäder, Moscheen, darunter die Ilyas-Bey-Moschee südlich des Südmarktes, erbaut 1404, ein frühosmanischer Zentralkuppelbau, der beim Erdbeben 1955 beschädigt aber wieder restauriert wurde.

Eng mit der Geschichte Milets ist die des Apolloheiligtums zu Didyma (Didymaion) verbunden. Eine 'Heilige Straße' führte in der Antike vom Südtor Milets südwärts am Pilgerhafen Panormos vorüber über die Ebene Stephanie nach Didyma, der größten griechischen Orakelstätte Kleinasiens.

Der letzte Teil dieser 'Heiligen Straße' war mit Löwenskulpturen und Statuen der Branchiden flankiert, des Priestergeschlechts, das im Tempel die Kulthandlungen vornahm. Diese Statuen sind zum Teil noch heute erhalten (Britisches Museum). Die Sitzstatue als solche und auch die Kleidung lassen auf ägyptische und aramäisch-hethitische Vorbilder schließen. So berichtet Herodot,

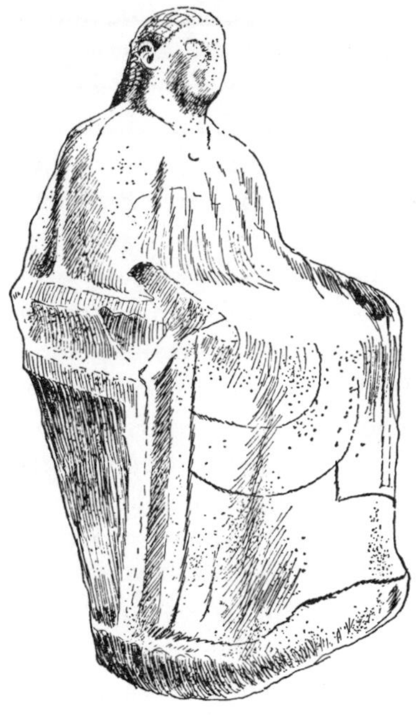

Sitzstatue eines Branchiden aus Didyma, um 750 v. Chr.

daß der Pharao Necho II. nach seinem Sieg über die Syrer um 608 v. Chr. seine Rüstung, in der er den Sieg errungen hatte, dem Apollotempel in Didyma schenkte.

Schon vor der Einwanderung der Ionier im 11. Jahrhundert v. Chr. bestand hier ein Heiligtum – vermutlich der Karer. Nach der Gründung Milets durch die Ionier wurde auch das Orakelheiligtum von Didyma dem Apollon Philesios geweiht und ein größerer Tempel errichtet. Dieses Heiligtum stand dann später unter der Regie der Priesterdynastie der Branchiden, und wie die Schenkung des Pharao Necho ausweist, erreichte sein Einfluß nicht nur die Griechenstädte an der kleinasiatischen Küste, sondern drang auch bis nach Syrien vor.

Die Prozedur der Orakelverkündung ging vermutlich folgendermaßen vor sich: Im Adyton, dem offenen Innenraum der Tempelanlage, der nur von Priestern betreten werden durfte, befand sich die heilige Quelle, an der die Prophetin die ihr überbrachten Fragen beantwortete. Die Antworten des Orakels verkündeten die Propheten den im Pronaos wartenden Konsultanten vom kleinen Mittelsaal aus. So gewann das Orakel von Didyma bald große Bedeutung. Es wurde sogar vom letzten Lyderkönig Kroisos befragt und reich beschenkt. Durch diese Geschenke, die ja jeder Ratsuchende mitbrachte, wurde das Didymaion bald außerordentlich wohlhabend. Sein Reichtum wurde dem Tempel gelegentlich zum Verhängnis, wenn Seeräuber, die Heiligkeit des Ortes mißachtend, das Didymaion brandschatzten. Nach der Besetzung Kleinasiens durch die Perser wurde das Didymaion Milet unterstellt; nach dem erfolglosen ionischen Aufstand und der Zerstörung Milets 494 v. Chr. brannten die Perser auch den Apollontempel nieder und verschleppten die Tempelschätze, darunter das bronzene Bild des Gottes von dem Bildhauer Karnachos, das nach Ekbatana gelangte. Die Statue des Karnachos ist nicht mehr erhalten, doch war Apollo vermutlich nackt, stehend, mit vorgesetztem Bein dargestellt, in der gesenkten linken Hand einen Bogen und in der vorgestreckten einen Hirsch haltend. Unter Alexander d. Gr. gewann das Didymaion seine Bedeutung zurück, und um 300 v. Chr. ließ auch der Diadoche Seleukos das Kultbild des Apollo wieder nach Didyma zurückschaffen. Unter den Baumeistern Paionios von Ephesus und Daphnis von Milet begann 310 n. Chr. der Wiederaufbau des Tempels (jüngeres Didymaion). Trotz späterer Unterstützung durch die römischen Kaiser konnte der riesige Bau auch im 2. Jahrhundert n. Chr. nicht vollendet werden. 391 n. Chr. wurde endlich die Einstellung der Bauarbeiten angeordnet, im Innern eine Kirche errichtet und die Vorderfront des Tempels zugemauert. Vermutlich diente das Didymaion dann bis ins 13. Jahrhundert als Festung. Spätere Erdbeben warfen Mauern und Säulen um, und im 19. Jahrhundert siedelten sich hier Bauern an.

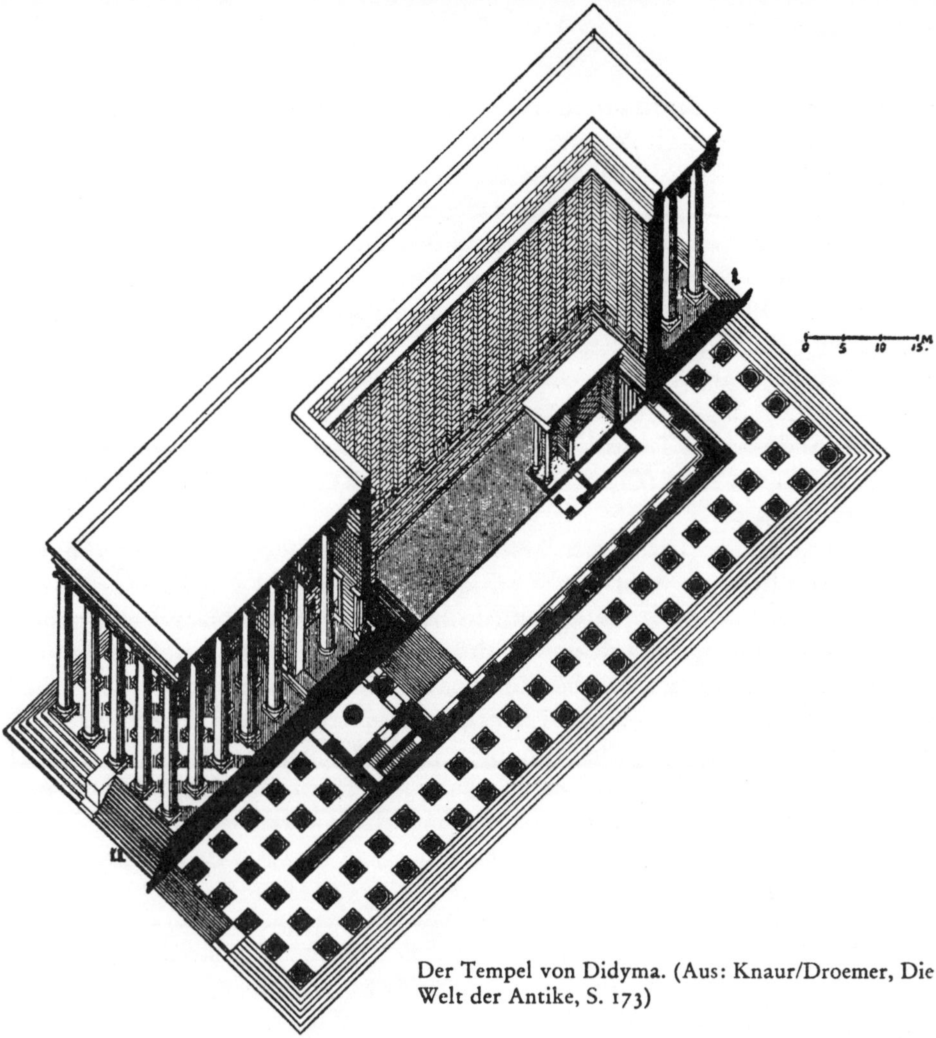

Der Tempel von Didyma. (Aus: Knaur/Droemer, Die Welt der Antike, S. 173)

1858 begannen die Engländer mit Ausgrabungen, ihnen folgten 1872 Franzosen; eine endgültige Freilegung der mächtigen Ruinen erfolgte 1905–1913, 1924 bis 1925, 1930 und 1938 durch deutsche Archäologen (Wiegand, Knackfuß u. a.).

Der Tempel von Didyma (Abb. 27) besitzt in seiner jüngeren Form einen durch seine Bestimmung als Orakelstätte festgelegten, von den übrigen Tempelbauten abweichenden Grundriß. In seinem Äußeren ein Dipteros (mit doppeltem Säulenring umgebener Tempel), gliedert sich der Tempel um einen offenen Tempelhof, dessen durch Pilaster gegliederte Wände einst 25 m hoch aufragten. In diesem mit Lorbeer bepflanzten Hof (Adyton) stand der Naiskos, ein Tempelchen mit der Kultstatue des Apollon, rechts (von der Treppe aus) befand sich die heilige Quelle. Aus dem Hof führt nach Südosten eine 16 m breite Freitreppe in einen Zweisäulensaal, von dessen Bühne aus den im Pronaos versammelten Gläubigen die Orakelsprüche verkündet wurden. Rechts und links führen Treppen hinaus aufs Tempeldach. Im gewaltigen 25 m breiten Pronaos stehen 12 Säulen – ein Säulenwald von ungewöhnlicher Dichte. Von den einst 122 ionischen 19,70 m hohen Säulen stehen noch zwei an der Nord- und eine an der Südostseite (Abb. 28). Letztere ist noch ohne Kanneluren, die erst nach dem Aufrichten angebracht wurden.

Der Tempel war einst von einem Hain umgeben; vor der Frontseite stand der Hauptaltar, daneben Basen für Weihgeschenke.

An der Südseite des Tempels lag ein Stadion, dessen Sitzreihen zum Teil noch zu erkennen sind. Hier fanden Spiele statt, die alljährlich zu Ehren des Gottes veranstaltet wurden.

Am Nordufer des Latmischen Meerbusens lag die Stadt Priene. Von diesem archaischen Priene ist nichts mehr erhalten, nicht einmal der Standort dieser Stadt ist bekannt. Sie liegt unter den Anschwemmungen des Mäander begraben.

Das alte Priene, ein bescheidenes Städtchen, gehörte zum ionischen Städtebund und geriet später unter lydische Herrschaft. Hier lebte Bias, einer der sieben Weisen des Altertums, der seinen Landsleuten bei der Besetzung der Stadt durch die Lyder riet, geschlossen auszuwandern und auf Sardinien eine neue Heimat zu gründen. Das einzige, was uns aus dem alten Priene erhalten blieb, ist eine Elektronmünze mit dem Bild der Athena, datierbar um 500 v. Chr.

Das neue Priene – dessen Ruinen heute zu sehen sind – wurde als Landstadt um 350 v. Chr. am Südhang des Mykalegebirges, des heutigen Samsun Dağı, angelegt, mit dem Meer nur verbunden durch den Hafen Naulochos.

Die Stadt wurde nach dem Hippodamischen System mit senkrecht sich schneidenden Straßen angelegt, die heute zum größten Teil gut erhalten sind. Ihre

Kopf der Athena. Elektronmünze aus dem alten Priene, um 500 v. Chr.

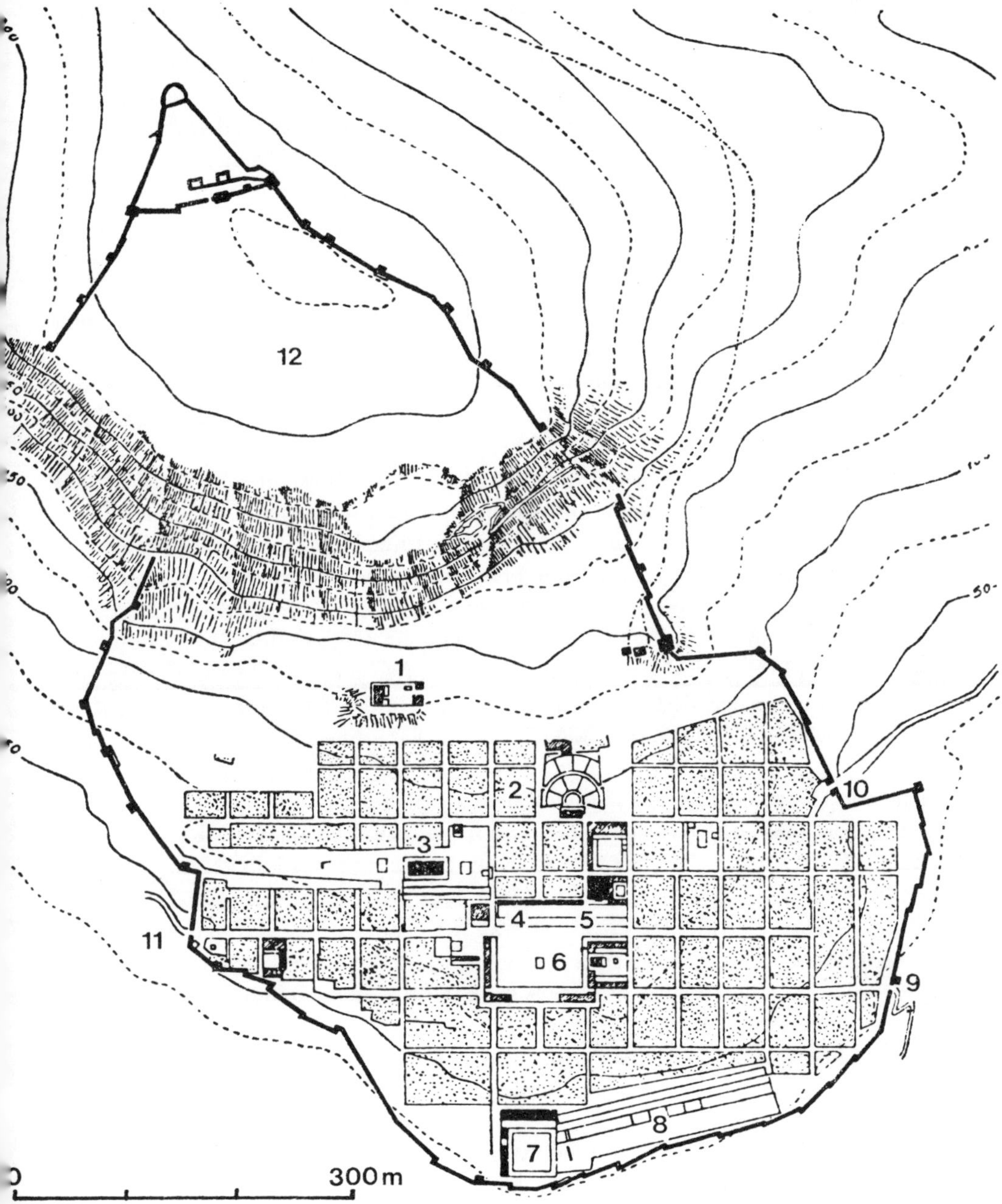

an von Priene: 1 Heiligtum der Demeter und Kore 2 Theater 3 Athenatempel 4 Heilige Halle Buleuterion 6 Zeustempel 7 Unteres Gymnasium 8 Stadion 9 Quellentor 10 Osttor 11 Westtor Akropolis

wirtschaftliche Grundlage waren die Ländereien in der Mäanderebene und nördlich des Mykalegebirges. 334 v. Chr. befreite Alexander d. Gr. die Griechenstädte an der ionischen Küste; er nahm sich auch Prienes an und stiftete Gelder zum Bau des Athenatempels. Die bescheidene Landstadt Priene, die sich einer gewissen Autonomie rühmte, war in Wahrheit jedoch immer von ihren mächtigeren Nachbarstädten abhängig. Im 2. Jahrhundert v. Chr. geriet Priene unversehens in den Griff der großen Politik: In Kappadokien gelang es dem Orophernes vorübergehend, seinen Halbbruder Ariarathes V. um 158 v. Chr. von seinem Thron zu verdrängen. Orophernes deponierte während seiner kurzen Regierungszeit einen Schatz von 400 Talenten (etwa 2 Millionen Mark) in Priene. Nach der Vertreibung des Orophernes, forderte Ariarathes den Schatz des Orophernes von den Prienern zurück mit der Begründung, daß das Geld zu seinem Krongut gehöre. Priene weigerte sich, den Schatz herauszugeben. Da rückte Ariarathes mit Unterstützung der Pergamener gegen Priene vor. Die Stadt, nicht imstande, sich gegen diesen militärischen Druck zu wehren, bat die Römer um Vermittlung. Zur Enttäuschung der Priener entschied sich jedoch der römische Senat für die Herausgabe des Schatzes an Orophernes. Priene jedoch scheint später entschädigt worden zu sein, denn in den folgenden Jahrzehnten standen für den Ausbau des Tempels, Umbau des Theaters und den Neubau von Hallen und eines Gymnasiums ausreichende Mittel zur Verfügung.

In byzantinischer Zeit wurde Priene noch einmal Sitz eines Bischofs, dann endet seine Geschichte mit dem Einfall der Turkstämme in Kleinasien.

1895 begann Carl Humann mit Ausgrabungen, die später von Theodor Wiegand fortgesetzt und 1898 abgeschlossen wurden.

Das Stadtgebiet Prienes ist bedeutend besser erhalten als das Milets und auch besser überschaubar. Mehrere Straßen in Breite von 7,36 m durchziehen die Stadt (Abb. 19), gekreuzt von schmaleren Treppenstraßen (4,44 m). Die insulae haben durchschnittlich eine Größe von 47 x 35 m. Märkte, Tempel, Hallen und andere öffentliche Gebäude sind in die geometrische Gesamtlage hineinkomponiert, die trotz Zerstörung und starkem Bewuchs durch Bäume und Büsche gut zu erkennen ist.

Das überragende Bauwerk Prienes war der Athenatempel, dessen Fundament noch gut erhalten ist und dessen Säulen zum Teil wieder aufgerichtet wurden (Abb. 18). Er gehört zu den bemerkenswertesten Bauwerken des Altertums. Nicht wegen seiner Größe, sondern wegen seiner ausgewogenen Proportionen. Der Erbauer des Tempels, Pytheos, hatte über den Athenatempel eine Schrift veröffentlicht, die noch in römischer Zeit als Lehrbuch galt (Vitruv I 1,12 und VII praef. 12). Die Maße des Heiligtums der Athena Polias, ein einfacher Ring-

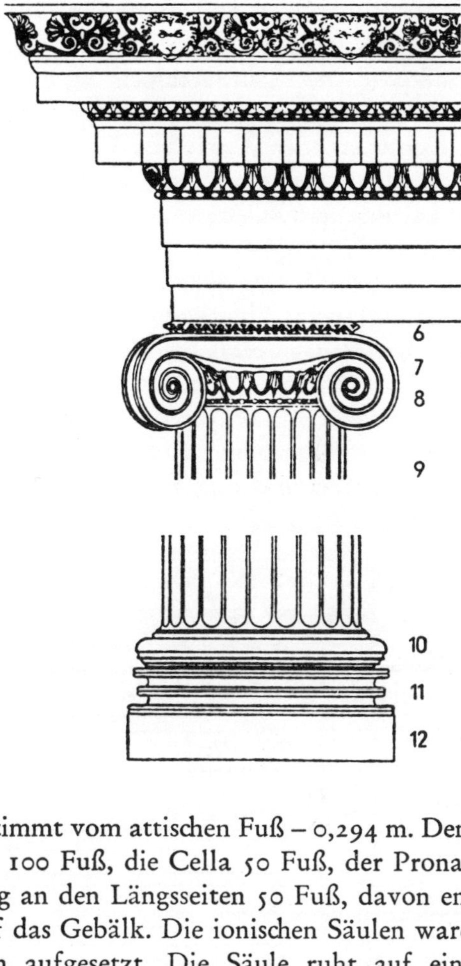

Säule und Gebälk des Tempels von Priene
(ionische Ordnung)
1 Sima (Traufleiste)
2 Geison (Gesims)
3 Zahnschnitt
4 ionisches Kyma
5 Architrav mit drei Fascien
6 Abakus
7 Volutenwulst
8 Kapitellkessel (Echinus)
9 Säule mit senkrechten Kanneluren und Stegen
10 Wulst (Torus)
11 Hohlkehle (Trochilus)
12 Säulenbasis (Plinthe)

hallentempel (Peripteros) werden bestimmt vom attischen Fuß – 0,294 m. Dementsprechend mißt der ganze Tempel 100 Fuß, die Cella 50 Fuß, der Pronaos 30 Fuß; die Höhe des Tempels betrug an den Längsseiten 50 Fuß, davon entfielen 43 Fuß auf die Säule und 7 auf das Gebälk. Die ionischen Säulen waren durchschnittlich aus neun Trommeln aufgesetzt. Die Säule ruht auf einer quadratischen Platte (Plinthe), dann folgt der eigentliche Fuß (Basis). Der Schaft ist mit 24 Kanneluren gefurcht, die durch Stege getrennt sind. Wenn auch der Baubeginn des Athenatempels wohl um 350 v. Chr. anzusetzen ist, so konnte die Stadt das kostspielige Bauwerk kaum in angemessener Zeit fertigstellen. Alexander d. Gr. stiftete später größere Summen für den Bau, doch wird sich die rückwärtige Hälfte des Tempels noch etwa 200 Jahre lang in unfertigem Zustand befunden haben.

An der Ostseite des Tempels lag der Altar, von dem heute nur geringe Reste erhalten sind. Besser erhalten ist die Stützmauer der Tempelterrasse, die alle

Erdbeben überstand und durch ihre überaus sorgfältige Bauweise noch heute Bewunderung verdient.

Südöstlich des Athenatempels lag die Agora, die auf allen Seiten von einer Säulenhalle umschlossen war. Auf dem Marktplatz, der nur als Versammlungsort diente, standen Altäre und Postamente mit Büsten hervorragender Bürger. Im Norden wurde die Agora durch die Heilige Halle abgeschlossen, hinter der am Ostende das Buleuterion, der Ratssaal, und das Prytaneion, das Rathaus lagen.

Bemerkenswert gut erhalten ist das Buleuterion, der Sitzungssaal des Rates, erbaut um 200 v. Chr. Das nahezu quadratische Gebäude überragte einst das Dach der Heiligen Halle. In der Mitte steht ein kleiner Altar, mit Stierköpfen geschmückt. Von der Mitte aus steigen nach Westen und Osten je 10, nach Norden 16 Sitzreihen auf, die fast vollkommen erhalten sind und einst 640 Ratsmitgliedern Platz boten. Das Buleuterion war mit einem Walmdach gedeckt. Um die Spannung der 14,5 m langen Dachbinder zu verringern, versetzte man

Sitzungssaal des Buleuterions in Priene, Rekonstruktion. (Aus: M. Schede, Die Ruinen von Priene, S. 64)

Skene und Orchestra des Theaters in Priene, nach 150 v. Chr. (Aus: M. Schede, Die Ruinen von Priene, S. 73)

später die Stützpfeiler, die das Dach trugen, um 2 m nach innen. An der Südwand befindet sich eine Nische mit einer Steinbank, vermutlich für die Senatoren. Der Ratssaal besaß zwei Eingänge an der Südwand und hoch darüber – über dem Dach der vorliegenden Heiligen Halle nämlich – vermutlich mehrere Fenster.

Neben dem am Südrand der Stadt liegenden Gymnasium, dessen Anlagen zum Teil gut erhalten sind, gehört das Theater von Priene zu den bemerkenswertesten Bauwerken der Stadt. Auch hier ist das alte griechische Theater, das ursprünglich nur aus dem Dreiviertelkreis des in den Fels geschnittenen Zuschauerraums, der kreisrunden Orchestra und dem dahintergesetzten Bühnenhaus, der Skene, bestand, durch nachträgliche Umbauten stark verändert worden. Der aus dem 2. Jahrhundert v. Chr. stammende Umbau bewahrt aber noch soviel typisch griechische Elemente, um sich deutlich vom römischen Theater – etwa dem von Aspendos abzugrenzen. Der Altar der ersten Sitzreihe erinnert noch daran, daß die Spiele ursprünglich zu Ehren des Dionysos veranstaltet wurden, die Ehrensitze der ersten Reihe daran, daß das Spiel unmittelbar in der Orchestra stattfand. Bei dem Neubau um 350 v. Chr. – der Stadtgründung also –

wurde das Bühnenhaus vermutlich schon als hochaufragende Skene mit vorgelegtem Proskenion errichtet. In der Mitte des 2. Jahrhunderts aber wurde das Spiel von der Orchestra auf das Dach des Proskenions verlegt und die Fassade des Bühnenhauses entsprechend als Bühnenrückwand umgestaltet. Eine weitere Umgestaltung erfuhr das Theater in der römischen Kaiserzeit – etwa im 2. Jahrhundert n. Chr. –, als die Bühne vertieft und weiter rückwärts eine zweistöckige Fassade mit drei Türen und zwei Nischen neu errichtet wurde. Besonders an der Westseite des Bühnenhauses kann dieser letzte Umbau noch beobachtet werden.

Priene ist kein Pompeji. Wir finden hier keine bis zur Decke erhaltenen Wände mit Malereien und kostbarem Mobiliar. Durch die Ausgrabungen sind aber immerhin nicht nur die Straßenzüge, sondern auch die einzelnen Häuser in ihrer Anlage sichtbar geworden. Die Außenwände waren meistens aus Bruchsteinen aufgemauert, seltener aus Quadern. Der obere Teil der Wände bestand aus luftgetrockneten Ziegeln, Obergeschosse sind nicht mehr erhalten, doch waren sie teilweise vorhanden, weil Treppenansätze gefunden wurden. Die Fenster befanden sich im oberen Teil der Mauern. Sie waren nicht verglast, sondern mit durchbrochenen Tonplatten ausgefüllt. Im Haus Nr. XXXIII, das

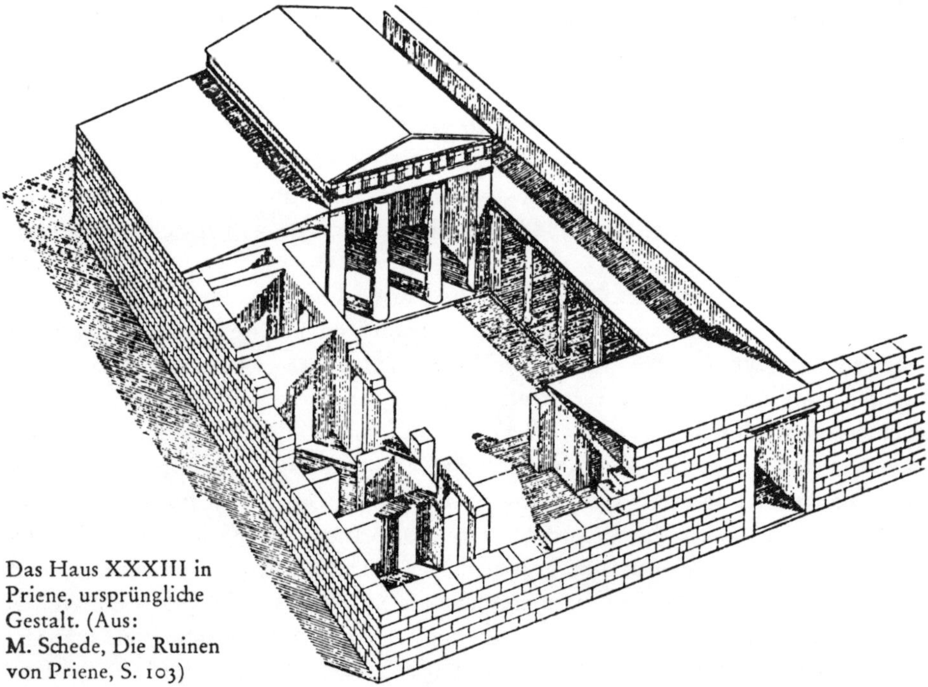

Das Haus XXXIII in Priene, ursprüngliche Gestalt. (Aus: M. Schede, Die Ruinen von Priene, S. 103)

hier in einer Rekonstruktionszeichnung wiedergegeben ist, sehen wir das Domizil eines wohlhabenden Priener Patriziers. Bemerkenswert ist die herausragende Haupthalle, die an den schmalstirnigen, mit einem Satteldach gedeckten, im regenreichen Mitteleuropa ausgebildeten Haustyp erinnert, der sowohl im griechischen Antentempel wie in der altlitauischen Klete weiterlebte. Im trockenen Klima des Mittelmeerraumes entstanden flache, schattenspendende Anbauten, die sich mit dem Haupthaus zu einer geschlossenen Anlage, dem Vorläufer des späteren Atriumhauses verbanden.

Die Geschichte von Ephesus hat Ähnlichkeit mit der Milets. Obgleich der Ort Milet schon früher besiedelt wurde, erhielten beide Städte ihren entscheidenden Impuls durch die ionische Kolonisation. Beide Städte starben, als der Fluß die Meeresbucht versandete und die Seestädte zu unbedeutenden Landstädtchen machte. Dank günstigerer geographischer Umstände konnte Ephesus zum großen Teil freigelegt werden und bietet heute eine eindrucksvolle Ruinenstätte. Hinzu kommt noch die christliche Tradition, die, mit Ephesus eng verbunden, die Stätte noch heute – wie in der Antike – zu einem Wallfahrtsort macht. Die Karer verehrten hier die altanatolische Muttergottheit Kybele, die die griechischen Kolonisten später der Artemis gleichstellten. Und wie in der Antike wird noch heute hier eine Muttergottheit – die Muttergottes – im Sterbehaus der Maria auf dem Ala Dağ verehrt.

Die älteste Siedlung der Ionier lag am Nordrand des Pionberges (Panayır Dağı). Sie breitete sich bald – der alten Küstenlinie folgend – im Bogen bis zum Hügel Ayasoluk aus. In der Mitte der Stadt stand das Artemision, der Tempel der Artemis. Die günstige Lage der Stadt in einer geschützten Meeresbucht und am Ende einer Handelsstraße, die von Mesopotamien über Sardes heranführte, ließ die Stadt bald zu großem Wohlstand kommen. Mit dem aufkommenden Lyderreich aber konnte Ephesus kein so glückliches Arrangement finden wie Milet. Die Stadt wurde besetzt, später verlegt und geriet nach dem Untergang des Lyderreiches unter persische Herrschaft. Nach dem mißglückten Aufstand der Griechenstädte gegen die Perser entging Ephesus dem Schicksal Milets. Nach dem Tode Alexanders d. Gr. ließ der Diadoche Lysimachos die Stadt, deren Hafen schon durch die Anschwemmungen des Küçük Menderes, des antiken Kaystros bedroht war, zwischen Pionberg und Koressosberg (Bülbül Dağı) neu aufbauen. An diesem Ort blieb Ephesus die blühendste Handelsstadt Kleinasiens bis ins 3. nachchristliche Jahrhundert. Doch nicht nur der Handel blühte in Ephesus; auch der große Tempel der Artemis zog zahlreiche Gläubige an. Um 190 v. Chr. kam Ephesus unter die Herrschaft Pergamons und wurde später römisch. Der Druck der römischen Steuereinnehmer ließ die Stadt jedoch mit

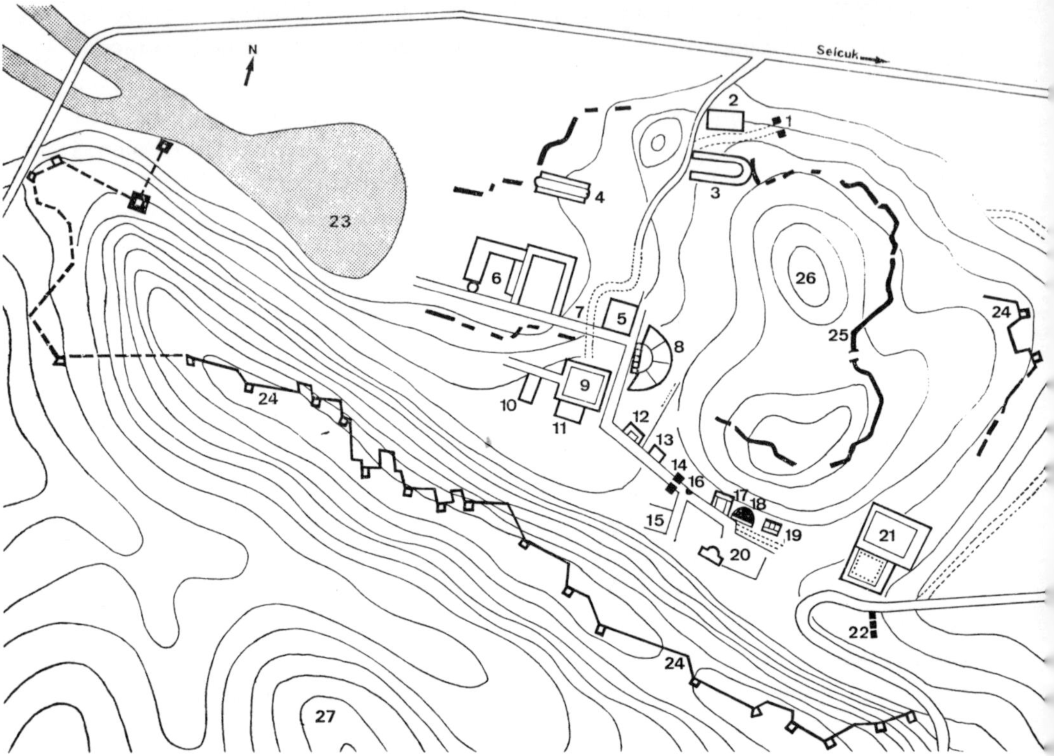

Plan von Ephesus
1 Koressostor 2 Vediusgymnasium 3 Stadion 4 Konzilskirche 5 Theatergymnasium 6 Hafenthermen 7 Arkadiane 8 Theater 9 untere Agora 10 Serapistempel 11 Celsusbibliothek 12 Hadrianstempel 13 Trajansbrunnen 14 Straßentor 15 Domitianstempel 16 Straßenbrunnen 17 Prytaneion 18 Odeion 19 Variusbad 20 obere Agora 21 Ostgymnasium 22 Magnesisches Tor 23 Hafen 24 Lysimachische Stadtmauer 25 Byzantinische Stadtmauer 26 Panayır Dağı (Pion) 27 Bülbül Dağı (Koressos)

Mithridates VI., dem König von Pontus, sympathisieren. 88 bis 84 v. Chr. herrschte Mithridates in Ephesus und gab hier den furchtbaren Befehl, alle römischen Bürger umzubringen – die sogenannte ephesische Vesper.

Unter Augustus erreichte die wirtschaftliche Entwicklung der Stadt ihren Höhepunkt. Als Hauptstadt der römischen Provinz Asia besaß sie damals etwa 200 000 Einwohner.

Auf seiner dritten Missionsreise (54 bis 57) hielt sich der Apostel Paulus in Ephesus auf. Nach einem Aufruhr mußte der Apostel die Stadt verlassen, doch blieb sie auch später für die christliche Welt eine bedeutsame Stätte, denn Johannes der Theologe lebte hier und wurde vermutlich auf dem Hügel Ayasoluk bestattet.

236 zerstörten die Goten auf einem Streifzug das Artemision und einen Teil der Stadt. Der westliche Teil von Ephesus, dessen Hafen inzwischen auch versandet war, wurde nun aufgegeben. Im östlichen Teil, in der sogenannten Konzilskirche, fand 431 das Dritte Ökumenische Konzil statt, auf dem die Lehre, daß Maria nur die leibliche Mutter Christi sei, feierlich verdammt wurde. Unter Justinian schrumpfte die Stadt noch mehr, sie gruppierte sich nur noch um die große Johannesbasilika auf dem Hügel Ayasoluk (Abb. 20).

Nach dem Sieg der Seldschuken über die Byzantiner 1071 bei Malazgirt drangen Turkstämme bis an die ägäische Küste vor. 1304 wurde Ayasoluk von den Seldschuken besetzt und zwar von den Emiren von Aydın, die auch 1379 am Westhang des Hügels die Isa-Bey-Moschee errichteten. Nach kurzer Osmanenherrschaft besetzte Timur Kleinasien und verbrachte den Winter 1402/03 in Ayasoluk und Balat (Milet). Auch unter der Herrschaft der Emire von Menteşe

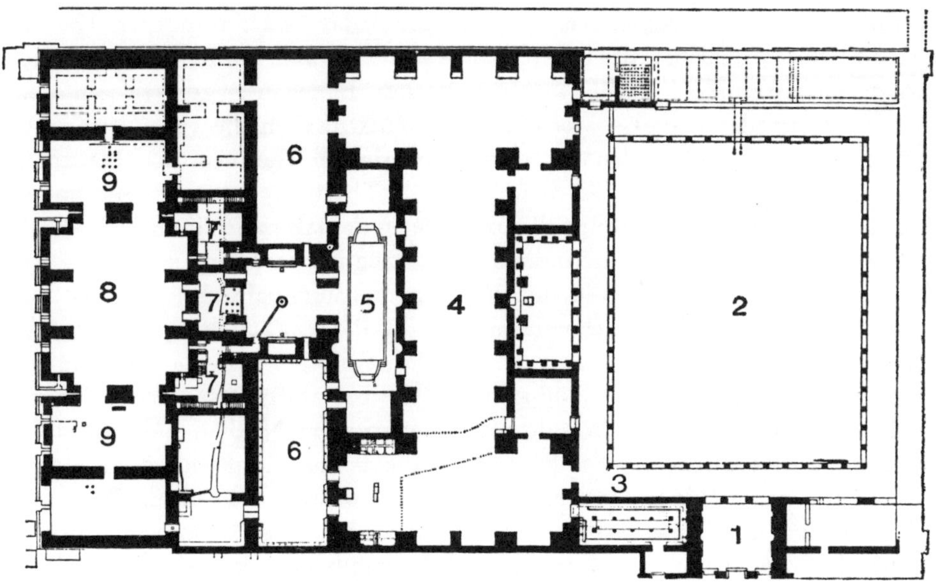

Grundriß des Vediusgymnasiums in Ephesus, erbaut 2. Jh. n. Chr.
1 Eingang 2 Palästra 3 Toiletten 4 Kultraum des Kaisers 5 Kaltbad 6 Umkleideräume 7 Heizung 8 Warmbad 9 Massageräume (Aus: Miltner, Ephesos, S. 59)

und später der Osmanen war Ayasoluk immer noch ein wichtiger Handelsplatz, der erst mit dem Aufblühen Izmirs seine Bedeutung verlor.

Im 19. Jahrhundert gewann Ephesus an Interesse. Zuerst suchte 1871 bis 1874 der Engländer Wood nach dem Artemision, doch erst 1904 konnte David Hogarth die Ausgrabungsstätte mittels einer Dampfpumpe trockenlegen und die Tempelfundamente untersuchen. 1898 nahm das Österreichische Archäologische Institut die Grabungen in Ephesus auf und führt sie auch heute noch weiter.

Drei Straßenzüge bestimmten die antike Stadt und gliedern die heutige Ruinenstätte: die Marmorstraße, die vom Koressischen Tor bis zur Agora zieht, die Arkadiane, die Hafenstraße, die vom Hafenbecken zur Agora führt und die sog. Kuretenstraße, die von der Agora ostwärts im Sattel zwischen Pionberg und Koressosberg zum Magnesischen Tor läuft.

Nahe dem Koressischen Tor und den Ruinen des Stadions aus der Zeit Neros (54–68) liegen die Ruinen des Vediusgymnasiums, das von Publius Vedius Antoninus im 2. Jahrhundert n. Chr. errichtet wurde. Von dem einst gewaltigen Bau sind heute nur noch Fundamente und Mauerreste zu sehen. Von den Fundamenten ist aber noch soviel erhalten, daß die Anlage einer römischen Therme, die mit dem Gymnasium, der Palästra, eine bauliche Einheit bildete, zu erkennen ist. Im 2. Jahrhundert v. Chr. wurde es Brauch, Badehäuser zu errichten, aber erst in der mittleren und späten Kaiserzeit entwickelten die Ingenieure einen symmetrischen Bauplan, den wir in den ephesischen Thermen, den Hadriansthermen in Lepcis Magna oder den Cararalla-Thermen in Rom wiederfinden. Durch Erfindung des Betonkuppelbaus gelang es damals hallenähnliche Kuppeln und Tonnengewölbe zu konstruieren, die vorzüglich im Thermenbau ihre Anwendung fanden. Der Eingang zum Vediusgymnasium befand sich an der Südseite. Durch ein Propylon gelangte man in die Palästra, einen Sportplatz, der von einer Säulenhalle umgeben war. Westlich schlossen sich die Thermen mit ihren zahlreichen Sälen und Räumen an. Zuerst betrat der Besucher den Kaisersaal, dessen zweigeschossige Wände mit Säulengruppen, Nischen und zahlreichen Statuen reich gegliedert war. Es folgten die beiden Umkleideräume (Apodyterium); zentral lagen die Heizungsräume, westlich das große Warmbad (Tepidarium) mit Massagesälen. Am Schluß der Prozedur konnte man sich im Kaltbad (Frigidarium) mit dem großen Schwimmbecken erfrischen. Die Bäder spielten nicht nur eine hygienische, sondern auch eine bedeutende gesellschaftliche Rolle, verbrachten doch die meisten Einwohner der Stadt die zweite Tageshälfte in den Thermen und bei sportlichen Übungen in den Palästren.

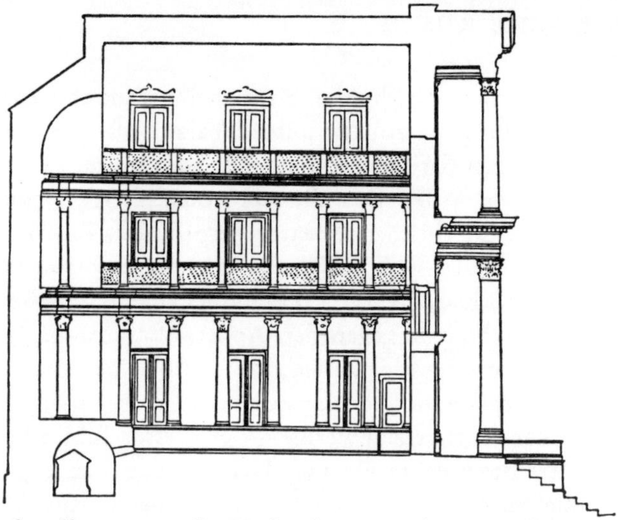

Schnitt durch die Celsusbibliothek in Ephesus. Rekonstruktion von Wilberg. (Aus: F. Miltner, Ephesos, S. 56)

Noch mächtiger und prunkvoller waren die Hafenthermen, deren Hallen vermutlich 18 bis 20 m hoch waren. Die Kunst der späten Kaiserzeit schuf Monumentalbauten, die alles menschliche Maß überschritten, in deren riesigen Gewölben sich der Mensch verlor, der Mensch, der längst zur Masse geworden war, die kollektiv unterhalten, ernährt und verwaltet wurde.

Im östlichen Teil der Ruinenstätte liegt noch ein Bau, die Konzilskirche, der geradezu symbolisch für die Veränderungen ist, die sich an der Wende der Spätantike zum frühen Christentum hier vollzogen. Die kargen Ruinen der Marienkirche, auch Doppelkirche oder Konzilskirche genannt, verraten wenig von der bemerkenswerten Baugeschichte. Das etwa 265 m lange, im 2. nachchristlichen Jahrhundert errichtete Gebäude diente zuerst als Gelehrtenschule, die aber später zerfiel. Im 4. Jahrhundert war die christliche Gemeinde in Ephesus stark genug, dieses Museion im Herzen der Stadt zur Hauptkirche zu bestimmen. Mit dem Umbau in eine dreischiffige Basilika wurde auch der Unterschied zwischen einem antiken Tempel und einem christlichen Gotteshaus deutlich. Der antike Tempel diente dem Götterbild als Haus, zu dem nur die Priesterschaft Zutritt hatte; die christliche Kirche stand allen Gemeindemitgliedern offen.

In dieser Kirche trat 431 das 4. Ökumenische Konzil zusammen, auf dem etwa 200 Bischöfe die Lehre des Nestorius von Antiochien verdammten und festlegten, daß Maria ihren Sohn bereits als Gott geboren habe.

Die Basilika verfiel später und wurde noch zweimal in wesentlich bescheideneren Maßen wiederaufgebaut, so daß wir heute die Reste dreier Kirchen vor uns sehen, in denen die Ordnung der alten Basilika nicht mehr zu erkennen ist.

Das Zentrum der alten lysimachischen Stadt war die Agora, der das große Theater am Westhang des Pionberges gegenüberliegt. Das Theater, heute mit zum Teil neu errichteten Sitzreihen, stammt sicher noch aus hellenistischer Zeit, wurde aber zuletzt unter Trajan (98–117 n. Chr.) umgebaut. In seinen Abmessungen (Breite des Bühnenhauses 115 m, 24000 Sitzplätze) ähnelt es dem Theater von Milet. Das Theater von Ephesus bleibt in seinem Grundriß noch dem alten griechischen Theater verpflichtet. Eine neue konsequente Weiterentwicklung finden wir im Theater von Aspendos. Das Theater von Ephesus war nicht nur Schauplatz von Tragödien und Komödien, hier empörten sich auch die Silberschmiede gegen den Apostel Paulus, als er von 54 bis 57 in Ephesus weilte (Apostelgeschichte 19/23).

Am Straßenwinkel Marmorstraße–Kuretenstraße stehen die Ruinen eines bemerkenswerten Bauwerks – der Celsus-Bibliothek, deren Mauerwerk zum Teil erhalten ist (Abb. 23). Der Anfang des 2. Jahrhunderts von C. Iulius Aquila zu Ehren seines Vaters C. Iulius Celsus Ptolemaeanus errichtete Bau besaß eine zweistöckige Prunkfassade mit Säulenstellungen, Ziergiebeln und Statuennischen. Zwei Galerien, von Säulen getragen, umzogen die Innenwände. In den Wandnischen – heute noch sichtbar – wurden die Buchrollen aufbewahrt. Unter der Rückwand liegt die Grabkammer mit dem Sarkophag des Gouverneurs Celsus. Etwa um 400 n. Chr. muß ein Brand die Bibliothek zerstört haben. Da vermutlich die Mittel fehlten, um das Bauwerk wiederherzurichten, schüttete man den Innenraum zu und ließ die Prunkfassade als Rückwand eines Straßenbrunnens stehen. Hierzu setzte man auf die untere Stufe der großen Freitreppe eine starke Mauer, die mit Reliefs (heute in der Wiener Hofburg) geschmückt war.

Am Anfang der Kuretenstraße steht das am besten erhaltene Bauwerk der Stadt – der Hadrianstempel, der von den österreichischen Archäologen wiederaufgebaut werden konnte (Abb. 22). Der zierliche Tempel, der einer Bauinschrift zufolge, Kaiser Hadrian (117–138) gewidmet war, erinnert an die Arkaden der Hadriansvilla in Tivoli. Vor der Tempelfront stehen vier Podeste, die die Statuen der Mitglieder des kaiserlichen Kollegiums trugen. In der Vorhalle, die einst von einem Tonnengewölbe überdacht war, sehen wir Wandreliefs mit mythologischen Szenen von der Gründung der Stadt Ephesus, in theodosianischer Zeit entstanden und im Stil recht provinziell. Ephesus besaß damals zwei Kaisertempel – den Hadrianstempel und den weiter ostwärts liegenden Tempel des Domitian (81–97), von dem heute nur die Terrasse, der Kopf und ein Unterarm der Kaiserstatuen erhalten sind.

Die Kuretenstraße zieht leicht ansteigend südostwärts. Sie war geschmückt mit zahlreichen Nymphäen – heute stark zerstört – und Statuen. Während die meisten Wohnhäuser einstöckig waren, standen rechts der Straße sechsstöckige

Artemistempel in Ephesus, Rekonstruktion nach F. Krischen

Wohnhäuser, deren Fundamente gut erhalten sind. Die Kuretenstraße führte durch ein Straßentor weiter zur oberen Agora, zum Odeion, dem Variusbad und dem Prytaneion, dem Rathaus der Stadt. Hier wurde bei den Ausgrabungen ein wichtiger Fund gemacht – drei Statuen der Göttin Artemis. Die drei Statuen – unterschiedlich in der Größe und im Erhaltungszustand – befinden sich heute im Museum von Selçuk (Abb. 21).

Fremd und ungriechisch sieht das Bild der Göttin aus. Alle diese Standbilder, die zum Teil in der römischen Kaiserzeit entstanden, müssen nach einer Urform, einem Urbild orientiert gewesen sein, das verschollen ist. Die pfeilerartig starre Haltung der Göttin unterscheidet sich stark von den lebendigeren Darstellungen der ranken Jagdgöttin in der griechischen Kunst. Nur auf einem attischen Krater (um 380 v. Chr.), der Oinomaos beim Opfern vor der Artemis zeigt, ist die Göttin in dieser Pose zu sehen, in den Händen Bogen und eine Schale haltend. Die Darstellung der ephesischen Artemis verrät lydisch-anatolischen Einfluß. Charakteristisch ist vor allem der Oberkörper der Göttin, der mit Rundgebilden bedeckt ist, die man als Brüste oder Eier gedeutet hat – jedenfalls als Symbole der Fruchtbarkeit. Unterleib und Beine, unkörperlich und säulenartig geschlossen, sind mit Sphingen, Hirschkühen und Löwen geschmückt und weisen auf die Rolle der Göttin als Herrin der Tiere hin.

Etwa 200 m südwestlich des Hügels Ayasoluk stand einst das Artemision, der Tempel der Artemis, das größte Heiligtum der Stadt Ephesus und eines der sieben Weltwunder. Der Tempel wurde im 6. Jahrhundert v. Chr. als achtsäuliger Dipteros – d. h. bei einer Front mit acht Säulen und doppeltem Säulenring erbaut. 356 v. Chr. brannte Herostrat den Tempel nieder; er wollte durch diese Tat berühmt werden und wurde es. Im 4. Jahrhundert begann man mit dem Bau des jüngeren, neuen Artemision. Der Tempel wurde in genau den alten Maßen wiederaufgerichtet, so genau, daß die Säulen des Neubaus unmittelbar über den Säulenstümpfen des alten Tempels entstanden. Eines aber mußte man berücksichtigen: Durch die zunehmende Verlandung der Bucht war auch der Grundwasserspiegel gestiegen, so war man gezwungen, das Niveau des Tempels zu erhöhen.

Der Maßstab des jüngeren Artemision (109 m lang, 55 m breit, 127 Säulen, davon 36 mit Bildschmuck) entspricht ziemlich genau dem des Athenatempels von Priene, nur wurde dort mit dem Fußmaß gemessen, in Ephesus mit der Elle, die um die Hälfte größer war.

In situ ist heute außer einigen Blöcken des Fundaments nichts mehr erhalten, ein Säulenschaft des älteren Artemisions mit Figurenschmuck und Inschrift des Kroisos befindet sich im Britischen Museum, Kleinkunst, die Hogarth unter dem Altarsockel fand, im Museum in Istanbul.

Nordostwärts der Stätte des Artemisions liegt ein Felsrücken, der Hügel Ayasoluk, auf dem sich nach der Legende Johannes Theologos niederließ. Über seinem Grab auf dem Hügel errichtete man zuerst eine Grabkapelle, später in theodosianischer Zeit eine Basilika und unter Justinian (527–565) eine Kreuzkuppelbasilika. Längs-, Querschiff und Vierung waren mit sechs Kuppeln überwölbt, deren Scheitelpunkt etwa 28 m hoch war. Die in den letzten Jahren wiederaufgerichteten Arkaden vermitteln nur einen schwachen Eindruck von

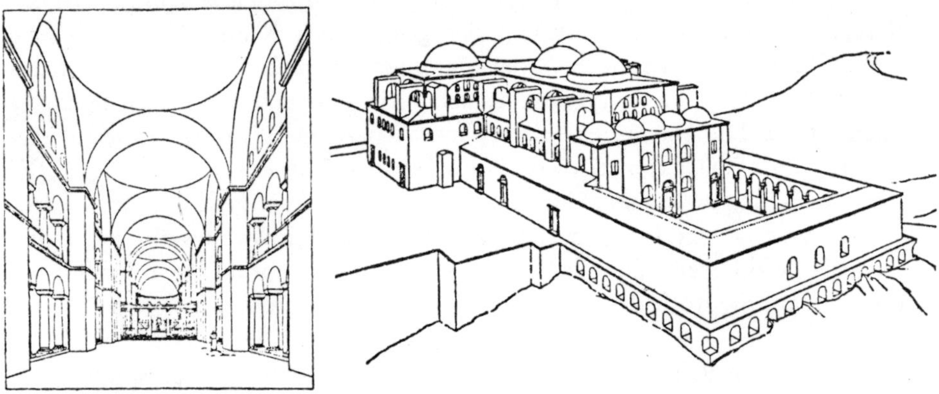

Johannesbasilika in Selçuk (Ephesus), vollendet um 565. (Aus: H. Hörmann, Forschungen in Ephesus, IV, 3, Abb. 8)

Rundbasis einer der Säulen des jüngeren Artemisions in Ephesus. Die Säule stand ursprünglich auf einer rechteckigen Plinthe. Erhalten sind hier die doppelt gekehlte Spira und der darüber liegende Wulst des Torus, über dem sich der fast 20 m hohe Säulenschaft erhob. Die 36 Säulen mit Reliefschmuck standen an der Westfront des Tempels. Die hier erhaltene Basis (1,82 m hoch) zeigt in der Mitte Hermes, erkennbar am Heroldsstab (Kerykeion), der sich einer weiblichen Gottheit zuwendet, vermutlich Alkestis, die von Thanatos, dem Tod, in die Unterwelt geleitet wird.
(Britisches Museum, Skulptur Nr. 1206)

Kapitell von der Johannesbasilika in Ephesus mit dem Monogramm Kaiser Justinians. Bemerkenswert sind die Voluten, die noch an das ionische Kapitell erinnern

der einstigen Größe des Raumes. Eine weitergehende Rekonstruktion der Basilika wird nicht möglich sein, da zu viele Originalwerkstücke schon früher andernorts verbaut wurden oder aber – besonders die Marmorstücke – im Kalkbrennofen endeten.

Unter der Vierung liegt heute das Grabgewölbe des heiligen Johannes. Im Mittelalter nahm man an, daß der Staub vom Grabe des Heiligen eine wundertätige Wirkung habe, so besuchten zahlreiche Pilger die Basilika. Über die Ursache der Zerstörung wissen wir nichts, jedenfalls lag die Basilika am Ende des 8. Jahrhunderts in Trümmern. Da die stark geschrumpfte Gemeinde nicht mehr die Mittel zum Neubau aufbringen konnte, errichtete man nur im östlichen Teil der alten Kirche einen kleineren Kultbau.

Die 150m lange Basilika ragt mit ihrem Westtrakt, dem Hof, weit über das Hügelniveau hinaus. Dieser Hof wurde durch eine Mauer gestützt, die in den Mauerring einbezogen wurde, der vermutlich in frühbyzantinischer Zeit um den gesamten Hügel gezogen wurde. Der heute sichtbare Rest dieser alten Anlage ist das sogenannte 'Tor der Verfolgung'. Der Name ist heute irreführend, denn unter den Reliefs, die einst das Tor schmückten, stellten einige Platten Szenen aus dem Leben Hektors dar, darunter auch seine Verfolgung durch Achill. Diese Reliefs befinden sich heute in einer englischen Sammlung.

Das zum großen Teil aus antiken Werkstücken (Spolien) erbaute Tor, von zwei viereckigen Türmen flankiert, besaß einst einen Innenhof und führte geradezu achsial auf die Vierung der Johannesbasilika. Der Verlauf der anderen byzantinischen Mauerzüge, die den Hügel umschlossen, ist heute kaum zu erkennen, da er teilweise unter Schuttmassen verborgen liegt oder zerstört ist. Vollkommen erhalten dagegen ist das Kastell, die alte Oberburg, am Nordrand des Hügels. Die Burg verdankt ihren Ausbau mit polygonalem Grundriß und 16 Türmen vermutlich den Laskariden (13. Jahrhundert). Seldschuken und Osmanen bauten das Kastell wiederholt um; am Beginn des 19. Jahrhunderts wurde das Kastell verlassen und begann zu verfallen.

Ein Gebäude müssen wir noch erwähnen, das von der Seldschukenherrschaft der Emire von Aydın zeugt – die 1375 vom Sultan Isa Bey errichtete Moschee am Südwesthang des Hügels. Im Betsaal der Moschee fanden Säulen aus dem Frigidarium der Hafenthermen von Ephesus Verwendung. Ein Jahrtausend nach ihrer Aufrichtung in den Hafenthermen wurden sie – um ein Drittel gekürzt – in einem islamischen Bauwerk aufgestellt, auch hier noch immer kündend von der Größe und Pracht der alten untergegangenen Stadt.

Während Milet und Ephesus über einen längeren Zeitraum hinweg in Blüte standen, währte die Pergamons nur ein Jahrhundert – die Zeit der Attaliden (etwa 240–160 v. Chr.). In dieser kurzen Spanne gelangten Kunst und Wissenschaften in Pergamon zu einem kraftvollen Höhepunkt der hellenistischen Ära. Leidenschaftlich gesteigerte Formen sprengten die alten klassischen Maße und Gesetze, durch eine gewaltige Bautätigkeit wurde der Burgberg von Pergamon zu einem Monument sich auftürmender Terrassen, Tempel, Altäre und Paläste. Der Höhepunkt war aber auch zugleich der Endpunkt der pergamenischen Kunst. Nach ihrer Eingliederung in das römische Imperium gewann die Stadt zwar an politischer Bedeutung – sie war Residenz der Provinz Asia – die

Der Burgberg von Pergamon in römischer Zeit. Vorn die Theaterterrasse, in der Mitte das Theater, oben halblinks der Tempel Trajans

eigenständige Stellung der pergamenischen Kunst, ihre große schöpferische Epoche war vorüber.

Etwa 300 m erhebt sich der Burgberg von Pergamon über der vom Bergama Çayı, dem antiken Selinus, und dem Kestel Çayı, dem alten Ketios, durchflossenen Ebene. Keramikfunde deuten auf eine Besiedlung des Berges im 7. Jahrhundert v. Chr., doch ist über die Geschichte dieser frühen Siedlung nichts bekannt. Ins Licht der Geschichte tritt Pergamon erst in der Diadochenzeit. Lysimachos, dem Thrakien und Kleinasien bis zum Taurus zugefallen waren, hatte dem Philetairos aus Tios den Schutz der Burg von Pergamon und einen hier aufbewahrten Schatz von 9000 Talenten anvertraut. 282 v.Chr. jedoch suchte Philetairos Anschluß an Seleukos, den König von Syrien, dessen Oberhoheit er sich unterstellte und der ihm dafür vermutlich das Verfügungsrecht über den Schatz des Lysimachos und die Herrschaft über Pergamon zubilligte. Damit begann die Herrschaft der Attaliden, so genannt nach dem Vater des Philetairos, dem Makedonen Attalos. Dieses Geschlecht regierte eineinhalb Jahrhunderte lang das pergamenische Reich. Man teilt diesen Zeitraum in zwei historische Perioden: die der Dynasten Philetairos und Eumenes I., die sogenannte Dynasteia, und in die Epoche der Königsherrschaft, der Basileia, die mit Attalos I. beginnt und dem Tode Attalos' III. 133 v.Chr. endete. In der Dynasteia wurden die Grundlagen für die spätere Macht Pergamons geschaffen, in der Basileia erlebte Pergamon seine größte politische Ausdehnung und höchste kulturelle Blüte.

Das junge pergamenische Reich wurde wie die anderen Griechenstädte der Küste von Galliern bedroht, die in Kleinasien eingedrungen waren und sich die wohlhabenden Städte tributpflichtig gemacht hatten. Attalos I. (241–197 v.Chr.) verweigerte den Tribut und schlug die Gallier in mehreren Schlachten. Er nahm daraufhin den Königstitel an. Sein Nachfolger Eumenes II. (197–159 v.Chr.) war der bedeutendste der pergamenischen Herrscher. Als Bundesgenosse der Römer nahmen seine Truppen an der Schlacht gegen den Syrerkönig Antiochos III. teil und schlugen ihn 189 v.Chr. bei Magnesia am Sipylos. Bei der Neuordnung Kleinasiens fielen Pamphylien, Pisidien und das westliche Bithynien an Pergamon.

Unter Eumenes setzte eine rege Bautätigkeit ein. Der Athenatempel entstand, um 180 v. Chr. der Zeusaltar, die Bibliothek und Paläste auf dem Burghügel. Die Bibliothek zählte damals 200000 Bände; Pergamon war das Zentrum des geistigen und künstlerischen Lebens in Kleinasien. Auf Eumenes II. folgte sein Bruder Attalos II. (158–138 v.Chr.), dann übernahm Attalos III. die Regentschaft. Er starb aber schon 133 v.Chr. und setzte die Römer auf Grund eines

Testamentes als Erben Pergamons ein. Doch Rom übernahm ein unruhiges Erbe. Die über die römischen Verwaltungsmethoden erbitterten Einwohner Kleinasiens fanden in Mithridates VI. von Pontus einen Gegner Roms, der die Herrschaft in Kleinasien an sich riß und einen großen Teil der hier lebenden römischen Bürger umbringen ließ. 86 v.Chr. erfolgte die Vergeltung der Römer. Sulla schlug Mithridates vernichtend, Kleinasien wurde römische Provinz und mit harter Hand regiert. Erst unter Augustus nahmen die Städte und Landschaften Kleinasiens wieder einen wirtschaftlichen und kulturellen Aufschwung. Pergamon, die Hauptstadt der Provinz, zählte damals etwa 160000 Einwohner. In römischer Zeit wurde der Trajanstempel auf dem Burgberg, der Serapistempel über dem Selinus und das Amphitheater erbaut. Die Stadt zog sich nun weit in die Selinusebene hinab. Nur der Ostteil der antiken Stadt wird vom heutigen Bergama überlagert. Damals lebte in Pergamon auch der berühmte Arzt Galen (129–199), der letzte überragende Arzt der Antike, der auch in Smyrna, Alexandria und Rom praktizierte. Galen ist als Mediziner und Philosoph der umfassendste Eklektiker der Antike. Sein Hauptwerk, die ›Summa‹ der antiken Medizin, wirkte noch über ein Jahrtausend weiter.

In byzantinischer Zeit verlor die Stadt an Bedeutung, im 7. und 8. Jahrhundert eroberten die Araber Pergamon, später die Seldschuken. Timur ließ auf seinem Marsch durch Kleinasien auch Pergamon einnehmen. Nach seinem Rückzug wurde die Stadt osmanisch, der Burgberg blieb unbesiedelt.

Ende der sechziger Jahre entdeckte der deutsche Ingenieur Carl Humann bei Straßenbauarbeiten in der Nähe Pergamons eine Reliefplatte des Großen Altars, die er den Königlichen Museen in Berlin schickte, die daraufhin Ausgrabungen auf dem Burgberg von Pergamon unter Leitung Humanns veranlaßten. Die Grabungen 1878–1886 legten einen großen Teil der Friesplatten des Altars und andere Architekturteile frei, die in einer byzantinischen Mauer verbaut waren. Weiter wurden später die Oberstadt, die Gymnasien und das Asklepieion ausgegraben. Die Friesplatten fügte man aus Tausenden von Bruchstücken zu Reliefs, aus denen dann im Laufe von 20 Jahren der alte Zeusaltar rekonstruiert werden konnte.

Das bedeutendste Bauwerk Pergamons ist der 180–160 v.Chr. unter Eumenes II. und Attalos II. erbaute Zeusaltar (Abb. 25). Er wurde überragt vom Athenaheiligtum, das um 190 v.Chr. entstand. Der Altar folgt der Tradition der alten Opferaltäre, die hufeisenförmig auf drei Seiten von einer Windschutzwand eingefaßt waren, um ein ruhiges Abbrennen des Opferfeuers zu erreichen. Vorläufer des Zeusaltars sind der Altar vor dem Heratempel auf Samos, der Altar Poseidons auf dem Kap Monodendri, südwestlich von Milet, sowie der Altar vor dem Athenatempel in Priene. Der Zeusaltar fluchtete in seiner Westseite mit dem höher gelegenen Athenatempel, der mit weiten Säulenhallen umgeben, gleichsam die enge Verbindung der beiden Gottheiten symbolisierend, in einen architektonischen Zusammenhang gebracht wurde. Der Altar erhob sich auf einer Grundfläche von 36,44 m Breite und 34,20 m Tiefe. Über eine 20 m breite Freitreppe mit 28 Stufen erreichte man den Altarhof, in dem der eigentliche Opfertisch stand. Den Altar umfaßt ein dreiteilig umlaufender Sockel, der die Freitreppe wangenartig umgreift und den Gigantenkampf darstellt. Darüber erhebt sich die monumentale Windschutzwange, die allseitig von ionischen Säulen umgeben ist. Die Wände des Innenhofes wurden vom Telephos-Fries bedeckt, der die Gründungssage der Stadt Pergamon erzählt.

Bestimmend für die Gestaltung des Altarfrieses sowie der figürlichen Ausstattung des Athenaheiligtums waren die schweren Kämpfe der Pergamener mit den Galliern. Im Gegensatz zu den Orientalen und Römern scheuten sich die Griechen, historisches Geschehen dokumentarisch in der Kunst zu gestalten. Sie wählten hierfür die symbolische Darstellung eines Kampfes zwischen Göttern und Giganten.

Die Reliefs vom Zeusaltar haben ihre Vorbilder nicht in den klassischen, flächengebundenen Reliefs, eher in den Figurengruppen der Tempelgiebel – etwa des Parthenon. Vor den Augen des Beschauers spielt sich ein leidenschaftlich bewegtes Geschehen ab. Lanzen und Schwerter schwingende Götter stürmen über verwundete und sterbende Giganten, Köpfe, zum Speerwurf erhobene Arme und flatternde Gewänder ragen weit aus dem Reliefgrund heraus. Farben, eingesetzte Metallattribute sowie schimmernde Augen aus buntem Marmor

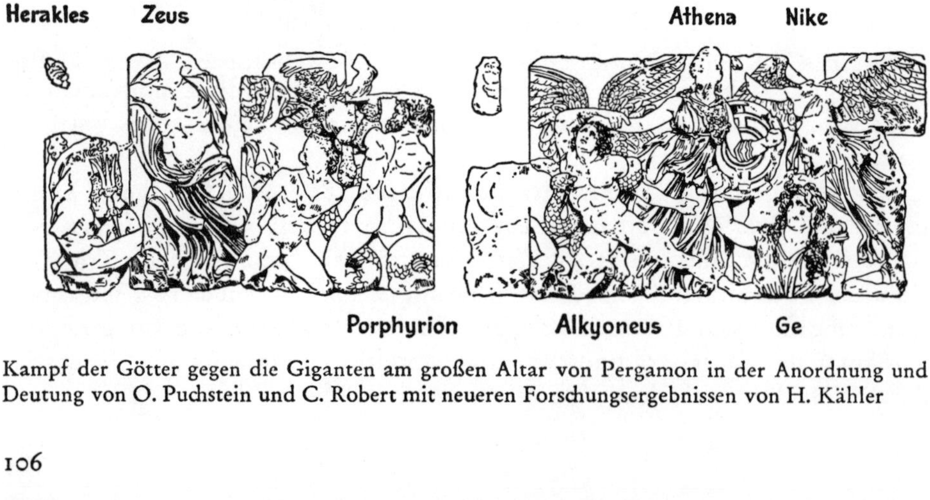

Kampf der Götter gegen die Giganten am großen Altar von Pergamon in der Anordnung und Deutung von O. Puchstein und C. Robert mit neueren Forschungsergebnissen von H. Kähler

Athena Parthenos, Kopie des ersten Viertels des 2. Jh. v. Chr. nach dem Goldelfenbeinbild des Phidias, aufgestellt in der Bibliothek von Pergamon

steigerten noch die dramatische Wirkung. Die Giganten, die übermütigen Söhne der Erde, der Ge, erhoben sich gegen die Herrschaft der Götter, die sie mit Hilfe des Herakles, der in der Mythologie mit der Gründung Pergamons eng verbunden war, in grausamem Kampf niederringen. Diese Gigantomachie war in den 118 Platten des großen Frieses dargestellt.

Im Altarhof ist in weniger bewegten Figuren die Telephossage, die Gründungsmythe Pergamons, dargestellt, deren Reliefs heute ebenfalls im Telephossaal des Pergamonmuseums in Berlin aufgestellt sind.

Bedeutende technische Schwierigkeiten waren bei der Herstellung der Reliefs zu überwinden, denn die Friesplatten wurden nicht nach der Anbringung am Altarsockel erst geschaffen, sondern schon vorher, oder während der Bauarbeiten am Altar. Ein Künstler, dessen Namen wir nicht kennen, entwarf den Fries, den dann ein Bildhauerteam in einzelnen Arbeitslosen getrennt herstellte, eine Methode, die den griechischen Bildhauern nicht fremd war. Die Schnittlinie der Platten durfte z. B. nicht ein Gesicht durchtrennen, sondern mußte unauffällig in Gewandfalten untergebracht werden – was später allerdings vernachlässigt wurde. Nach Forschungen von H. Kähler hat der Meister des Frieses die Hauptgruppe in der rechten Hälfte des Ostfrieses (Zeus und Athena) selbst geschaffen, um den anderen Künstlern ein Vorbild zu geben und ihnen seine Vorstellung zu vermitteln. Seine Meisterschaft wurde nicht von allen Künstlern erreicht, die Skulpturen sind daher von unterschiedlicher Qualität.

Nördlich des Zeusaltars stand auf einer erhöhten Terrasse der Athenatempel, der schon in voreumenischer Zeit, im 4. Jahrhundert, erbaut wurde. Der Tempel, ein einfacher Ringhallentempel (Peripteros), barg das Standbild der Athena, das dem elfenbein-goldenen Bild der Athena des Phidias im Parthenon in Athen glich. Nach dem Sieg über die Gallier ließ Eumenes II. das Athenaheiligtum umgestalten, den Hof mit Säulenhallen umschließen, hinter deren nördlicher die berühmte Bibliothek lag. Denkmäler im Athenatempel erinnerten an die Waffentaten der Pergamer im Kampf gegen die Gallier. So stammen die Skulpturen des *Sterbenden Galliers*, des *Galliers, der sein Weib und sich tötet* (heute: Rom, Nationalmuseum) aus Pergamon (Abb. 26). Die Säulenhallen besaßen ein Erdgeschoß mit dorischen und ein Obergeschoß mit ionischen Säulen. Auf den Brüstungen zwischen den Säulen des Obergeschosses waren Reliefs mit den Waffen der besiegten Gallier angebracht. Das Propylon zum Athenaheiligtum befand sich an der Südseite der Osthalle; es trug die Inschrift »König Eumenes der siegbringenden Athena«. Das Tor befindet sich heute im Pergamon-Museum in Berlin. Weiter stammen aus der Zeit des Eumenes die Palastbauten östlich des Athenaheiligtums, deren Mosaiken zum Teil im Pergamon-Museum erhalten sind. Von der Bibliothek, die einst 200 000 Bände besaß, sind nur noch Mauerreste erhalten. Nach dem Brand der Bibliothek von Alexandria ließ Antonius die Pergamener Bibliothek räumen und machte sie der Kleopatra zum Geschenk. Aus der Königszeit stammt ebenfalls das große Theater am Westhang des Burgberges, das steil abfallend, auf 80 Sitzreihen etwa 15 000 Zuschauern Platz bot (Abb. 24). Das Theater hatte eine Holzbühne, die zu den Spielen aufgerichtet wurde; Pfostenlöcher sind noch zu sehen.

Im 2. Jahrhundert n. Chr. erfuhr der Burgberg noch einmal eine Umgestaltung. Nordwestlich des Athenaheiligtums wurde zur Zeit Trajans (98–117) ein weithin sichtbarer Kaisertempel angelegt, ein einfacher Prostylos auf einer mächtigen Terrasse, die im Norden, Osten und Westen von Säulenhallen umschlossen war. Der Bau des Tempels zog sich bis in die Regierungszeit Hadrians, seines Nachfolgers, hin. Damit erfuhr der Burgberg seine letzte Umgestaltung in der Antike.

Die hellenistische Stadt und später auch die römische hatten sich immer weiter südwärts in die Ebene vorgeschoben. Große Bauten entstanden in der sog. Unterstadt: Tempel, Gymnasien und die untere Agora.

Aus der Stadt Bergama ragt heute die mächtige Ruine der Roten Halle (Kızıl Avlu), eines ehemaligen Serapisheiligtums aus dem Anfang des 2. Jahrhunderts n. Chr., in byzantinischer Zeit eine Basilika. Bemerkenswert ist in Bergama noch

Das Asklepieion in römischer Zeit. Ganz rechts der kreisrunde Kursaal, daneben an den Propyläen der Tempel des Asklepios, in der Mitte Untersuchungsraum und heilige Quelle, links das Theater

das archäologische Museum, das zahlreiche Funde aus hellenistischer und römischer Zeit aufbewahrt – darunter eine Statue des Kaisers Hadrian. Am Südwestrand der Stadt liegen die Ruinen einer antiken Heilstätte, des Asklepieions, das neben denen von Kos und Epidauros zu den berühmtesten der antiken Welt gehörte.

Die rechteckige Anlage war ringsum von Säulenhallen umschlossen. Die Heilstätte besaß ein Theater, *einen Tempel des Zeus-Asklepios und unmittelbar daneben einen ebenfalls runden Kursaal,* in dessen Nischen Bäder genommen werden konnten. Neben Trinkkuren und Schlammbädern war es vor allem der Glaube an die Heilkraft des Asklepios, der dem Kranken helfen und der durch Schlaf und Traum im Tempel des Gottes die Heilung ermöglichen sollte.

Izmir, das alte Smyrna, ist – wie schon gesagt – die einzige Stadt an der türkischen Ägäisküste, die seit ihrer Gründung im 4. Jahrhundert v. Chr. bis heute am gleichen Ort existiert, unzählige Male allerdings von Kriegen und Erdbeben verwüstet.

Noch zu Lebzeiten Alexanders d. Gr. wurde Smyrna als Nachfolgerin des um 600 v. Chr. vom Lyderkönig Alyattes III. zerstörten Bayraklı am Fuße des Pagosberges neuerrichtet. Die Seestadt Smyrna erlebte ihre erste Blüte im 3. und 2. Jahrhundert v. Chr., blieb aber auch in römischer Zeit ein bedeutender Hafen. Dieses antike Smyrna ist archäologisch schlecht zu erfassen, weil das Stadtgebiet immer wieder überbaut wurde.

In byzantinischer Zeit stieg die Bedeutung Smyrnas, als der Hafen von Ephesus versandete, auch entstand hier eine der apokalyptischen Kirchen Kleinasiens. Zwischen dem 10. und 15. Jahrhundert wechselte die Stadt mehrfach ihre Besitzer; es herrschten hier Byzantiner, Kreuzritter, Seldschuken, Genuesen, Mongolen und ab 1425 die Osmanen. 1922 mußte sich hier der Rest der bei Dumlupinar geschlagenen griechischen Truppen unter großen Verlusten einschiffen; hierbei ging ein großer Teil der Stadt in Flammen auf.

Bietet also dem Kunstfreund heute die Stadt Izmir wenig an alten Kulturdenkmälern, so sind es vor allem die Museen der Stadt, in denen zahlreiche Kunstschätze aus der Umgebung Izmirs zusammengetragen wurden.

Bei Ausgrabungen 1932–1941 im Stadtteil Namazgah kamen die Ruinen der alten Agora zum Vorschein, die in hellenistischer Zeit angelegt, später nach mehreren Erdbeben unter Hadrian und zuletzt unter Mark Aurel (161–180) wiederaufgebaut wurde. Ein Teil der umlaufenden Säulenhalle wurde wieder aufgerichtet, die Gewölbe der Magazine sind noch erhalten, im Norden der Agora stehen noch die Ruinen einer 160 m langen, dreischiffigen Basilika. Die aus römischer Zeit stammenden Statuen des Poseidon und der Demeter gehörten vermutlich zu einer Altargruppe der Agora.

Aus hellenistischer Zeit stammen nur die Fundamente der Burg auf dem Pagusberg, heute Kadifekale (Samtburg); die Byzantiner erweiterten die Anlage im 13. Jahrhundert wesentlich, unter Mehmet II. fanden noch einmal Instandsetzungsarbeiten statt.

1927 wurde das erste archäologische Museum der Stadt in einer alten griechisch-orthodoxen Kirche eröffnet, 1951 überführte man die inzwischen stark angestiegene Zahl der Fundstücke in das archäologische Museum im Kulturpark. Die in einem großen Saal untergebrachte Sammlung ist nach Fundstätten geordnet und reicht vom 4. Jahrtausend v. Chr. bis in die byzantinische Epoche. Bemerkenswerte Stücke sind neben den Funden aus Pergamon, Sardes, Halikarnassos und Muğla die Skulpturen aus dem Vedius- und Ostgymnasium in Ephesus mit dem Monumentalkopf Domitians. Im archäologischen Museum in Basmane (unmittelbar neben dem Bahnhof) finden wir Friese aus Teos, Belevi, Milet und Aphrodisias, das in römischer Zeit eine bedeutende Bildhauerschule besaß.

Südküste: Griechen und Römer

Die Südküste der kleinasiatischen Halbinsel ist in vier geographisch deutlich voneinander geschiedene Regionen gegliedert, die den antiken Landschaften Pamphylien, Pisidien, dem Rauhen und Ebenen Kilikien entsprechen.

Die wenig buchtenreiche Südküste setzt sich deutlich gegen die zerrissene, tiefgegliederte ägäische Westküste ab. Von Antalya im Westen bis nach Alanya zieht sich die pamphylische Ebene, im Westen begrenzt vom Lykischen Taurus, im Norden abgeschirmt durch die Ketten des Zentralen Taurus. Nördlich Pamphyliens liegt die antike Landschaft Pisidien, ein Hochland zwischen den westlichen Ausläufern des Zentraltaurus und den nach Süden streichenden Ketten des Lykischen Taurus im Westen.

Von Alanya zieht sich in weitem Bogen das Rauhe Kilikien bis nach Silifke hin. Hier treten die Bergketten des Westtaurus hart an das Meer heran, nur angeschnitten von wenigen und kurzen Küstenflüssen, an deren Mündungen die Ablagerungen kleine, fruchtbare Schwemmlandtrichter schufen. Ostwärts Silifke weichen die Bergzüge des nun hoch ansteigenden Taurus zurück und ziehen im Bogen weit ausstreichend nordostwärts, die fruchtbare Schwemmlandebene der Flüsse Seyhan und Ceyhan – das antike Ebene Kilikien – abschirmend. Obgleich vermutlich seit dem 12. Jahrhundert v. Chr. griechisches Siedlungsgebiet, finden wir an der Südküste hauptsächlich Ruinenstätten römischer Städte, auch seldschukische Bauten, mittelalterliche Burgen sowie nordöstlich von Adana die Ruinen einer späthethitischen Burganlage.

Frühe Zeugnisse einer achäischen Besiedlung fehlen – bis auf Reste der Handelsstation Al Mina an der Orontesmündung. Doch neigt man zu der Auffassung, daß schon in mykenischer Zeit hier achäische Griechen Fuß gefaßt haben müßten. Die Sage berichtet, daß nach dem Fall Trojas (um 1180 v. Chr.) eine Schar achäischer Griechen unter der Führung der Seher Mopsos, Kalchas und Amphilochos nach Pamphylien und Kilikien zogen, das damals unter hethitischer Herrschaft stand. Archäologische Spuren dieser Besiedlung wurden aber

– wie schon gesagt – nicht gefunden. Doch weist der pamphylische Dialekt, der auf Münzen und Bauinschriften überliefert ist, zyprische, arkadische, dorische und äolische Merkmale auf, die in der mykenischen Epoche, zwischen 1400 und 1200 v. Chr., dorthin gelangt sein können.

Eine griechische Besiedlung Pamphyliens kann damals also nur vermutet werden, eine Besiedlung Kilikiens war zu jener Zeit unmöglich, da die Herren des Landes, Hethiter und später Assyrer, außer dem griechischen Handelsposten Al Mina an der Orontesmündung keine griechische Kolonisation an ihren Küsten duldeten. Die Griechen gingen auch dieses Stützpunktes verlustig, vermutlich weil sie neben dem Handel auch noch Seeräuberei betrieben. So sah sich der Assyrerkönig Sargon II. (722–705) gezwungen, gegen die Griechen vorzugehen, und sein Nachfolger Sanherib mußte die Griechen 696 v. Chr. in einer Seeschlacht von den Küsten Kilikiens zurückwerfen. Den griechischen Kolonisten blieben somit nur die Küsten des Rauhen Kilikiens und Pamphyliens – in Südkleinasien jedenfalls.

Hier in Pamphylien fanden die Griechen günstige Lebensbedingungen: eine fruchtbare Schwemmlandebene mit geeignetem Hügel zur Anlage der Wohnstadt, nicht zu nahe am Meer, um vor Überfällen der Seeräuber geschützt zu sein. Ein in der Nähe vorbeiziehender Fluß begünstigte den Verkehr zur See, denn die Griechenstädte konnten untereinander und mit dem Mutterland nur eine Seeverbindung aufrechterhalten. Wie an der ägäischen Küste hörte das griechische Einflußgebiet an der Grenze des letzten Ackers auf. Verbindung mit den Einwohnern des anatolischen Hinterlandes bestanden kaum.

Es gab keine verstreuten Dörfer oder Einzelgehöfte. Der griechische Bauer wohnte ebenso wie der Händler oder Handwerker in der Stadt. Nur die Scheunen und Hütten der unfreien Hirten lagen auf dem flachen Land. Grundlage des Lebens war der Ackerbau, wie ihn Homer wiederholt beschreibt:

> Weiter formte der Gott ein wogendes Saatfeld, und auf ihm
> Schritten mähende Schnitter mit scharfen Sicheln in Händen.
> Dicht in Schwaden sank ein Teil der Halme zu Boden,
> Garbenbinder umwanden die andern mit strohenen Seilen.
>
> (Ilias 18, 550)

Der Fleisch- und Milchgewinnung diente die Schafzucht, während Rinder vorwiegend als Arbeitstiere verwendet wurden. Das Bild des Pflügers mit dem von Stieren gezogenen Pflug taucht in zahlreichen Sagen auf.

Diese günstigen Kolonisationsbedingungen fanden die Griechen in Perge, Sillyon und Aspendos.

Hellenistisches Stadttor in Perge, Rekonstruktion. (Aus: K. Lanckoronski, Städte Pamphyliens und Pisidiens, I, S. 61)

Perge, östlich von Antalya in der Talaue des Aksu Çayı, des antiken Kestros gelegen, war ursprünglich auf den Burghügel beschränkt, der heute keine wesentlichen Ruinen mehr trägt. Im 3. Jahrhundert v. Chr. war die Stadt schon weit in die Ebene hinuntergewachsen und mit einer starken Mauer umgeben. Von der alten griechischen Siedlung ist nichts mehr erhalten. Die heute sichtbaren Ruinen gehören der römischen, insbesondere der römischen Kaiserzeit an. Alexander d. Gr. berührte auf seinem Zug durch Pamphylien 334 v. Chr. Perge mehrmals. Wie die anderen Städte Pamphyliens wurde Perge 180 v. Chr. erst pergamenisch, später römisch. Unter den römischen Kaisern gelangte Perge zu großem Reichtum. Die breite Säulenstraße zeugt noch heute von der großzügigen Anlage der römischen Stadt (Abb. 30). Schon früh wurde Perge christianisiert. Paulus und sein Begleiter Barnabas besuchten die Stadt. In byzantinischer Zeit noch Bischofssitz, verödete Perge später.

Entdeckt wurde die Ruinenstädte 1838 durch Charles Fellows. 1884 besuchte die Expedition des Grafen Lanckoronski auch Perge. Die Ruinen wurden systematisch aufgenommen und publiziert. Neuere Ausgrabungen legten die Säulenstraße frei. Weiter fand man eine Anzahl von Sarkophagen, die heute im Museum von Antalya stehen. Das eigentliche Stadtgebiet liegt jedoch auch heute noch unter dichtem Bewuchs verborgen, aus dem die Ruinen der römischen und byzantinischen Bauten herausragen. Südlich der Ruinenstätte liegt das Theater, hineingeschnitten in den Osthang des die Talaue begrenzenden Geestrückens. Das ursprünglich griechische, von den Römern später umgebaute Theater bot einst 14000 Zuschauern Platz. Die Ruine ist mäßig gut erhalten. Fein gearbeitete Reliefs, die vom Bühnenhaus herabgestürzt sind, Statuentorsi und Architekturstücke wurden vor dem Theater aufgestellt.

Nördlich des Theaters liegt – einer riesigen, grasbewachsenen flachen Wanne vergleichbar – das Stadion, 234 m lang und 34 m breit. Wuchtig wirken die aus Quadern aufgeführten Substruktionen, die die Ränge trugen und in denen einst Händler ihre Waren feilboten. Von den beiden südlichen späthellenistischen Tortürmen stehen noch Wandungen bis zur Höhe des Obergeschosses, das einst von einem dorischen Gebälk abgeschlossen wurde. Das Tor öffnete sich auf einen ovalen Hof, dessen Wände mit Statuen und Nischen gegliedert waren. Abgeschlossen wurde der Hof durch einen zweigeschossigen Triumphbogen, dessen Bauteile heute am Boden liegen. Vom Tor zog die 20 m breite Prunkstraße zur Akropolis hinauf. Einige Säulen hat man in neuerer Zeit wiederaufgerichtet, darunter eine Gruppe von drei Säulen, deren mittlere die Artemis von Perge mit Pfeil und Bogen in der linken, eine Fackel in der rechten Hand haltend (Abb. 30). Angesichts der großen Zerstörungen ist es fast unmöglich, am Skelett der spärlichen Ruinen das Bild der einst wohlhabenden und auch großzügig angelegten römischen Provinzstadt lebendig werden zu lassen.

Etwa 12 km östlich von Perge liegen die Ruinen von Sillyon auf einem leicht schräg abfallenden Tafelberg. Lanckoronskis Expedition nahm 1884 die Ruinen der Ansiedlung auf. Ausgrabungen fanden jedoch bis heute nicht statt. So liegt der Burgberg heute unberührt, eine markante Silhouette in der Talaue des Acisu Çayı und ein stilles Reservoir der Spatenforschung späterer Zeit.

Der Burghügel von Aspendos wurde vermutlich wie die von Perge und Sillyon schon in mykenischer Zeit besiedelt. Die Stadt trat aber erst – wie ihre Nachbarstädte – im 7. und 6. Jahrhundert ins Licht der Geschichte. Der durch die Talaue mäandrierende Köprü Çayı, der antike Eurymedon, heute kaum mit einem Boot zu befahren, war in der Antike schiffbar, und seine Mündung war 469 v. Chr. Schauplatz einer Doppelschlacht zu Wasser und zu Lande, in der Kimon die Perser schlug. 334 v. Chr. versuchten die Aspendier sich einer Besetzung durch die Truppen Alexanders zu entziehen, indem sie ihm 50 Talente Gold und eine große Zahl von Pferden anboten. Die Aspendier hielten jedoch ihr Versprechen nicht und schlossen beim Herannahen des Makedoniers die Tore. Alexander verlangte jetzt außer den Pferden statt der 50 Talente 100, dazu die angesehensten Bürger der Stadt als Geiseln. Da verließ die Aspendier der Mut und sie fügten sich. So Arrian, Anabasis, XXVII, 1–5.

Das bedeutendste und vielleicht einzig sehenswerte Bauwerk von Aspendos ist das römische Theater, eingeschnitten in den Osthang eines durch einen Gewässerriß vom Burgberg getrennten Hügels (Abb. 31). Ursprünglich eine griechische Anlage, wurde das Bauwerk im 2. Jahrhundert n. Chr. in ein römisches Theater umgewandelt. Das Theater von Aspendos gehört heute neben denen von Orange und Sabratha (Libyen) zu den am besten erhaltenen Theaterbauten, die sich augenfällig von den griechischen Theateranlagen unterscheiden. Während sich das griechische Theater in die Landschaft einfügt und der Blick des Zuschauers über das niedrige Bühnenhaus ins Weite schweift, zogen die Römer die Bühnenwand (scenae frons) bis in die Höhe der oberen Sitzreihen empor, so daß ein geschlossener Innenraum entstand. Die mit Säulengruppen, Giebeln, Nischen und Figurenschmuck reich gegliederte zweigeschossige Bühnenwand entspricht in ihrer barocken Überladenheit den Prunkwänden der großen Gymnasien oder der Nymphäen. Die äußere Bühnenwand erinnert in ihrer strengen Gliederung, dem Wechsel zwischen großen und kleinen, quadratischen und gewölbten Fenstern, an Renaissancepaläste. Die Frontseite war ursprünglich mit einem Kranzgesims abgeschlossen, das heute verschwunden ist.

Bühnenwand des Theaters in Aspendos, Rekonstruktion. (Aus: Lanckoronski, Städte Pamphyliens und Pisidiens, I, Tafel XXVII)

Bühnenwand und Bühne waren einst mit einem Holzdach versehen, das durch Stricke und senkrechte Masten gehalten wurde, den Zuschauerraum deckte man mit riesigen Zeltbahnen zum Schutz gegen die Sonne ab.

In seldschukischer Zeit baute man in das Theater einen Palast, noch Lanckoronski fand 1884 Kacheln an der inneren Bühnenwand.

Im Gegensatz zu Perge, Sillyon und Aspendos wurde Side nicht auf einem hinter der Küstenlinie liegenden Hügel, sondern auf felsiger, vorspringender Landzunge angelegt, ebenfalls als Ackerbausiedlung, und zwar von Griechen aus Kyme, nördlich von Izmir. In Side scheint die Verschmelzung der Kolonisten mit den anatolischen Ureinwohnern am stärksten gewesen zu sein, denn noch in hellenistischer Zeit sollen die Einwohner der Stadt einen Dialekt gesprochen haben, der von anderen Griechen kaum verstanden wurde. Auch der Name Side (Granatapfel) ist nicht griechisch oder phönizisch, sondern vermutlich anatolischen Ursprungs.

In der Alexander- und Diadochenzeit teilte die Stadt das Schicksal der anderen pamphylischen Städte. Seine Blütezeit aber erlebte Side unter römischer Herrschaft. Die mächtigen Bauten – voran das Theater – lassen auf beträchtlichen Wohlstand schließen, den die Stadt durch ihren Seehandel, Schiffbau und Sklavenmarkt erwarb. Im 3. oder 4. Jahrhundert n. Chr. begann der Niedergang, im 5. wurde die Stadt noch einmal Bischofssitz von Ostpamphylien; mehrere Bauten entstanden. Um 1150 meldet der arabische Geograph Idrisi, daß die Bevölkerung Sides nach Neu-Attaleia, dem heutigen Antalya, umgesiedelt wurde, dann schweigen die Quellen.

Die Ruinen von Side, überwuchert von Lorbeer und Myrthen, verschüttet vom Dünensand, wurden im 19. Jahrhundert von den Engländern Beaufort, Fellows, Spratt und Forbes, aber gründlicher von der Expedition Lanckoronskis 1884 besucht und beschrieben. Die Halbinsel lag damals »in völliger Einsamkeit« und »die von undurchdringlichem Dickicht überwucherte Landzunge hauchte unter der sengenden Sonne Fieberdünste aus« – so Lanckoronski.

Um 1900 siedelten sich muslimische Einwanderer, Fischer aus Kreta, auf der Halbinsel zwischen Theater und Hafen an. Unzählige Marmorstücke verschwanden in den Kalkbrennöfen der Siedler, die das Dorf Selimiye gründeten, das heute noch einen Teil der Ruinenstätte bedeckt. 1947 eröffnete eine Gruppe der Türkischen Historischen Gesellschaft unter Leitung von A. M. Mansel die Grabungen in Side, in deren Verlauf die Ruinen freigelegt, aufgenommen und zum Teil restauriert wurden.

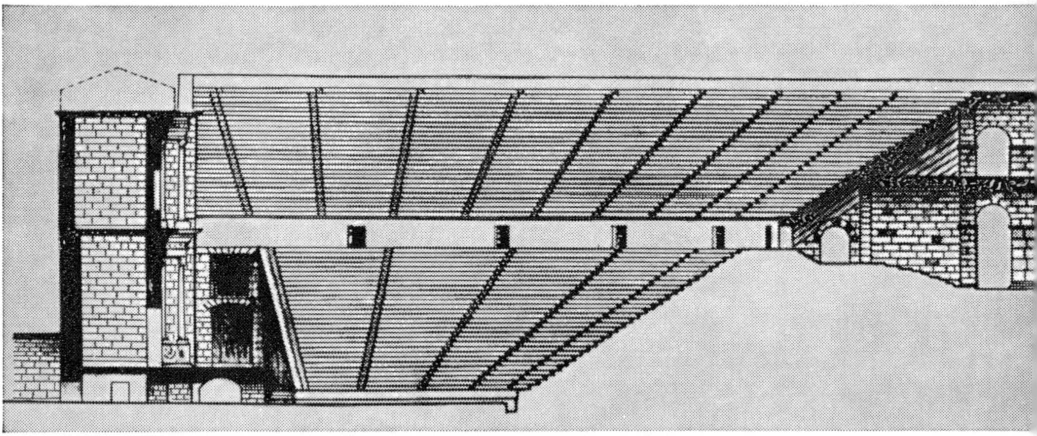

Schnitt durch die Mittelachse des Theaters von Side, erbaut Mitte des 2. Jh. n. Chr., Rekonstruktion von M. Beken. (Aus: A. M. Mansel, Die Ruinen von Side, S. 125)

Die Ruinenstätte wird heute beherrscht vom mächtigen Theater, dem größten Pamphyliens, das einst 15 000 Besucher aufnehmen konnte und seine Gestalt im 2. nachchristlichen Jahrhundert erhielt (Abb. 32). Da ein natürlicher Hang nur zum Teil vorhanden war, mußten gewaltige Bogenkonstruktionen die oberen Sitzreihen tragen. Im Gegensatz zu den Theatern von Milet und Aspendos greifen hier die Reihen der Cavea über den Halbkreis hinaus, erinnern also an den Dreiviertelkreis des alten griechischen Theaters. Spiele fanden nicht nur auf der Bühne statt, sondern auch später Gladiatorenkämpfe und Tierhetzen in der Orchestra.

Erhalten sind weiter große Teile der hellenistischen Stadtmauer im Nordwesten mit Bogenkonstruktionen, Wehrgängen, Türmen und einem bemerkenswerten Stadttor, das von zwei quadratischen Türmen flankiert, sich auf einen halbrunden Torhof öffnet, in den ein Torhaus so eingeschoben ist, daß rechts und links nur ein schmaler Durchgang entsteht. Der mittlere Durchgang wird in Kriegszeiten vermauert gewesen sein.

Die großen Säulenstraßen, die einst die Stadt durchzogen, sind heute verschwunden, die Tempel am Südende der Halbinsel nur in ihren Fundamenten erhalten, die Kaimauern des Hafens kaum zu erkennen. Einzig ein rechteckiger Gebäudekomplex südöstlich des Theaters, in seiner Bedeutung noch nicht genau bekannt, zeigt die zum Teil wiederhergestellte Rückwand eines Prunksaales, durch Säulengruppen, Nischen und Skulpturen einst zweistöckig gegliedert. Westlich der völlig abgetragenen Agora, an der Bühnenrückwand des Theaters steht ein Thermengebäude des 5. Jahrhunderts n. Chr., das in den letzten Jahren wiederhergestellt, als Museum für die in Side gemachten Funde dient. Während Saal III als Bad restauriert wurde, bergen die übrigen Räume eine hervorragende Sammlung antiker Sarkophage, Statuen von der Rückwand des Kaisersaales, Figuren vom monumentalen, aber fast völlig zerstörten Brunnenhaus, darunter die – leider kopflosen – drei Grazien und einen prachtvollen Herakles, der sich auf seine Keule stützt. Kleinfunde und Münzen vervollständigen die Sammlung, die vom Reichtum und der Kunstfreude der Bewohner Sides zeugt.

Pamphylien besitzt noch weitere Ruinenstätten, wie das stark zerstörte, hoch an den Taurushängen liegende Selge, Phaselis und Olympos am Westufer des Golfes von Antalya. Bemerkenswert gut erhalten aber ist Termessos, einst eine Fluchtburg räuberischer pisidischer Bergstämme, später zur befestigten Stadt ausgebaut, nach einer Blüte in römischer Zeit von Erdbeben zerstört und von den Bewohnern verlassen.

Die erste Kunde von den Termessiern gibt die Sage: Der schöne und kriegskundige Bellerophon, ein Enkel des Sisyphos, wurde zum König Iobates von

Lykien geschickt. Zu den Aufgaben, die der König ihm stellte, gehörte auch die Unterwerfung der wilden Solymer, eines Bergvolkes an den Hängen des Solymos, des heutigen Güllük Dağı. Diese Solymer sind die sagenhaften Vorfahren der Termessier.

Historisch bedeutsam wurde Termessos im Jahre 334 v. Chr., als Alexander d. Gr. auf dem Marsch von Perge nach Phrygien vor den Toren von Termessos stand. Arrian (I, 27, 5–6) schreibt: Alexander erkannte, daß Termessos nicht ohne zeitraubende und vielleicht verlustreiche Belagerung zu nehmen sei. Er ließ Termessos liegen und marschierte nordwärts über Sagalassos nach Gordion.

Termessos konnte in pergamenischer und römischer Zeit eine gewisse Unabhängigkeit bewahren. Nach einem Erdbeben verließen die Bewohner die Stadt.

Die einsame Ruinenstätte in den Höhen des Güllük Dağı wurde erst 1845 von dem Engländer Spratt entdeckt und später von der Expedition des Grafen Lanckoronski aufgenommen. Ausgegraben wurde dort bis heute nichts. Der Besucher erlebt hier eine seit der Antike unberührte Ruinenstätte, deren geborstene Mauern oft in einem Dschungel von Steineichen, Kiefern, Eiben und Lorbeer verborgen sind. Das imposanteste Gebäude ist das Theater im klassisch griechischen Stil, dessen Sitzreihen in den Felsen geschnitten sind. Unmittelbar hinter der Bühnenwand fällt das Gelände schroff ab. Weit geht der Blick von hier über in die pamphylische Ebene. Zum Teil gut erhaltene Gebäude liegen an der Agora. Die Mauern des Odeions stehen noch, das Innere ist mit Trümmern angefüllt. Beeindruckend ist die Totenstadt im Süden. Die großen Grabbauten sind zum Teil eingestürzt; die Sarkophage mit Giebeldach und Akroterien vom Erdbeben durcheinandergeworfen und von Grabräubern geplündert, geben in ihren Inschriften Kunde von den Bewohnern der Stadt.

Hauptstadt des Vilayets Antalya, des alten Pamphyliens ist heute Antalya, eine verhältnismäßig junge Gründung, erst auf Geheiß des pergamenischen Königs Attalos II. im 2. Jahrhundert v. Chr. angelegt und eine feste Hafenstadt in römischer, byzantinischer und seldschukischer Zeit. Während der Kreuzzüge diente Antalya den Rittern als Seestützpunkt, später eroberten die Seldschuken die Stadt, unter Murat II. (1360–1389) wurde die Stadt dem osmanischen Reich angegliedert. Kunstgeschichtlich bedeutsam sind ein Teil der alten Stadtmauern mit dem dreibogigen Hadrianstor, das 130 n. Chr. bei einem Besuch des Kaisers errichtet wurde, weiter das Wahrzeichen der Stadt, das Yivli Minare, das gefurchte Minarett (Abb. 33). Das Bauwerk, errichtet unter Alaeddin Kaykobad I. (1219–1236), steht inmitten seldschukischer Bauten. Ob das Minarett jemals zu einer Moschee gehörte, ist fraglich, denn der in Rundstabbündel-Manier errichtete Bau kann auch als Landmarke geplant worden sein – etwa wie das isoliert stehende Minarett von Dscham, Afghanistan (12. Jahrhundert).

Das reichhaltige archäologische Museum der Stadt befindet sich heute am Westrand, an der Ausfallstraße nach Konya Altı.

An der Ostgrenze Pamphyliens, am Übergang zum Rauhen Kilikien, liegt auf einer ins Meer vorspringenden felsigen Halbinsel das Städtchen Alanya, überragt von Zitadelle und Mauern aus seldschukischer Zeit.

Die Küste des Rauhen Kilikien ist reich an Ruinenstätten, besonders eindrucksvoll aber sind die mächtigen mittelalterlichen Burgen, so Anamur und die Land- und Seeburg von Korykos. In der Antike besaßen die Seeräuber an dieser Küste zahlreiche Stützpunkte. Pompeius machte dem Seeräuberunwesen ein Ende und siedelte die Piraten in Soloi an, einem ursprünglich griechischen Ort, dem er den Namen Pompeiopolis gab. Die Stadt wurde 528 durch ein Erdbeben zerstört. Ebenfalls ohne nennenswerte Kunstdenkmäler ist die ehemalige Hauptstadt Kilikiens – Tarsus, das einst direkt am Meer lag.

Wurden die römischen Bauwerke der Südtürkei durch zahllose Kriege und Erdbeben zerstört, so konnten Bodenmosaiken aus den Ruinen geborgen werden, die in ihrer künstlerischen Qualität in Kleinasien einmalig sind und in Ermanglung von Baudenkmälern ein eindrucksvolles Zeugnis vom künstlerischen Schaffen der römischen Epoche hier in Südkleinasien ablegen.

In den Museen von Misis, dem alten Mopsuhestia, und in Antakya, dem alten Antiochia, werden Mosaiken ausgestellt, die zu den kostbarsten Funden Kleinasiens gehören. Während die Mosaiken von Misis aus frühchristlicher Zeit stammen und zum Teil biblische Motive zeigen, wurden die Mosaiken von Antakya in römischen Villen von Seleucia, Iskenderun und Daphni, einem Vorort von Antakya, gefunden. Mit einer Anzahl von 50 Tafeln stellen sie die größte Sammlung römischer Mosaiken dar. Die oft in Natursteinen gearbeiteten Bildwerke stammen aus dem 2. und 3. Jahrhundert. Sie stellen meistens mythologische Szenen dar, das Urteil des Paris, Zeus und Ganymed, Porträts, Jagd- und Trinkszenen.

Mit fein abgetönten Steinchen sind lebendig bewegte Figurengruppen oft meisterhaft in die charakteristischen Flechtbandrahmen gesetzt. Der zentralrömische Einfluß – wenn man so will: der Reichsstil – ist hier so stark, daß selbst in Anatolien keine lokal gefärbten Kunstwerke entstanden, kein Provinzstil, sondern Werke, die denen in Nordafrika, Italien oder Gallien völlig gleichen.

Inneranatolien: Seldschuken

Die Geschichte der Seldschuken beginnt in den Steppen Asiens. Als einer der 24 Stämme der Oghusen teilten sich sich im 7. Jahrhundert an den Grenzen Afghanistans, drangen in Transoxanien ein und stießen bis Samarkand vor. Im 10. Jahrhundert nahm der Stamm der Seldschuken den Islam an. Unter ihrem Führer Tughril eroberten sie im 11. Jahrhundert Bagdad und stellten sich dort in den Dienst des Kalifen. Nach dem Tode Tughrils übernahm Alp Arslan die Führung.

Die ungesicherte Ostgrenze des byzantinischen Reiches lockte damals zahlreiche Nomadenstämme, nach Anatolien zu ziehen. Waren die ersten Vorstöße der Seldschuken nur Raubzüge, die von den Byzantinern abgewehrt werden konnten, so griff Alp Arslan jetzt auch Ani, Edessa (Urfa) und Antiochia (Antakya) an. Im nächsten Jahr drangen die Seldschuken bis Kayseri vor. Der byzantinische Kaiser Romanos IV. Diogenes erkannte die Gefahr und zog den Seldschuken entgegen. Am 19. August 1071 kam es bei der armenischen Stadt Mantzikert (Malazgirt) am Van-See zu einer erbitterten Schlacht, in der die Byzantiner geschlagen und der Kaiser gefangengenommen wurde. Alp Arslan nutzte jedoch seinen Sieg nicht aus, erst sein Sohn Suleyman stieß bis Nikaia (heute Iznik) vor, das er 1078 einnahm. Die Seldschuken erklärten nun Nikaia zur Hauptstadt ihres Reiches, das sich von den Großseldschuken Persiens allmählich gelöst hatte. Malik Schah, Herrscher der Großseldschuken, betrachtete die Unabhängigkeit Suleymans mit Besorgnis. Es kam zur Schlacht zwischen den kleinasiatischen oder Rum-Seldschuken und Tutusch von Syrien, dem Bruder Malik Schahs, in der Suleyman den Tod fand. Sofort brachen in Anatolien Streitigkeiten zwischen den seldschukischen Emiren aus, so daß Kılıç Arslan, der Sohn Suleymans, alle Mühe hatte, seine Position zu verteidigen.

In diese Wirren hinein stießen die ersten Kreuzfahrerheere. Weiter mußten sich die Seldschuken mit den Danischmendiden auseinandersetzen, türkischen Emiren, die ihren Herrschaftsbereich vom Schwarzen Meer bis nach Kilikien ausgedehnt hatten. Erst 1175 konnten die Danischmendiden niedergerungen, 1176 ein byzantinisches Heer Manuels I. Komnenos in zwei Schlachten besiegt werden.

Unter den Sultanen Izzeddin Kaykaus I. (1211–1219), Alaeddin Kaykobad I. (1219–1236) und Giyaseddin Kayhusrau II. (1236–1246) konsolidierte sich das Seldschukenreich von Rum. In dieser kurzen Epoche erreichte es nicht nur seine größte Machtentfaltung, sondern auch eine einzigartige Blüte von Kunst und Wissenschaften. Damals entstanden die bedeutendsten seldschukischen Moscheen, Medresen (Koranhochschulen), Karawansereien und Werke des Kunstgewerbes. Zur Zeit Alaeddin Kaykobads lebte in Konya der einflußreiche islamische Mystiker Celaleddin Rumi, Verfasser zahlreicher Gedichtsammlungen und Schriften, die seine auf Liebe und Toleranz gerichtete Weltauffassung wiedergeben.

Inzwischen drangen mongolische Stämme nach Südrußland und später auch nach Persien und Kleinasien vor. 1243 schlugen die Mongolen das Seldschukenheer. Sultan Kayhusrau II. floh nach Ankara, und sein Wesir mußte einen Frieden mit den Siegern aushandeln, der den Mongolen die Oberherrschaft über das Seldschukenreich sicherte. Die Seldschukensultane regierten noch nominell bis etwa 1300, dann zerfiel das Reich.

Das Sultanat von Rum, das Reich der kleinasiatischen Seldschuken, war eine Militärmacht. Wesentliche Reste des Festungsbaus sind jedoch nur in Kayseri und Alanya erhalten. Die umfangreiche künstlerische Hinterlassenschaft der Seldschuken läßt sich in drei Gruppen gliedern: die Sakral- und Grabbauten (Moscheen, Medresen und Türben), die mächtigen, festungsartigen Karawansereien und das vielfältige, hochentwickelte Kunstgewerbe mit Keramiken, Fayencen, Holzschnitzereien, Reliefs, Münzen und Textilien. In allen ihren Kunstwerken spiegelt sich die einzigartige Begabung der Seldschuken, ererbtes mittelasiatisches Kulturgut, persische Formen, armenische Einflüsse und zuletzt die vorgefundene Tradition von Byzanz zu einem eigenständigen Stil zu verschmelzen.

Die drei bedeutendsten Seldschukenstädte Konya, Kayseri und Sivas waren im Mittelalter stark befestigt. Das Kernwerk bildete die Zitadelle im Herzen der Stadt. Während in der kleineren Hafenstadt Alanya die Festungsanlage mit Zitadelle, einem großartigen achteckigen Festungsturm und Schiffswerft noch vollständig erhalten ist, sind in Konya und Sivas Zitadelle und Stadtmauern abgetragen, einzig in Kayseri stehen die Mauern der Festung noch in ursprünglicher Höhe. Die Zitadelle von Kayseri ist vermutlich auf byzantinischen Fundamenten von Izzeddin Kaykaus I. und Alaeddin Kaykobad I. errichtet, im 15. Jahrhundert unter Mehmet II. umgebaut. Sie besaß zwei Tore und war durch

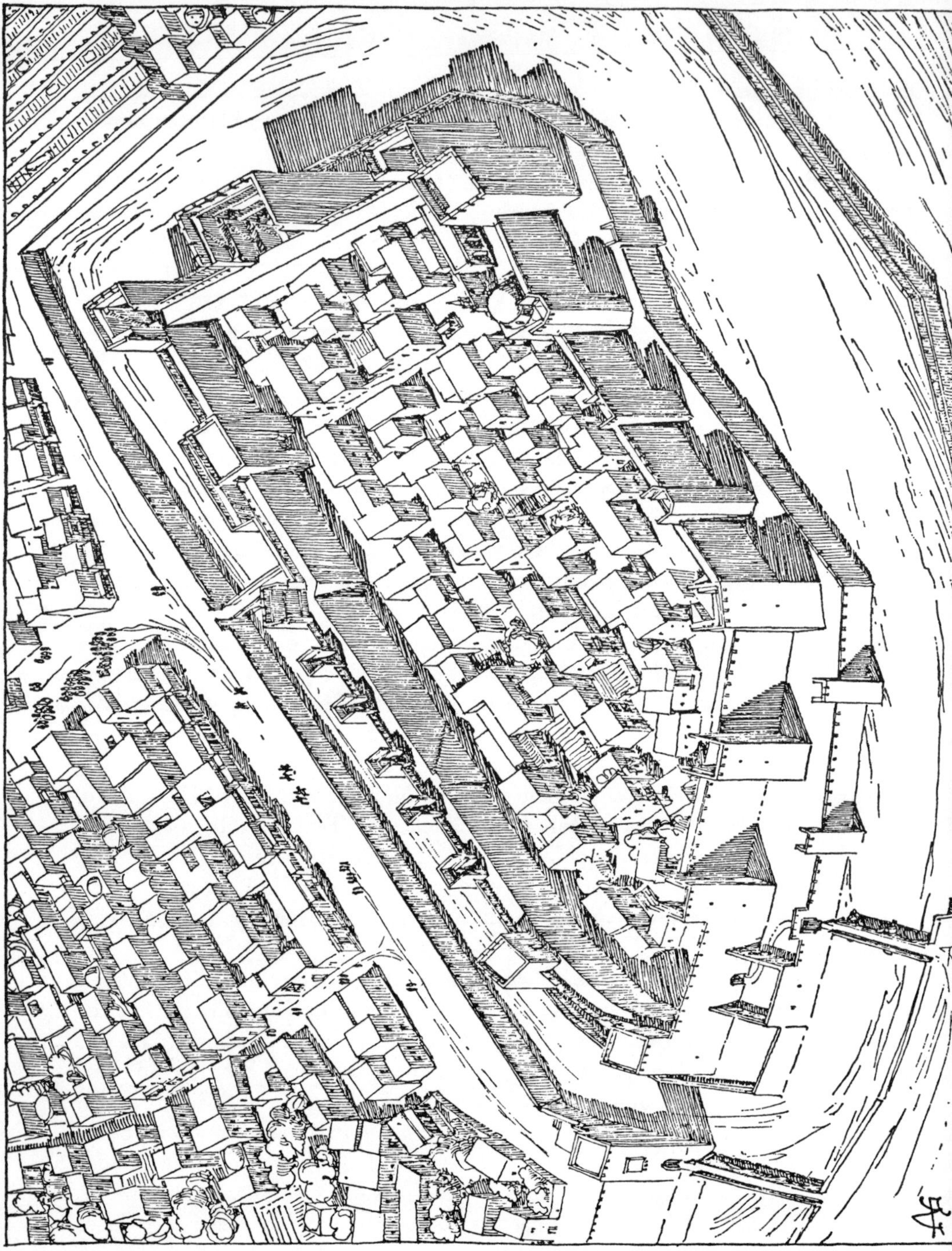

Zitadelle von Kayseri, Baubeginn etwa 1225, Umbauten im 15. Jh. (Aus: A. Gabriel, Monuments turcs d'Anatolie, I)

eine Doppelmauer mit 19 Türmen, Fanggraben und Graben gesichert. Von der alten Stadtmauer, die polygonal die Stadt zu einem Fünftel im Norden der Zitadelle und zu vier Fünftel im Süden umzog, sind nur geringe Reste erhalten – so der Yogun Burç (dicker Turm), erbaut 1212.

Die byzantinischen Bauten Kayseris müssen zwischen dem 13. und 17. Jahrhundert verschwunden sein, denn der Geistliche Rubruk erwähnt 1254, also schon nach dem Mongoleneinfall, eine Basiliuskirche; der türkische Reisende Evliya Celebi (1611–1685) aber berichtet, daß es in Kayseri keine christlichen Kirchen mehr gäbe.

Das älteste Bauwerk Kayseris ist die Große Moschee, begonnen 1136 vom Danischmendiden-Wesir Mehmet Gazi, fertiggestellt 1205, eine flachgedeckte Pfeilerhallenmoschee mit Kuppel über dem Mihrab. Einen ähnlichen Grundriß besitzt die Huant-Hatun-Moschee, erbaut 1237–1238 zusammen mit der Medrese der Mahperi Sultan, Gemahlin Alaeddin Kaykobads I. – ein grauer, fast festungsartig wirkender Gebäudekomplex, überragt vom schlanken Minarett, der Moscheekuppel und dem Kegeldach der Mahperi-Türbe (Abb. 34).

Die Große Moschee geht in ihrer Anlage zurück auf die frühe seldschukische Hofmoschee, die am reinsten in der Großen Moschee von Sivas erhalten ist. Dieser Typ wiederum findet seinen Ursprung im Hause Mohammeds in Medina und in der daraus entwickelten Kunstform der arabischen Hofmoscheen in Kufa (Mesopotamien), Samarra und der elfschiffigen Urform der Großen Moschee in Córdoba. Diese arabische Urmoschee bestand aus einem mit einer Mauer umzogenen rechteckigen Hof, dessen eine Schmalseite zum Schutz gegen die Sonne mit einem Blätterdach gedeckt war, das auf hölzernen Pfeilern ruhte – ein offener Betplatz also, der zur Ausrichtung der gemeinschaftlichen Gebetsübungen nach Mekka orientiert war. Später wurden Hof und Halle solider konstruiert und die nach Mekka gerichtete Wand – die Kibla – durch eine geschmückte Gebetsnische (Mihrab) stärker betont. Schon in der Großen Moschee von Sivas bildet die Pfeilerhalle einen geschlossenen Baukörper, der nur der Hof vorgelegt ist. Die Große Moschee von Kayseri endlich besitzt keinen Hof mehr.

Eine besondere Ausbildung erfuhren die theologischen Hochschulen, die Medresen, unter den Seldschuken. Die Grundform der offenen Hofmoschee mit hohen, die Seiten gliedernden Spitzbogenhallen (Iwan), wie wir sie bei der Mesdschid-i-Dschuma in Isfahan finden, wurde durch Weglassen der Seitenivane und Beibehaltung des dem Eingang gegenüberliegenden Hauptivan variiert. In der Sahibiye-Medrese in Kayseri (1267) finden wir drei Iwane, in der Afghunu-Medrese (13. Jahrhundert) nur noch einen, und in der Sirçali-Medrese in Konya wurde der offene Hof überkuppelt, so daß der letzte Anklang an die alte Hofform völlig verschwand. Das Schema der Seldschuken-Medrese ist überall ähnlich: Vom Hof oder überkuppelten Saal zweigen rechts und links die Zellen der Studenten ab; geradeaus liegt – etwas erhöht – die Iwanhalle, daneben je ein Kuppelraum, der als Lehrerzimmer oder Hörsaal benutzt wurde. Neben der Sahibiye- und Afghunu-Medrese finden wir in Kayseri noch die Çifte-Medrese (1205–1206), die Haci-Kılıç-Moschee und Medrese (1249), und die Saraceddin-Medrese (1236). Später entstanden die Hatuniye-Medrese (1431–1432) und 1585 die Kurşunlu-Moschee von Sinan. Die meisten Medresen Kayseris gehören dem reifseldschukischen Stil (bis 1250) an. Die Portale dieser klassischen Moscheen und Medresen sind ein einzigartiges Charakteristikum der seldschukischen Kunst. Das hochragende, flache und rechteckige Portal ist in der klassischen Zeit mit breiten Bändern filigranartiger Arabesken geschmückt. Das tiefliegende Tor mit dem dreieckigen Stalaktitengiebel erscheint wie hineingeschnitten. Diese Portale der klassischen Zeit wirken streng und etwas trocken, erst bei schrägem Sonnenlicht belebt der Schatten die spinnwebfeinen Ornamentflächen.

Das charakteristische seldschukische Grabmal ist das Mausoleum, die Türbe, der Form jenen zylinderförmigen Mongolenzelten ähnlich, die der Mönch Rubruk im 13. Jahrhundert sah und in seinen Reisebeschreibungen abbildete. Eine der schönsten Türben, das Döner Kümbet (kreisendes Mausoleum), steht in Kayseri. Die Türbe wurde 1276 erbaut; das mittelasiatische Vorbild scheint hier durch die armenische Baukunst beeinflußt – runder, mit Blendarkaden verzierter Baukörper und Kegeldach. Am Döner Kümbet finden wir außer den traditionellen Arabesken noch Tierdarstellungen, darunter Adler, Löwen und stilisierte Vögel. Der Rundbau auf quadratischem Sockel besitzt im Erdgeschoß die eigentliche Grabkammer, darüber liegt ein Betsaal mit Mihrab.

Mausoleen von hoher künstlerischer Qualität befinden sich in zahlreichen Orten des alten Seldschukenreiches, so auch die 1312 erbaute in Niğde (Abb. 37).

Besondere Bedeutung besaß im Seldschukenreich die Stadt Sivas, Knotenpunkt der Handelswege zwischen Mesopotamien und dem Schwarzen Meer. Seldschukische Kaufleute fertigten hier Karawanen aus Syrien und dem Irak ab und spedierten die Waren weiter nach dem byzantinischen Trapezunt oder dem seldschukischen Hafen Sinop. Trotz der mongolischen Besetzung florierte der Handel, und die Genuesen errichteten noch 1276 ein Konsulat in Sivas.

Von den Befestigungen der einst wohlbewehrten Stadt ist nichts mehr erhalten. Erhalten sind dagegen Moscheen und Medresen mit Details von hoher künstlerischer Qualität. Das älteste Gebäude in Sivas ist die Große Moschee, eine reine Pfeilerhallen-Moschee mit vorgelegtem Hof, erbaut wohl im 12. Jahrhundert unter den Danischmendiden.

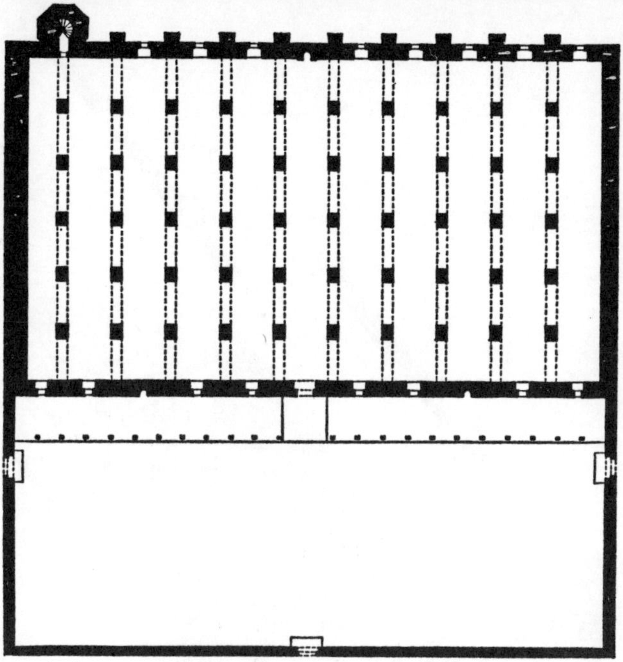

Plan der Großen Moschee in Sivas, erbaut im 12. Jh. (Aus: A. Kuran, The Mosque in Early Ottoman Architecture, S. 148)

Die Medresen sind fast ausnahmslos in der zweiten Hälfte des 13. Jahrhunderts im seldschukischen Spätstil also, erbaut worden. 1271 entstand die Gök-Medrese, mit drei Iwanen und offenem Hof. Das feine Arabesken-Filigran des Tores ist hier einer kräftigen Profilierung gewichen. In barocker Üppigkeit wachsen Blüten, Schilde, Knäufe aus dem feinen Rankenwerk, Säulenbündel schließen die Flächen ab, plastische geometrische Ornamente gliedern die vorspringenden Pfeiler. Die strenge, monumentale Bewegungslosigkeit ist dem Effekte suchenden Spiel mit feinen und kräftigen Schatten gewichen. Einen ähnlichen Grundriß wie die Gök-Medrese (Hof und drei Iwane) besitzen die Muzaffer-Büruciye-Medrese (13. Jahrhundert), die Çifte-Minare-Medrese (1271 bis 1272; Abb. 35) und die Sifaiye-Medrese (1217–1218). Überkuppelte Gebäudekomplexe entwickelten sich in Sivas nicht.

Eindrucksvolle Zeugnisse der seldschukischen Baukunst sind die festungsartigen Karawansereien (Han) in den Steppen Anatoliens. Eine Kette dieser Bauwerke lag einst an den Handelswegen – im Abstand von etwa 30 km. Das entsprach dem Tagesmarsch einer Kamelkarawane. Der Plan der Karawanserei als rechteckige, vieleckige oder dem städtischen Baugrund angepaßte unregelmäßige Anlage war in Mesopotamien schon vorgebildet. Die Seldschuken entwickelten einen festen Plan – Hofrechteck mit angefügtem, etwas kleinerem Stallrechteck –, nach dem besonders die großen Karawansereien (Sultan Hanı)

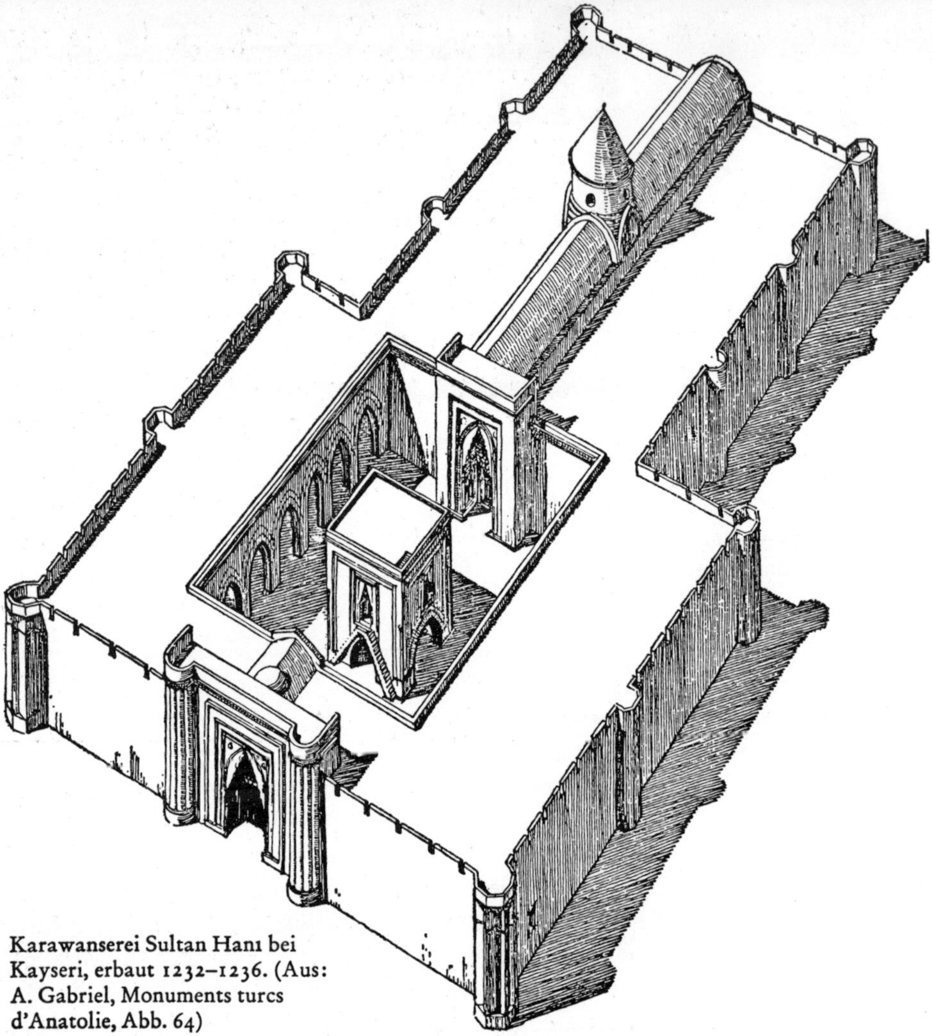

Karawanserei Sultan Hanı bei Kayseri, erbaut 1232–1236. (Aus: A. Gabriel, Monuments turcs d'Anatolie, Abb. 64)

gebaut wurden. Durch das mächtige, reich verzierte Tor gelangt man in den Hof, in dessen Mitte sich auf vier Bogen die Moschee erhebt. Zu beiden Seiten des Hofes liegen Unterkünfte und Warenlager, Küchen, Bäder und Werkstätten. Ein ebenfalls dekorativ gestaltetes Tor führt zu den Stallungen, hohen Kirchenschiffen ähnlich. Die bedeutendsten Karawansereien sind der Sultan Hanı zwischen Konya und Aksaray, zwischen Kayseri und Sivas sowie der Karatay Hanı bei Bünyan, nordöstlich von Kayseri.

Die größte Stadt des Seldschukenreiches und vermutlich auch Hauptstadt war Konya, das antike Ikonion. Vom Palast der Sultane, von der Zitadelle, ja

Lykische Grabmonumente mit
ıischen Architekturelementen bei
thiye (Telmessos), 4. Jh. v. Chr.

Säulen der Arkadenstraße von
rge. An der mittleren ein Relief
: Artemis von Perge, Fackel in der
hten, Pfeil und Bogen in der lin-
ı Hand

31 Theater von Aspendos. Zusch
erraum und bis zur vollen Höhe
haltenes Bühnenhaus. Erbaut im 2.
n. Chr.

32 Der Zuschauerraum des Thea
von Side. Erbaut in der Mitte
2. Jh. n. Chr.

Das 'gefurchte Minarett' (Yivli
inare) in Antalya. Erbaut unter
aeddin Kaykobad (1219–1236)
rmutlich als Landmarke

Huant-Hatun-Stiftung in Kay-
i, Moschee, Medrese und Türbe
r Mahperi Hatun. Erbaut 1237–
38. Vorn die Zitadelle

35 Çifte-Minare-Medrese in Erzurum, zweigeschossige Anlage mit offenem Hof und Türbe hinter dem Südiwan. Erbaut 12

Büyük-Karatay-Medrese in
›nya, Kuppelmedrese, erbaut 1251
ırch den Wesir Celaleddin Karatay

Türbe der Hudawent Hatun,
ıchter Kilic Arslans IV., in Niğde.
ːichtet 1312

38 Portal der Grünen Moschee i Bursa. Erbaut unter Mehmet I. (1413 1421)

39 Das Alte Bad (Eski Kaplıca) Bursa, erbaut im 14. Jh. unter Murat

ↄ Die Große Moschee (Ulu
ami) in Bursa, erbaut 1379–
421

ɪ Frühosmanische Moschee
ayazits II. in Edirne am Tunca-
fer, erbaut 1484–1488

42 Selim-Moschee in Edirne, erba
1569–1575, das bedeutendste We
Sinans

43 Hof und Eingang zum Betsaal d
Selim-Moschee in Edirne. Das sel
schukische Portal stammt von d
Großen Moschee in Birgi, erbaut 13

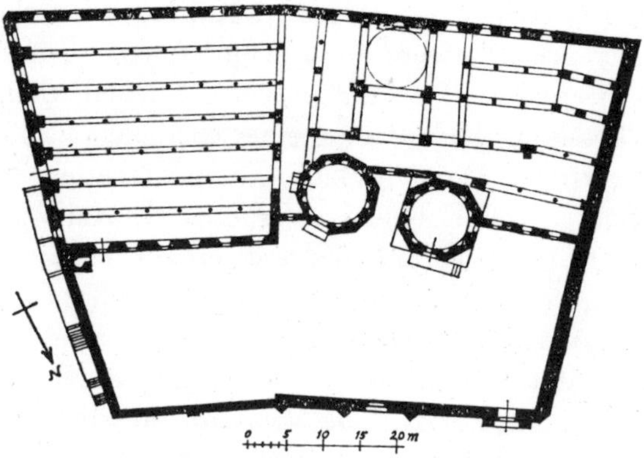

Alaeddin-Moschee in Konya, erbaut 1116–1221. Pfeilermoschee mit Mausoleen der Seldschukensultane. (Aus: Karawane-Logbuch, Türkei, 556 b)

von der gesamten Stadtmauer ist heute nichts mehr erhalten. Einzig die Ruine eines turmartigen Pavillons liegt noch unterhalb der Alaeddin-Moschee. Dieser Pavillon, erbaut unter Kılıç Arslan IV. (1246–1264), stand noch um die Jahrhundertwende bis in eine Höhe von etwa 15 m, 8,80 m über dem Erdboden lag der Balkon.

Über der Kioskruine erhebt sich die Alaeddin-Moschee, die älteste Moschee Konyas, begonnen unter Masut I. (1116–1156), vollendet unter Alaeddin Kaykobad I. in den Jahren 1221–1222. Die Moschee erinnert in ihrem Grundriß und der Teilung Halle–Hof an die Große Moschee in Sivas (Kufa-Typ), doch wölbt sich hier eine Kuppel vor dem Mihrab, und zwei Türben sind in die Pfeilerhalle einbezogen, in der östlichen ruhen acht Seldschukensultane.

Eine besondere Ausbildung erfuhr in Konya die Medrese. Während die Sirçali-Medrese (1242–1243) noch einen offenen Iwan und Hof besitzt, sind die Karatay-Medrese und Ince-Minare-Medrese schon vollständig überkuppelte Bauten. Die Büyük-Karatay-Medrese, erbaut 1251 vom Wesir Celaleddin Karatay (Abb. 36), ist heute zum Teil zerstört. Erhalten ist das Portal, das im Unterbau Schriftbordüren, Säulen und Swastikaornamente und im Oberteil ein Ornament aus zweifarbigem Marmor zeigt, dessen Muster wir über dem Türsturz der Alaeddin-Moschee, an zahlreichen Bauten in Persien und Mesopotamien sowie im Betsaal des Haram el Chalil in Hebron wiederfinden. Zerstört sind weiter die Schülerzellen beiderseits des Kuppelsaales. Der Saal selbst ist erhalten, er ist mit einer prachtvollen dunkelblauen Fliesenkuppel überwölbt, einem Meisterwerk türkischer Fayencenkunst. Der blaue Fond ist durch ein Netzwerk feiner Arabesken und Strahlenrosetten gegliedert, die den gestirnten Himmel symbolisieren. Scheitel und Basis der Kuppel umzieht ein Schriftband in blühendem Kufi, das die Namen der vier ersten Kalifen wiederholt. Die Medrese dient heute als Fayencen-Museum und zeigt hervorragende Arbeiten in Unterglasur- und Lüstermalerei: Stücke in verschiedenen, delikat abgestuften Blautönen sowie Fliesen aus Kubadabad, einer ehemaligen Sultansresidenz am Beyşehir-See, mit figürlichen Darstellungen, einem sitzenden Herrscher, Reitern und Tieren. Bemerkenswertes Kunstgewerbe ist ebenfalls in der Ince-Minare-Medrese ausgestellt, einer Kuppelmedrese, erbaut 1258 durch den Wesir Fahreddin Sahib Ata. Das Portal zeigt schon die Spätphase der seldschukischen Kunst. Kräftige, geometrische Wulstornamente, Flechtbänder, Palmetten und Knäufe gliedern das nun nicht mehr flache, sondern durch Kehlschnitt und Torkonche stärker profilierte Portal. Das Museum, im Plan ähnlich der Karatay-Medrese, birgt Holzschnitzarbeiten sowie Steinreliefs von der ehemaligen Stadtmauer: einen Doppeladler, Drachen, eine Sitzfigur mit einem Granatapfel in der Hand sowie

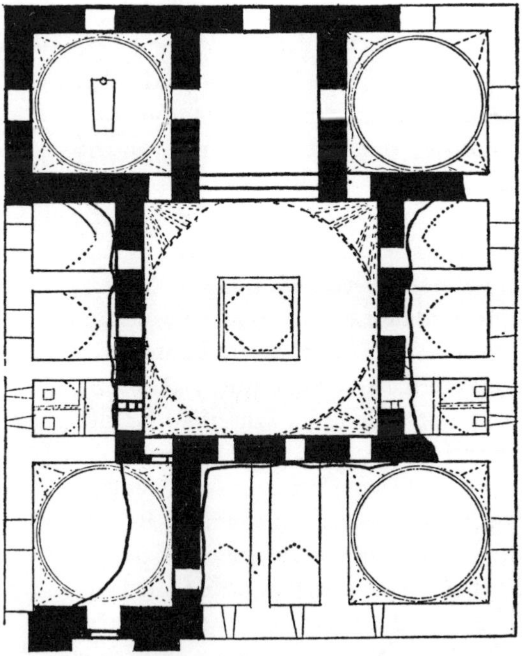

Büyük-Karatay-Medrese in Konya, erbaut 1251. Beispiel einer Kuppelmedrese. (Aus: Konya Müzesi, Karatay Medresesi, Rehberi)

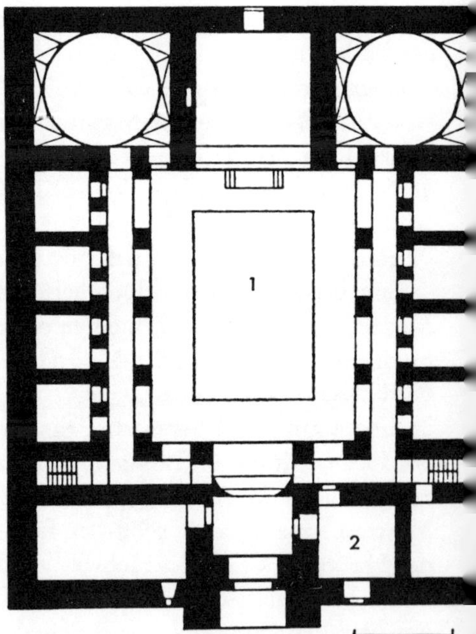

Sirçali-Medrese in Konya, Beispiel einer H medrese, erbaut 1242–1243. 1 Hof, 2 Grab. (A K. Otto-Dorn, Kunst des Islams, S. 232)

Seldschukisches Kunstgewerbe. Holzschnitzornamente von der Kanzel der Großen Moschee in Divrigi. (Aus: T. T. Rice, Die Seldschuken, S. 141)

einen geflügelten Genius, der mit seinem leider verschollenen Pendant einst über dem Stadttor angebracht war.

Kunstgeschichtlich von besonderem Interesse ist das ehemalige Kloster der tanzenden Derwische, Mevlana Tekke, das der Mystiker Celaleddin Rumi in der Mitte des 13. Jahrhunderts gründete. Von diesem mittelalterlichen Bau ist nichts mehr erhalten. Das Kloster in seiner heutigen Gestalt stammt aus dem 16. Jahrhundert, einzig die sich über dem Sarkophag des Mevlana erhebende Kuppel erinnert noch an die Grabtürben der Seldschuken. Das Kloster, heute Museum für islamische Kunst, ist eine Schatzkammer türkischen Kunstgewerbes. Außer den mit prächtigen, grün-goldenen Bahrtüchern verhängten Sarkophagen des Heiligen, seiner Familie und der Scheichs des Ordens birgt das Museum im ehemaligen Tanzsaal der Derwische und im Betsaal eine große Anzahl kostbarer illustrierter Handschriften, Koranständer, Musikinstrumente der Derwische, Leuchter, Gefäße, Waffen, feinste Teppiche, teilweise noch aus dem 13. Jahrhundert, und Kleidungsstücke – darunter die des Mevlana: eine hohe honigfarbene Filzmütze und verschiedene Mäntel, die noch das Zunftzeichen der Schneider von Konya tragen. Bemerkenswert sind die 18 ehemaligen Derwischzellen, ebenfalls aus dem 16. Jahrhundert. Trotz der Profanisierung als Museum sind Grab und Kloster des Mevlana Celaleddin Rumi noch heute eine Wallfahrtsstätte, die von frommen Muslims besucht wird.

Der Mevlana (auch Maula oder Maulana, d. h. Erlöser) Celaleddin Rumi, geb. 1197 in Balch (Horasan), gest. 1273 in Konya, war ein Vertreter des persischen Sufismus. Die Sufi, nach dem Kleid aus Wolle (suf), das sie trugen, so genannt, suchten entweder durch Askese, Kontemplation oder – wie die Mevlevidervische – durch einen ekstatischen Wirbeltanz einen direkten Weg zu Gott. 1925 wurden alle Derwischorden von Atatürk aufgelöst.

Westanatolien und Ostthrakien: Aufstieg der Osmanen

Der Schweizer Historiker Carl Jacob Burckhardt läßt in seiner Kleinasiatischen Reise sagen: »Das ist Anatolien, das schönste Land der Welt, frei, kühn und nichts von mühsam gepflegtem Wachstum und neidischem Treiben und Überlisten, ein Land für Reiter und Herrscher, hervorzubrechen daraus in die fruchtbaren und reichen Gefilde der andern und zurückzukehren in diese weite Welt ohne Namen, Gesetz und alte grämliche Kunde.«

Hervorzubrechen daraus in die fruchtbaren und reichen Gefilde der andern – das kennzeichnet den Geist der Reitervölker und Eroberer, die um die Jahrtausendwende aus Innerasien nach Kleinasien zogen und aus den Steppen des inneranatolischen Hochlandes in die reichen Küstenlandschaften vorstießen. Es waren kleine Stammesgruppen, die unter ihrem Führer, dem Gazi, selbständige Emirate gründeten, einander befehdeten oder Raubzüge in das byzantinische Gebiet unternahmen. Mächtigere Fürsten, wie die Emire von Karaman, Menteşe, Aydın oder Germiyan versuchten diese Gazis unter ihre Botmäßigkeit zu zwingen. Es gelang ihnen zeitweilig, aber das Selbständigkeitsstreben und die Rivalität unter den Gazis veränderten die politische Landkarte Kleinasiens im 13. Jahrhundert ständig.

Endlich gelang es Anfang des 14. Jahrhunderts den Fürsten von Karaman, die in Konya residierten, und den Germiyan-Fürsten in Kütahya ihre Macht zu konsolidieren und sich eine gewisse Oberhoheit über die Gazis zu verschaffen. Mit einer Ausnahme: Zwischen Inegöl und Eskişehir hatte sich der Stamm der Kayı unter dem Gazi Ertoğrul angesiedelt. Er und sein Nachfolger Osman konnten gegenüber den mächtigen Emiren von Germiyan ihre Unabhängigkeit bewahren. Mehr noch: die Möglichkeit unter diesem Gazi Raubzüge in die geschwächten byzantinischen Grenzlande zu unternehmen, zog zahlreiche Abenteurer und Landsuchende an, so daß Osman über ein starkes Heer verfügte, das die byzantinischen Grenzmarken unsicher machte. Lange erkannte Byzanz diese Gefahr nicht.

Ertoğrul starb 1281 und wurde in Söğüt bei Eskişehir beigesetzt. Seine Grabtürbe ist alljährlich im Frühjahr das Wallfahrtsziel zahlreicher Nomaden, der Yürüken. Ertoğruls Nachfolger, Osman, dehnte das ihm zugewiesene Gebiet nach Westen aus. So besiegte er 1301 bei Baphäum zwischen Nikaia und Nikomedeia ein byzantinisches Heer. Der byzantinische Kaiser Andronikos II. konnte Osman zwar 1305 durch seine katalanische Kompanie zurückschlagen, doch ein Bürgerkrieg in Byzanz gab Osman Gelegenheit, seine Herrschaft bis ans Marmarameer und Schwarze Meer zu erweitern.

Noch war das stark befestigte Bursa in byzantinischem Besitz, doch nach zehnjähriger Belagerung konnte Osmans Sohn Orhan im Herbst 1326 in die Stadt einziehen. Osman selbst erreichte die Nachricht vom Fall der Stadt auf dem Totenbett. Orhan, der sich jetzt Sultan nannte, begann mit großer Energie den Feldzug gegen die noch von den Byzantinern besetzten Städte. So fiel ihm nach mehrjähriger Belagerung 1329 Nikaia und 1337 Nikomedeia zu, das heutige Izmit. Orhan hatte nun das ganze Küstengebiet bis zum Bosporus in seiner Hand. Doch blieb das Verhältnis zwischen dem byzantinischen Kaiser, der so schwere Verluste hinnehmen mußte, und Sultan Orhan nicht immer feindselig. Der byzantinische Thronprätendent Johannes Kantakuzenos erbat von Orhan 6000 Reiter, um seine Thronansprüche durchzusetzen, und nachdem er den Thron errungen hatte, weitere Krieger für die Feldzüge in Thrakien. Er gab Orhan dafür seine Tochter Theodora in die Ehe.

Nach Johannes Kanatkuzenos Sturz 1355 schickte Orhan Truppen über die Dardanellen, die unter seinem Sohn Süleyman bis nach Adrianopel, heute Edirne, vordrangen. Als Orhan starb, vermutlich 1362, waren die Osmanen Herren in Westkleinasien und im westlichen Thrakien. Nachfolger Orhans wurde Murat I. (1362–1389), der zuerst die Grenzen seines Reiches gegen die kleinasiatischen Emire sicherte, dann die thrakischen Besitzungen festigte und Edirne zur Hauptstadt des osmanischen Reiches machte. Die Gefahr für Konstantinopel, das nur noch auf dem Seeweg erreicht werden konnte, wuchs zunehmend, und so reiste Johannes V. Palaiologos nach Europa, um Hilfe für seine Stadt zu erbitten. Er bat erfolglos, und bei seiner Rückkehr mußte er den Sultan als Lehnsherren anerkennen und ihm Tribut zahlen.

Murat I. wandte sich jedoch nicht nur gegen Konstantinopel, sondern griff Bulgarien sowie das serbische Makedonien an und konnte bis Nisch und Thessaloniki vordringen. 1389 kam es zur Schlacht auf dem Amselfeld, in der die Serben geschlagen wurden, aber ein serbischer Deserteur Murat in seinem Zelt ermordete. Sein Sohn Bayazit I. (1389–1402) übernahm ein glänzendes Erbe, ein gesichertes Reich und die stärkste Militärmacht Südosteuropas. Bayazit war entschlossen, Konstantinopel zu erobern und sandte Kaiser Manuel II. Palaiologos eine Aufforderung zur Übergabe der Hauptstadt.

Doch da erschien Timur Lenk, der Tatarenführer, in Kleinasien. Nachdem er 1395 schon Sivas erobert und große Teile der Bevölkerung niedergemetzelt hatte, sandte er Bayazit einen provozierenden Brief. Bayazit hob sofort die Belagerung Konstantinopels auf und zog Timur entgegen. Am 25. Juli 1402 kam es unter der Zitadelle von Ankara zur Schlacht, in der Timur das Heer Bayazits schlug und den Sultan und seinen Sohn Musa gefangennahm. Bayazit starb 1403, Timur entließ daraufhin den Prinzen Musa aus der Gefangenschaft und verließ Anatolien.

Bayazits Söhne begannen nun den Kampf um die Herrschaft. Süleyman, der älteste, rief sich zum Sultan aus, besiegte seinen Bruder Isa und tötete ihn. Doch die Truppen verließen später Süleyman und unterstützten Musa, der indessen gegen seinen Bruder Mehmet Kampf und Leben verlor. Der neue Sultan, Mehmet I. (1413–1421), war ein Mann des Friedens, der einen Ausgleich mit Konstantinopel suchte und dem die Hauptstadt Bursa die schönsten Bauten verdankt. Auf Mehmet I. folgte Murat II. (1421–1451), zunächst kein Eroberer. Doch durch provozierendes Verhalten des Kaisers wurde er zur Belagerung Konstantinopels gezwungen und später, die östliche Reichsgrenze gegen die Emire von Germiyan und Karaman zu verteidigen. 1428 mußte er einen von Polen und Ungarn geführten Angriff zurückweisen, 1444 schloß Murat mit Ladislaus von Ungarn in Szegedin einen Friedensvertrag ab, der jedoch kurz darauf von den Ungarn gebrochen wurde. Murat vernichtete daraufhin das christliche Heer bei Varna und stellte seine Herrschaft bis zur Donau wieder her.

Bald darauf dankte der kriegsmüde Murat zugunsten seines Sohnes Mehmet ab und zog sich nach Manisa zurück. Doch die Unruhe an den europäischen Grenzen rief ihn bald wieder ins Feldlager. Murat konnte den Peloponnes unterwerfen und Ungarn, Walachen und Albaner vernichtend schlagen. Die Ordnung war wiederhergestellt, vom schwachen Konstantinopel und dem Kaiserreich Trapezunt drohte keine Gefahr, die Karamanen waren zum Gehorsam gezwungen, und die Emire von Sinop und Attaleia (Antalya) erkannten die Oberhoheit des osmanischen Sultans an. 1451 starb Murat II. in Edirne und hinterließ seinem Sohn Mehmet II. ein gefestigtes Reich und eine noch zu lösende Aufgabe – die Eroberung Konstantinopels.

Die Geschichte des Aufstiegs der Osmanen ist eng verbunden mit der Geschichte von drei Städten, in denen wir die schönsten Zeugnisse frühosmanischer Baukunst finden – Bursa, Nikaia (heute Iznik) und Edirne.

Das malerisch am Nordhang des Ulu Dağ, des antiken Bithynischen Olymps, inmitten der alten Landschaft Bithynien gelegene Bursa gibt besser als eine andere Stadt Gelegenheit, die Anlage türkischer Städte zu betrachten. Im Gegensatz zur antiken Planung mit breiten Straßen und Foren wurde hier das natürliche Geländeprofil benutzt. Auf den Hügeln erheben sich die Moscheen, umgeben von den Bauten der Külliye (Medrese, Krankenhaus, Karawanserei und Bad). Um diese Bauten herum wuchs der Stadtteil, nach der Moschee benannt. Er wuchs mit kleinen und krummen Gassen und zahllosen Sackgassen, die eine bestimmte soziale Funktion hatten. Diese alte türkische Stadt – zum Teil noch heute in Bursa erhalten – war eine Fußgängerstadt, keine Wagenstadt. Ein Blick vom Festungshügel herab läßt die alte landschaftsbezogene Stadtanlage gut erkennen.

Der älteste Platz Bursas, der Zitadellenhügel, wurde vermutlich schon im 2. Jahrtausend von phrygischen Stämmen besiedelt. Der Name der Stadt wird von König Prusias von Bithynien hergeleitet, der hier um 185 v. Chr. eine Stadt gründete. Ab 74 v. Chr. römisch, erlangte Bursa nie die Bedeutung ihrer Schwesterstädte Nikaia (Iznik) und Nikomedia (Izmit), errang aber durch die heilkräftigen Bäder eine besondere Wertschätzung. Nach byzantinischer Herrschaft gelangte Bursa 1326 – wie schon gesagt – in die Hände der Osmanen, die sie zur Residenz erhoben und mit zahlreichen Bauten schmückten. Diese frühosmanischen Bauten bilden heute die einzigartige Sehenswürdigkeit der Stadt.

Das älteste Bauwerk Bursas ist die Moschee Murats I. im Stadtteil Çekirge, erbaut 1360–1389. Der bemerkenswerte Bau ist ein Versuch, Moschee und

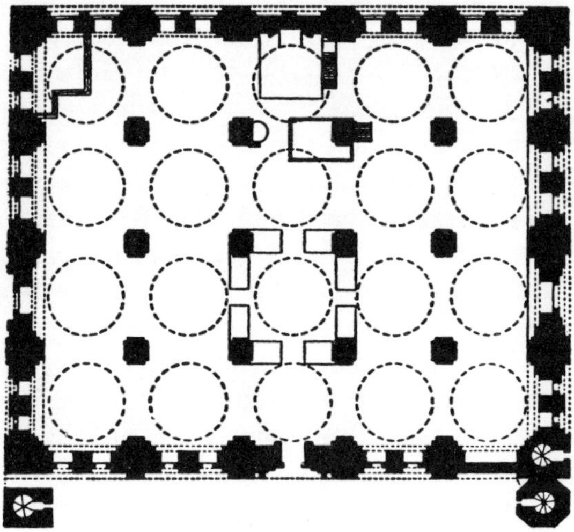

Große Moschee in Bursa, erbaut 1379–1421, Grundriß. (Aus: R. Mantran, Die Türkei, S. 197)

Kalligraphien aus der Großen Moschee in Bursa. Oben: das Glaubensbekenntnis in Kufi-Schrift

لا اله الا الله محمد رسول الله

»Es gibt keinen Gott außer Allah und Mohammed ist sein Prophet«. Unten: »Licht« in Neschi-Schrift

Medrese unter einem Dach zu vereinen, ein Versuch allerdings, der keine Nachfolge fand. Front- und Seitenflügel des Gebäudes sind zweigeschossig, im oberen Stockwerk waren die Studienräume und Zellen der Studenten untergebracht. Die heute der Straße zugewandte Fassade der Moschee wirkt absolut untürkisch; der Baumeister war sicher kein Türke, vermutlich ein Italiener. Die Moschee besitzt die erste Külliye mit Sultanstürbe, Armenküche und Schule. Auf der anderen Seite der Straße steht die Türbe des Sultans, der 1389 in der Schlacht auf dem Amselfeld ermordet wurde. Die Eingeweide Murats bestattete man in einem Grabmal auf dem Schlachtfeld, sein Leib ruht hier in der Türbe vor der Moschee.

1379 begann Murat I. mit dem Bau einer Volksmoschee, der Großen Moschee, Ulu Cami, im Zentrum der Stadt (Abb. 40). Die Moschee wurde 1421 unter Mehmet I. vollendet und ist das älteste Beispiel der von den Osmanen entwickelten Pfeilerhallenmoschee. Dieser Typ steht den flachgedeckten seldschukischen und arabischen Hallenmoscheen nahe. In der Ulu Cami ist der Hof nur auf eine ehemals nicht überkuppelte Öffnung über dem Wasserbecken reduziert. Da sie als Volksmoschee geplant war, entfällt auch die Sultansloge, wie sie z. B. die Grüne Moschee besitzt. Der Pfeilerwald der Seldschukenmoscheen ist hier auf 12 Pfeiler verringert, die 20 Kuppeln tragen. Die getünchten Wände der Moschee sind mit Meisterwerken der arabischen Kalligraphie bedeckt, die das Glaubensbekenntnis sowie die zahlreichen Beinamen Allahs verkünden. Nur der Mihrab ist mit Fayencen verkleidet.

Hinter der Großen Moschee liegt das Basarviertel mit den Karawansereien, die auf die alte Bedeutung Bursas als Handelsplatz hinweisen. Carl Jacob Burckhardt war noch 1923 vom Basar in Bursa so beeindruckt, daß er in seiner ›Kleinasiatischen Reise‹ schreibt: »... fast alle Ware ist Seide; aus den Ständen, über die Auslagetische fließt sie, meterweise, breit, im eigenen satten Glanz und dem Glanz der späten Stunde, weiß, gelb, braunrot wie die lebende Seide in den Körben. Und sie fließt in die Hände der eiligen Käufer, der Frauen, die auf flachen Sohlen sich scheu herbeidrängen.«

1398–1403 ließ Sultan Bayazit II. am Ostrand der Stadt eine Moschee errichten, und zwar auch schon mit vollständiger Külliye. Leider wurden Moschee und Külliye 1855 durch ein Erdbeben stark zerstört. Abdülaziz ließ später die Moschee restaurieren, die Nebenbauten blieben Ruinen. Bemerkenswert an der heutigen Moschee ist die Vorhalle, die original erhalten blieb. Die osmanischen Baumeister haben hier nicht nur den Grundriß der seldschukischen Medrese stark modifiziert, sondern auch das mächtige Portal der Seldschukenbauten vermieden und der Moschee eine einfache mit fünf Kuppeln versehene Arkadenhalle vorgebaut. Aus seldschukisch-persischen Grundelementen entstand hier ein neuer Stil.

Schönstes Beispiel dieses neuen frühosmanischen Stils ist die Grüne Moschee (Yeşil Cami), die unter Mehmet I. von dem Architekten Ilyas Ali erbaut und 1423 vollendet wurde (Abb. 38). Der Grundriß der Moschee ist aus der Seldschukenmedrese hergeleitet, allerdings wurde der Hauptivan als Betraum nach hinten herausgezogen und der alte Medresenhof überkuppelt. Nur der Brunnen im Vorraum erinnert noch an den alten Hof. Betraum und Vorraum haben einen quadratischen Grundriß und sind jeweils mit einer Kuppel überwölbt. Die Verbindung zwischen Kuppel und senkrechter Wand wird durch eine Stalaktitenzone hergestellt, ein altes islamisches Dekorationselement, das den Übergang zwischen senkrechten und waagerechten Flächen bildet. Diese Stalaktiten können wir auch an den Bauten der hochosmanischen Zeit beobachten.

Die Grüne Moschee, die ihren Namen nach der grün-bläulichen Fayenceverkleidung der Innenräume erhielt, besitzt im Gegensatz zur Bayazitmoschee keine Arkadenvorhalle, vielmehr ist die mit fünf Kuppeln überwölbte Vorhalle durch große Fenster und Loggien gegliedert. Das Tor erinnert, obwohl es nicht aus der Fassade herausragt, an ein Seldschukenportal. Hinter der Moschee liegt das Grüne Mausoleum (Yeşil Türbe), das Grabmal Mehmets I., das seinen

Grüne Moschee, Yeşil Cami, in Bursa, erbaut 1413–1421, Querschnitt und Grundriß. (Aus: A. Kuran, The Mosque in Early Ottoman Architecture, S. 114/117)

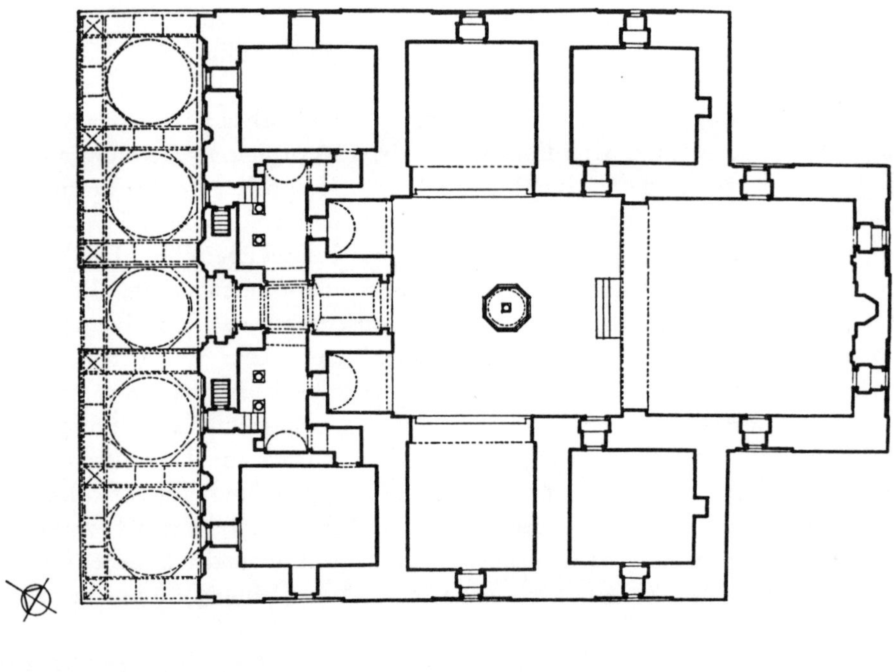

Namen ebenfalls nach der grünen Fayencenverkleidung erhielt, die an der Außenfront noch zum Teil erhalten ist. Bemerkenswert sind auch hier die Glasurfarbenfliesen des Sarkophags, der Innenwände und des Eingangs. Die in Blau und Gold mit Blütenranken bemalten Fliesen formen sich hier zu zarten Stalaktiten und scharfgeschnittenem Faltendekor.

Von der Külliye, die einst die Moschee umgab, ist nur noch die Medrese erhalten, in der sich heute ein archäologisches und volkskundliches Museum befindet.

Westlich des Zitadellenhügels, der keine antiken Bauwerke mehr trägt (die Türben Osmans und Orhans stammen aus dem 19. Jahrhundert), finden wir die Moschee Murats II., ein ebenfalls frühosmanischer Bau, um 1447 errichtet. Moschee und die gegenüberliegende Medrese liegen am Eingang eines Friedhofes, in dem Murat II. und mehrere Prinzen und Prinzessinnen bestattet wurden. Neben dem Mausoleum des Sultans, das oben offen ist, damit nach dem Willen des Herrschers die Stimmen der Vögel zu ihm dringen und der Regen sein Grab benetze, stehen hier die Türben des Prinzen Ahmet, Sohnes Bayazits II., dann die des Prinzen Cem, eines Sohnes Mehmets II., der 1495 nach einem abenteuerlichen Leben in Neapel vergiftet wurde. Unter den Türben der Prinzen und Prinzessinnen ist noch die Türbe Mustafas zu erwähnen, eines Sohnes Süleymans I., der 1552 hier bestattet wurde. Die prächtige Innenausstattung mit glasierten Fliesen in Schwarz und Türkisblau ist noch zum Teil erhalten.

Bursa besitzt mehrere Bäder, von denen hier das Alte Bad (Eski Kaplıca) beschrieben werden soll (Abb. 39). Das Alte Bad, das über den Ruinen eines byzantinischen Thermalbades errichtet wurde, liegt nahe der Moschee Murats I. im Stadtteil Çekirge. Das Bad ließ Murat I. errichten, wie überhaupt die meisten Bäder Stiftungen der Sultane, Wesire oder wohlhabender Bürger waren. Gespeist wird das Alte Bad durch eine natürliche, 80 Grad warme Quelle.

Während die 'Kleine Waschung' des Muslims fünfmal am Tage vor dem Gebet vollzogen wird, wobei Unterarme, Füße und Gesicht gewaschen werden, kann die 'Große Waschung' nur in einem Bad, einem Hamam, vorgenommen werden. Hier gilt die Vorschrift, daß auch nicht der kleinste Fleck am Körper trocken bleiben darf. Die Reihenfolge der Badeprozedur ähnelt der in den antiken Thermen: Der Besucher betritt zuerst im Alten Bad den langgestreckten, von zwei Kuppeln überwölbten Vorraum, um sich zu entkleiden, dann einen mäßig geheizten Raum und zuletzt den eigentlichen Baderaum, eine Rotunde, deren Rundarkaden das Badebecken umschließen. Alle Räume sind fensterlos,

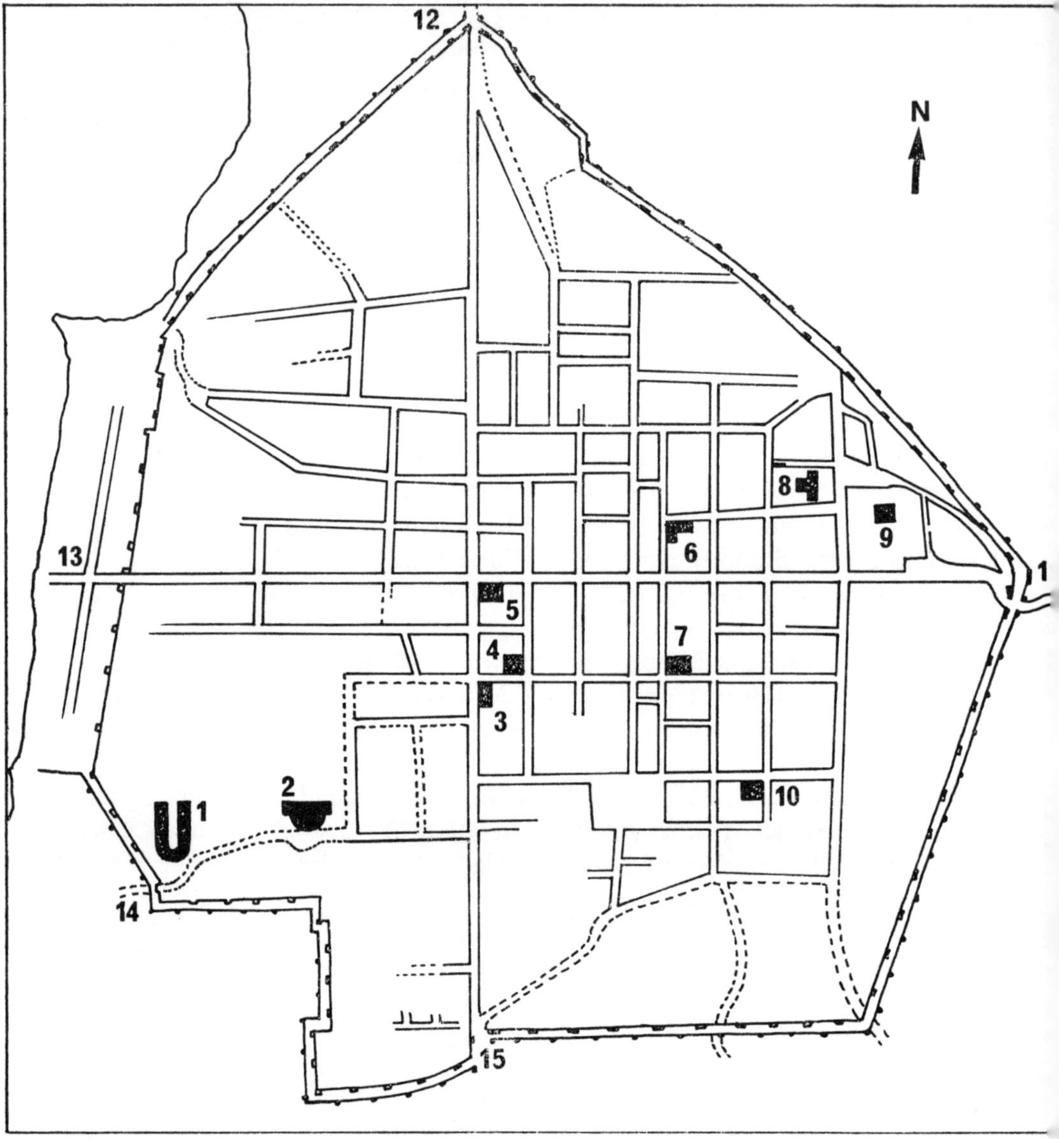

Stadtplan von Iznik (Nikaia) 1 röm. Stadion 2 röm. Theater 3 Mahmut-Celebi-Medrese 4 Bad des Hacı Hamza 5 Hagia Sophia 6 Esref-Rumi-Moschee 7 Süleyman-Paşa-Medrese 8 Nilüfer-Imaret 9 Grüne Moschee (Yeşil Cami) 10 Koimesis-Kirche 11 Letke-Tor 12 Istanbul-Tor 13 See-Tor 14 Südl. See-Tor 15 Yenişehir-Tor

Licht dringt nur durch die Glasziegel in der Kuppelmitte. An den Seiten des Baderaumes finden wir Nischen, an deren Hähnen mit heißem und kaltem Wasser die eigentliche Badeprozedur vor sich geht. Anschließend wird im großen, von heißem Wasser durchströmten Becken gebadet. Nach diesem Bad, das oft von Rasieren und Massage begleitet wird, läßt sich der Besucher wieder im Vorraum nieder, um sich, in Tücher gehüllt, bei Kaffee und Früchten langsam wieder an die Außentemperatur zu gewöhnen.

Bäder, die nicht von natürlichen Quellen gespeist werden, erfordern eine Heizanlage. In ihnen befindet sich im Baderaum anstelle des Beckens meistens eine erhöhte Steinbank, die als Massagetisch dient. Gesellschaftlich spielt das türkische Bad nicht die Rolle der antiken Thermen. Die Bäder sind deshalb trotz gediegener Ausführung keine Prachtbauten; oft liegen sie hinter Wohnhäusern versteckt. Das Alte Bad, auch nicht frei von Anbauten, kann aber von einer kleinen Terrasse aus in seiner ganzen Anlage überblickt werden.

Am Ostufer des Iznik-Sees, nordöstlich von Bursa, liegt die heutige Landstadt Iznik, das alte Nikaia, Nicaea, das heute nur inmitten des gewaltigen Mauerrings einen kleinen Teil der alten Stadtfläche einnimmt. Die Stadt wurde vermutlich im 4. Jahrhundert v. Chr gegründet, nach Strabon 316 von dem Diadochen Antigonos. Später war Nikaia Hauptstadt des Königreiches Bithynien bis zur Gründung von Nikomedeia (Nicomedia), heute Izmit. In byzantinischer Zeit Bischofssitz, wurde die Stadt 325 Schauplatz des 1. Ökumenischen Konzils und 787 des 7. Konzils, die in der Hagia Sophia stattfanden. Zwischen 1000 und 1300 wechselte die Stadt häufig ihre Besitzer: Byzantiner, Seldschuken, Kreuzfahrer. Nach der Eroberung Konstantinopels durch die Kreuzfahrer 1204 wurde Nikaia Hauptstadt eines byzantinischen Reiches unter Theodoros I. Laskaris. 1329 eroberten die Osmanen die Stadt und gaben ihr den Namen Iznik. Eine kurze Blüte erlebte die Stadt noch im 16. Jahrhundert, als Selim I. persische Töpfer nach Iznik holte, die dort eine Keramik-Manufaktur einrichteten, deren Erzeugnisse bald Berühmtheit erlangten.

Der ursprünglich quadratische Grundriß der Stadtanlage wurde später im 2. und 3. Jahrhundert durch Vergrößerung der Stadt in ein Polygon mit 4427 m Mauerlänge verändert. Diese Stadtmauer mit ihrem doppelten Mauerring (Vormauer, Zwinger und ca. 10 m hohe Hauptmauer) erinnert stark an die theodosianische Stadtmauer Istanbuls. Während die Nord- und Ostmauern meistens römisch sind, stammt der südliche Teil der Westmauer aus byzantinischer Zeit (8. Jahrhundert). Teile der Südmauer sind seldschukisch. Der am See liegende Westteil ist stark zerstört, das ehemalige Westtor heute verschwunden.

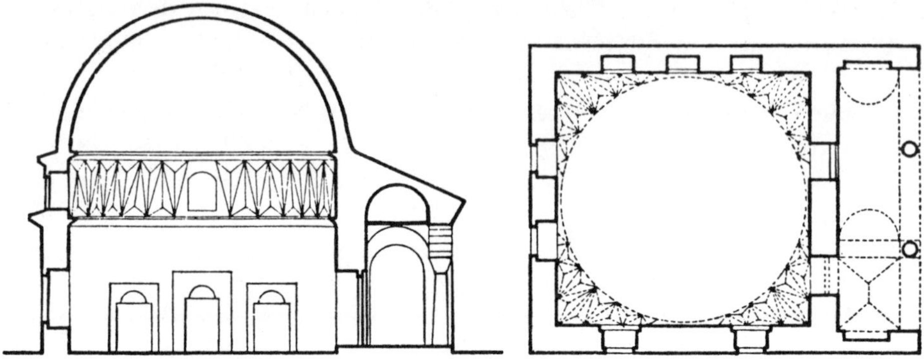

Moschee des Hacı Özbeg in Iznik, der erste osmanische Bau der Stadt, errichtet 1333. (Aus: A. Kuran, The Mosque in Early Ottoman Architecture, S. 34)

Die alte Konzilskirche, die Hagia Sophia, vermutlich noch aus der Zeit Justinians stammend (527–567), wurde um 1300 in eine Moschee verwandelt, die jedoch im 18. Jahrhundert niederbrannte. Erhalten sind noch die Wände, Pfeiler und ein Bodenrelief am Eingang. Die südöstlicher gelegene Koimesis-Kirche stammt aus dem 8. oder 9. Jahrhundert; ihre hervorragenden Mosaiken wurden 1919 bei den griechisch-türkischen Auseinandersetzungen zerstört. Fresken und Mosaiken sind noch erhalten.

Iznik besitzt die älteste frühosmanische Moschee, die Hacı Özbek Mescidi, erbaut 1333, sowie die Grüne Moschee (Yeşil Camii), vollendet 1391, die ersten osmanischen Zentralkuppelbauten. Den Namen erhielt die Grüne Moschee nach dem mit grünen Fayencen verkleideten Minarett.

In unmittelbarer Nähe steht das Nilüfer Hatun Imaret, erbaut 1388–1389 von Murat I., eine Armenküche, vielleicht aber auch ein Sakralbau.

In diesem gut restaurierten und heute als Museum verwendeten Bau tritt zum erstenmal der für die frühosmanischen Moscheen charakteristische T-förmige Grundriß auf.

Die zweite Hauptstadt der Osmanen, Edirne, das alte Adrianopel, liegt in Ostthrakien, heute hart an der bulgarischen und griechischen Grenze. An der Stelle des 125 von Kaiser Hadrian gegründeten Hadrianopolis stand vermutlich schon eine ältere thrakische Siedlung. Der Hauptstrom des Thrakerlandes, die Maritza, im Altertum Hebros, heute Meriç Nehri, vereinigt sich hier mit der von Norden kommenden Tunca, im Altertum Tonsos. Außerdem berührt die vom Bosporus in den Donauraum führende Heerstraße die Stadt, die durch die günstigen Verkehrsverbindungen und die Fruchtbarkeit der Talauen rasch aufblühte. Von den Awaren und Bulgaren wiederholt erobert und zerstört, litt Adrianopel auch in den Kreuzzügen. Mit dem Zerfall des byzantinischen Reiches drangen Osmanen über die Dardanellen und eroberten Adrianopel, das sie um 1362 zur Hauptstadt ihres jungen Reiches machten und Edirne nannten. Der alte Name Adrianopel hielt sich noch etwa bis zum ersten Weltkrieg.

Die in einer Schleife der Tunca gelegene Stadt besitzt zahlreiche Moscheen, Basare, Karawansereien, Bäder und Brücken aus osmanischer Zeit. Von der alten Römerstadt ist außer einigen Mauerresten nichts mehr erhalten.

Im Norden der Stadt lag auf einer Tuncainsel das Serail der Sultane. Die Anlage wurde bereits unter Murat II. (1421–1451) begonnen und später von seinem Sohn Mehmet II. (1451–1481) vollendet.

Moltke, der 1837 Edirne besuchte, beschreibt das Serail: »Hohe Mauern umschließen einen ziemlich beträchtlichen Raum, auf welchem eine Menge regelloser Gebäude, einzelne Wohnungen, Bäder, Küchen und Kioske in verschiedenen Höfen verteilt sind ... In der Mitte erhebt sich ein massives, steinernes Gebäude, von einem seltsamen Turm überragt, dessen Wände noch heute mit dem schönsten Marmor und Jaspis bekleidet sind ... Das Gebäude ist so solide und massiv erbaut, daß es wohl noch Jahrhunderten widerstehen kann.« Im Russisch-Türkischen Krieg 1878 wurde der ganze Serailkomplex von den abziehenden türkischen Truppen zerstört.

Der von Moltke beschriebene Turm, heute eine Ruine, läßt sich aber an Hand alter Photographien und Zeichnungen rekonstruieren. Er bildet eine Ausnahme in der türkischen Architektur des 15. Jahrhunderts, die bei Profanbauten eine solche massive Bauweise vermeidet. Über dem zweistöckigen Gebäude erhebt sich ein quadratischer, blockhafter Turm, der von einem polygonalen Pavillon gekrönt ist. Dieses Gebäude, auch Cıhannuma Kasrı (Weltschauschloß) genannt, diente Mehmet II. als Residenz.

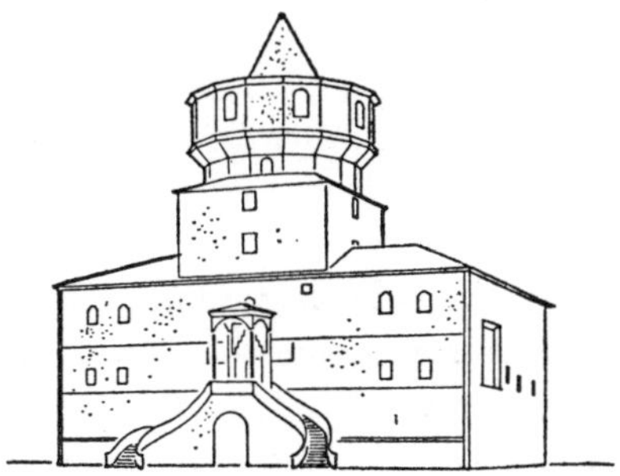

Cıhannuma Kasrı, das Weltschauschloß Mehmets II. in Edirne, ursprünglicher Zustand, erbaut unter Murat II., Ausgestaltung durch Mehmet II. um 1450, zerstört 1878. (Aus: U. Vogt-Göknil, Osmanische Türkei, Weltkulturen und Baukunst, S. 146)

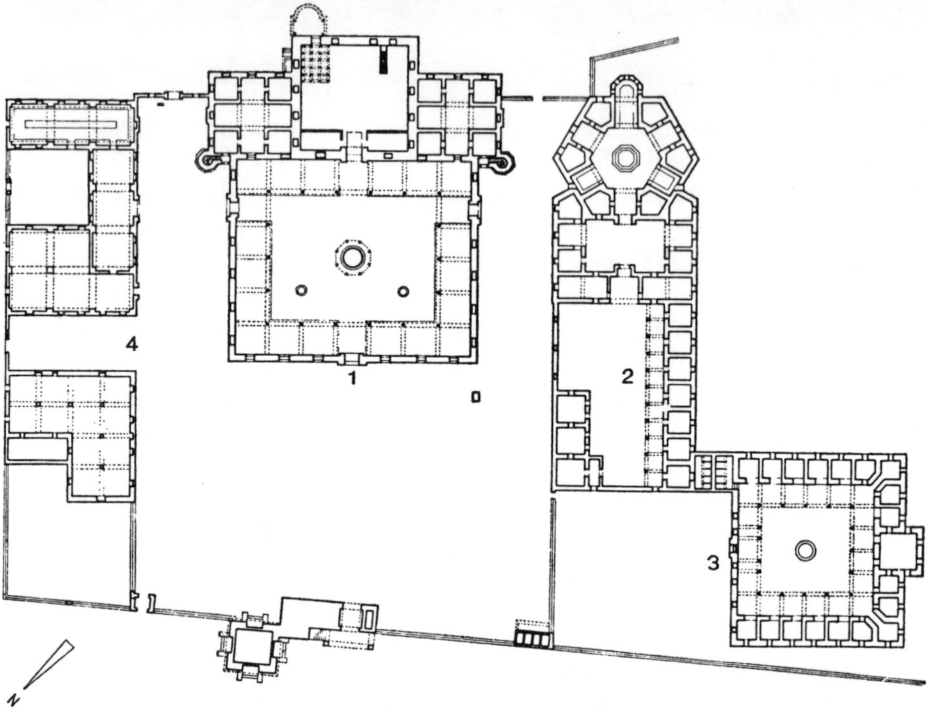

Külliye der Bayazit-Moschee in Edirne: 1 Moschee 2 Kranken- und Irrenhaus 3 Medizinschule 4 Armenküche und Wirtschaftsgebäude. (Aus: Vogt-Göknil, Osmanische Türkei, S. 45)

Am Westrand der Stadt und am Westufer der Tunca liegt die Bayazit-Moschee, die 1484–1488 unter Bayazit II. von dem Architekten Hayreddin mit den Beutegeldern des Moldaufeldzuges erbaut wurde (Abb. 41). Dieser bemerkenswerte, jetzt vorzüglich restaurierte Bau bildet mit dem einfachen würfelförmigen Betraum und der auf die vier Außenwände gesetzten Kuppel die älteste Form osmanischer Moscheen. Vertreter dieser frühosmanischen Form finden wir in Bursa und Istanbul; sie unterscheiden sich aber von der Edirner Bayazit-Moschee durch das Fehlen eines Moscheehofes. Vorzüglich können wir bei dieser Moschee noch die ausgedehnte Külliye, die Nebenbauten der Moschee beobachten.

Während die beiden Anbauten des Betsaales als Medresen dienten, wurden die Trakte im Südwesten der Moschee als Krankenhaus, Irrenanstalt und Medizinschule benutzt. Der achteckige, vorragende Bau barg das Krankenhaus, von dessen vier Iwanen die eigentlichen Krankenzimmer betreten werden konnten. Es schließt sich das Irrenhaus an, dessen Zellen sich auf den Arkadenhof öffnen, dann, versetzt, die Medizinschule, die keinen direkten Zugang zum Spital besitzt. Sieben Ärzte, ein Apotheker und zahlreiche Pfleger sorgten für das Wohl der Kranken. Doch nicht allein die Medizin sollte die Kranken heilen, dreimal wöchentlich spielte eine kleine Kapelle den Kranken Musikstücke vor. Hierdurch und durch die Blumenpracht der Gärten sollte das Befinden der Kranken gebessert werden. Eine Therapie wie im antiken Asklepieion also. An der Ostseite der Moschee lagen eine Armenküche (Imaret), Bäckerei und Wirtschaftsgebäude – eine wohlgeordnete kleine Stadt, die der Sultan hier gestiftet hatte und die er auch unterhielt.

Im Zentrum liegt eines der ältesten Gebäude Edirnes, die 1403–1414 erbaute Alte Moschee (Eski Cami), eine frühosmanische Pfeilerhallenmoschee. Diesen häufig anzutreffenden Moscheentyp haben wir schon bei der Beschreibung Bursas erläutert. Bemerkenswert ist weiter die 'Moschee mit den drei Galerien' Üçşerefeli Cami), die 1437–1445 unter Murat II. erbaut wurde. Diese Moschee, die äußerlich wie eine Vervielfachung des alten würfelförmigen Baukörpers der Bayazit-Moschee aussieht und auch keine Ähnlichkeit mit der traditionellen Pfeilerhallenmoschee besitzt, ist möglicherweise ein Versuch, aus beiden Moscheeformen eine neue Anlage zu entwickeln. Anregung hierzu kann dem Bauherrn, Sultan Murat II., die Große Moschee in Manisa gegeben haben, denn Murat hatte hier einige Jahre seines Lebens verbracht. Die Üçşerefeli Cami besitzt eine Hauptkuppel, die auf den Außenwänden und zwei Pfeilern ruht, vier niedrigere Kuppeln über den Nebenräumen und – erstmals in der osmanischen Baugeschichte – einen Moscheehof, der mit seinen Arkaden den Höfen

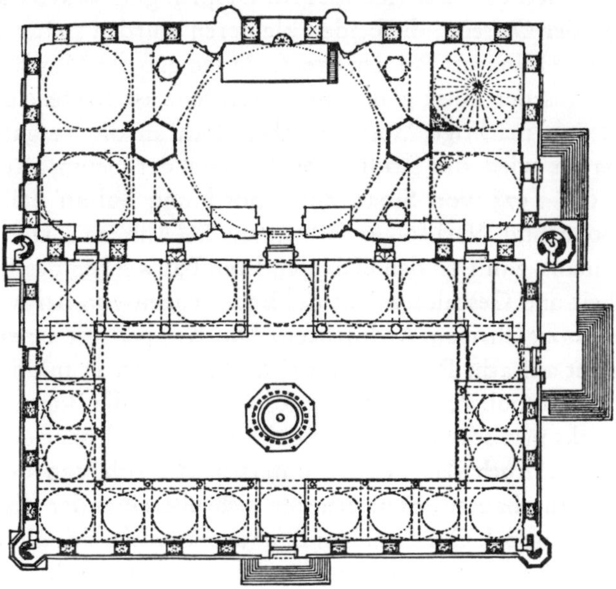

Üçşerefeli Cami in Edirne, erbaut 1437–1445/47. (Aus: R. Anhegger, Beiträge zur osmanischen Baugeschichte II, I M. 8/1958, S 41)

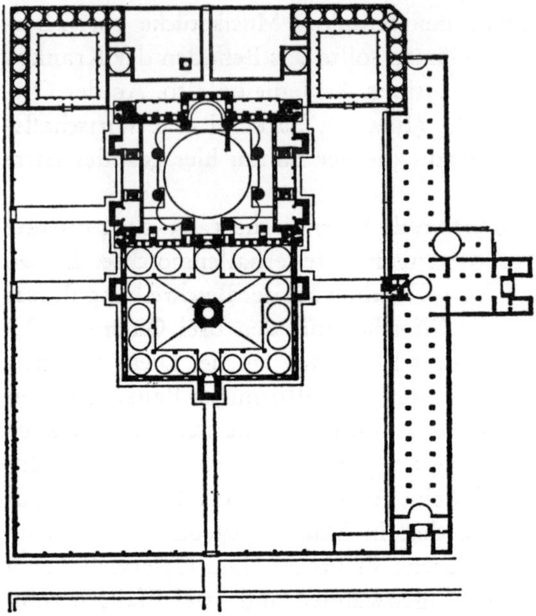

Grundriß der Selim-Moschee in Edirne. (Aus: Vogt-Göknil, Osmanische Türkei, S. 105/106)

der Medresen nachgebildet ist. Ursprünglich besaß die Moschee nur ein Minarett an der Ostseite, die beiden kleineren wurden später angefügt, das zuletzt angebaute Minarett mit den drei Galerien gab der Moschee ihren Namen.

Aus der einst glänzenden Residenz ist heute ein Landstädtchen geworden, dessen mächtige Moscheen aber noch an die vergangene Größe erinnern. Gekrönt wird die Stadtsilhouette von der Selim-Moschee (Selimiye Cami), die 1569–1575 von Sinan auf Anordnung Sultan Selims II. erbaut wurde, dem Sohn und Nachfolger Süleymans I. (Abb. 42). Die Moschee, das reifste Werk Sinans, zählt zu den bedeutendsten Bauwerken des Islam überhaupt. Die Kühnheit und Geschlossenheit des Baus zeugen von der Meisterschaft des damals fast neunzigjährigen Architekten. Die Kuppel mit einer Spannweite von 31,50 m ruht auf acht Pfeilern, mit einer Höhe von 45 m übertrifft sie die Hagia Sophia in Istanbul. Fast übergangslos schwingen die Bogen aus den schlanken Pfeilern, leicht und schwerelos wölbt sich die Kuppel über dem lichtdurchfluteten Innenraum. Auch das Äußere unterscheidet sich von den anderen breit lagernden Moscheebauten. Steil erheben sich übereinander die Außenwände unmittelbar zur Kuppel. Ganz nah am Baukörper recken sich die vier Minarette – die Kuppel weit überragend – wie Schwerter in den Himmel.

Die Minarette, 80 m hoch, besitzen drei Galerien, zu denen jeweils eine Wendeltreppe hinaufführt. Der Moscheehof ist von Arkaden umschlossen (Abb. 43), für die teilweise antike Säulen aus dem Dionysos-Theater in Athen verwendet wurden. Auch die Selim-Moschee ist wie alle großen Sultansmoscheen mit einer Külliye umgeben, die hier für ein Krankenhaus, eine Medrese und einen gedeckten Basar bestimmt waren. In der Medrese ist heute ein archäologisches und volkskundliches Museum untergebracht, das antike Funde und Grabsteine der Osmanenzeit zeigt.

Byzanz, Konstantinopel, Istanbul

Dardanellen und Bosporus spielten schon seit dem 3. Jahrtausend v. Chr. eine bedeutende Rolle im Kulturaustausch zwischen Südosteuropa und Kleinasien. Im 2. Jahrtausend verstärkte sich der mykenische Einfluß bei den an den Meerengen ansässigen thrakischen Stämmen, der jedoch nach dem Untergang der mykenischen Kultur im 12./11. Jahrhundert v. Chr. jäh abbrach. Um 680 v. Chr. siedelten sich Dorer aus Megara (zwischen Athen und Korinth) am Bosporus an, sie gründeten die Stadt Chalkedon (heute Kadiköy) am kleinasiatischen Ufer gegenüber dem Goldenen Horn. Erst Jahrzehnte später, so Herodot (IV, 144), siedelte eine Gruppe von Kolonisten auf der Landspitze zwischen Goldenem Horn und Bosporus. Ihr Führer war Byzas, der diesen Ort auf Anraten des Orakels von Delphi gewählt hatte und nach dem die Siedlung auch Byzantion genannt wurde. Byzantion blühte auf im Gegensatz zum gegenüberliegenden Chalkedon, deren Bewohner 'die Blinden' (Strabon 7, 320) genannt wurden, weil sie die günstige Lage am Eingang des Goldenen Horn nicht erkannt hatten.

Der steigende Wohlstand Byzanz' lockte die umwohnenden Thraker zu wiederholten Plünderungszügen, so daß die Stadt stark befestigt wurde.

Eine Silbermünze aus Byzanz kündet von der Überlieferung der Gründerzeit: Sie zeigt eine über einen Delphin schreitende Kuh. Der Delphin deutet auf einen Hafenplatz und zugleich an die kultische Bindung an Poseidon, die Kuh weist auf die in eine Kuh verwandelte Io, die den Bosporus (die Rinderfurt) durchschwamm.

514/13 v. Chr. berührte Dareios I. Byzantion; auf einer Schiffsbrücke überschritt das Perserheer nördlich der Stadt den Bosporus. In den nun folgenden Jahrhunderten wurde Byzantion in Kämpfe mit den Persern als auch in die Kämpfe der Griechen untereinander verwickelt. Im 2. Jahrhundert v. Chr. geriet die Stadt in den Bereich römischer Thronstreitigkeiten, die erst im Jahre 324 n. Chr. Konstantin d. Gr. beendete. Er wählte Byzantion zur Hauptstadt

Silbermünze aus Byzanz mit Kuh und Delphin

seines neuen Oströmischen Reiches und gab der Stadt den Namen Konstantinopolis. Am 11. Mai 330 wurde die Stadt geweiht. Damit wurde der Grundstein zur Hauptstadt eines Reiches gelegt, das in den tausend Jahren seines Bestehens christliche Lehren, römische Zivilisation und Staatskunst, hellenistische Kultur und zahlreiche orientalische Elemente zu einem originalen, homogenen Gebilde verschmolz – eben Byzanz.

Die höchste Blüte erreichte Byzanz unter Justinian (527–565). Das Reich erstreckte sich von Gibraltar bis in die Osttürkei und von den Alpen bis nach Ägypten. Erst 1071, in der Schlacht von Malazgirt (am Van-See) ging der größte Teil Anatoliens verloren; die Seldschuken drangen bis nach Nikaia vor. 1204 plünderten die europäischen Ritterheere im 4. Kreuzzug Konstantinopel. Unschätzbare Kunstwerke wurden nach Europa verschleppt. Das geschwächte Byzanz wurde von den Osmanen, die die Herrschaft in Kleinasien übernommen hatten, hart bedrängt, und am 29. Mai 1453 von Sultan Mehmet II. erobert. Der Sultan erklärte die Stadt, die fortan Istanbul hieß, zur Hauptstadt seines neuen Reiches, die Hagia Sophia wurde in eine Moschee verwandelt und der Sultanssitz, das Serail, später an die Landspitze zwischen Goldenem Horn und Bosporus verlegt. Im 16. Jahrhundert war Istanbul die Hauptstadt eines Reiches, das von Algier bis zum persischen Golf und von der Steiermark bis nach Ägypten reichte. Im 17. Jahrhundert schwand die Macht der Sultane, die Balkanvölker erhoben sich, 1878 und 1912 standen Russen und Bulgaren vor den Mauern Istanbuls. Am Ende des ersten Weltkrieges wurde Istanbul von Engländern und Franzosen besetzt, 1922 das Sultanat abgeschafft, 1924 das Kalifat. Am 13. September 1923 erklärte Atatürk Ankara zur neuen Hauptstadt der nunmehr auf Kleinasien und Ostthrakien begrenzten Türkei. Die zahlreichen Bauwerke aus byzantinischer und osmanischer Zeit, nicht zuletzt

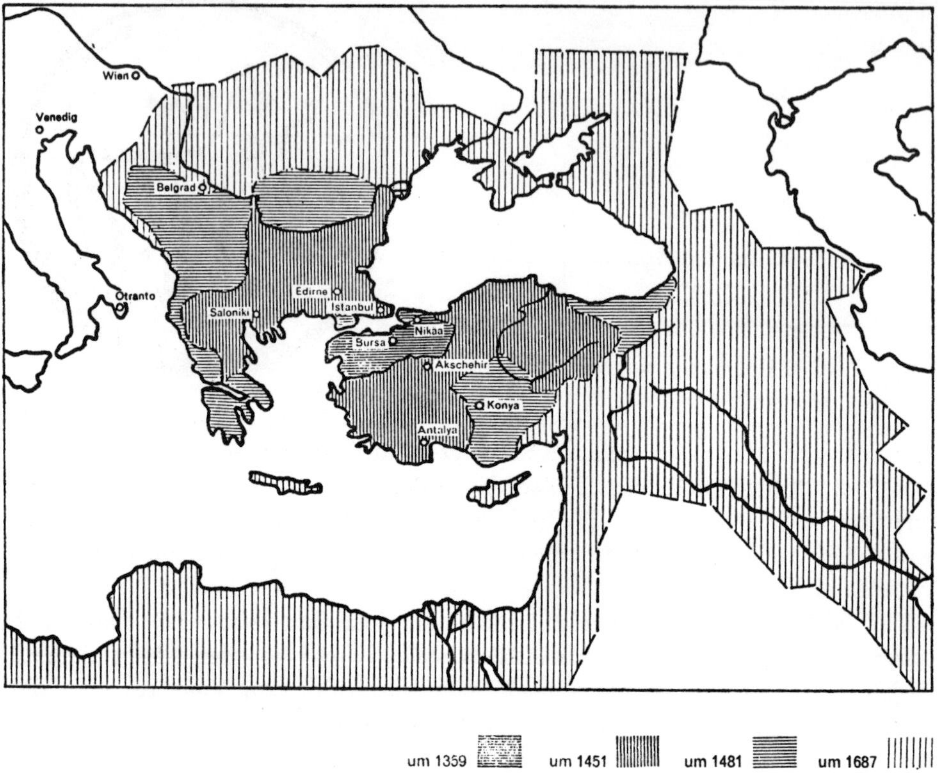

Ausdehnung des Osmanischen Reiches von der Mitte des 14. Jh. bis zum Ende des 17. Jh. (Aus: U. Vogt-Göknil, Osmanische Türkei, Weltkulturen und Baukunst, S. 10)

die unvergleichliche Lage der Stadt machen Istanbul neben Rom zur bedeutendsten und sehenswertesten Stadt des Mittelmeergebietes.

Die Kirchen

Die am Nordostende des heutigen At Meydanı, des antiken Hippodroms, liegende Hagia Sophia (Aya Sofya), die Kirche der Heiligen Weisheit, ist der bedeutendste byzantinische Bau der Stadt, der erst nach der Eroberung in eine Moschee umgewandelt wurde (Abb. 44). Nach mehreren der Heiligen Weisheit gewidmeten Basiliken, die bis in die Zeit Konstantins I. zurückreichen, ließ Justinian an dieser Stelle einen Neubau aufrichten, der das prächtigste Bauwerk seines Reiches werden sollte. Als Baumeister wurden Anthemios von Tralleis (heute Aydın) und Isidoros von Milet angeworben. 10000 Menschen sollen gleichzeitig an dem mächtigen Bau gearbeitet haben, die Kosten betrugen 360 Zentner Gold. Säulen vom Artemision in Ephesus und vom Jupitertempel in Baalbek wurden herbeigeschafft. Innerhalb von 5 Jahren war das Werk vollendet. Die ungeheure Eile, in der die Kirche erbaut wurde, hinterließ jedoch in der unsorgfältigen Bearbeitung der Details ihre Spuren. Am 27. Dezember 537 weihte Justinian die Kirche mit den Worten: »Lob sei Gott, der mich würdig befunden hat, dies Werk zu vollenden. Salomo, ich habe dich übertroffen!« (Paulus Silentiarius).

20 Jahre später stürzte die Kuppel bei einem Erdbeben ein, sie wurde bei der Renovierung um 7 m erhöht. 562 wurde die Kirche ein zweites Mal geweiht.

Ein riesiger Stab von Geistlichen wirkte an der 'Großen Kirche', der z. B. im Jahre 612 auf Veranlassung des Kaisers auf 80 Priester, 150 Diakone, 40 Diakonissen, 70 Subdiakone, 160 Vorleser, 25 Sänger und 75 Torhüter verkleinert werden mußte.

Als die Kreuzfahrer 1204 Konstantinopel eroberten, raubten sie die kostbare Inneneinrichtung. Nach der Eroberung Konstantinopels durch die Türken 1453 wurde die Kirche in eine Moschee umgewandelt, die Mosaiken übertüncht, Gebetsnische, Kanzel und Tribüne eingebaut, der Innenraum aber nicht weiter verändert (Abb. 45). Außen fügte man Strebepfeiler an und führte Minarette auf sowie im Hof Türben, Küche und Brunnen.

1839–1848 ließ Sultan Abdülmecit die Hagia Sophia, die sich schon in baufälligem Zustand befand, durch den Schweizer Architekten Gaspare Fossati restaurieren. Die Kuppel wurde durch einen doppelten eisernen Ring gesichert und der Innenraum renoviert. Bei dieser Gelegenheit entdeckte Fossati auch die alten byzantinischen Mosaiken, die seit Jahrhunderten unter Gipsstuck verborgen lagen. Fossati reinigte die alten Bilder, zeichnete sie ab, mußte aber die Mosaiken, die im eigentlichen Betraum lagen, wieder übertünchen. Nur das Mosaik, das Konstantin I., Justinian und die Muttergottes zeigt, durfte unbedeckt bleiben, weil es sich in der Vorhalle zum Narthex befindet. 1932 wurde die Hagia Sophia zum Museum bestimmt. Seit 1932 werden die Mosaiken vom 'Byzantine Institute of America' (Boston) freigelegt.

Dem von Nordwest nach Südost orientierten Bau war auf der Nordwestseite ein Atrium aus theodosianischer Zeit vorgelagert, dessen Reste durch Ausgrabungen freigelegt wurden. Die nordwestliche Außenwand, heute durch vier später hinzugefügte Strebepfeiler gestützt, besaß einst drei Tore, die in den Exonarthex führten, in dem heute Funde ausgestellt sind. Fünf Türen führen nun ebenfalls

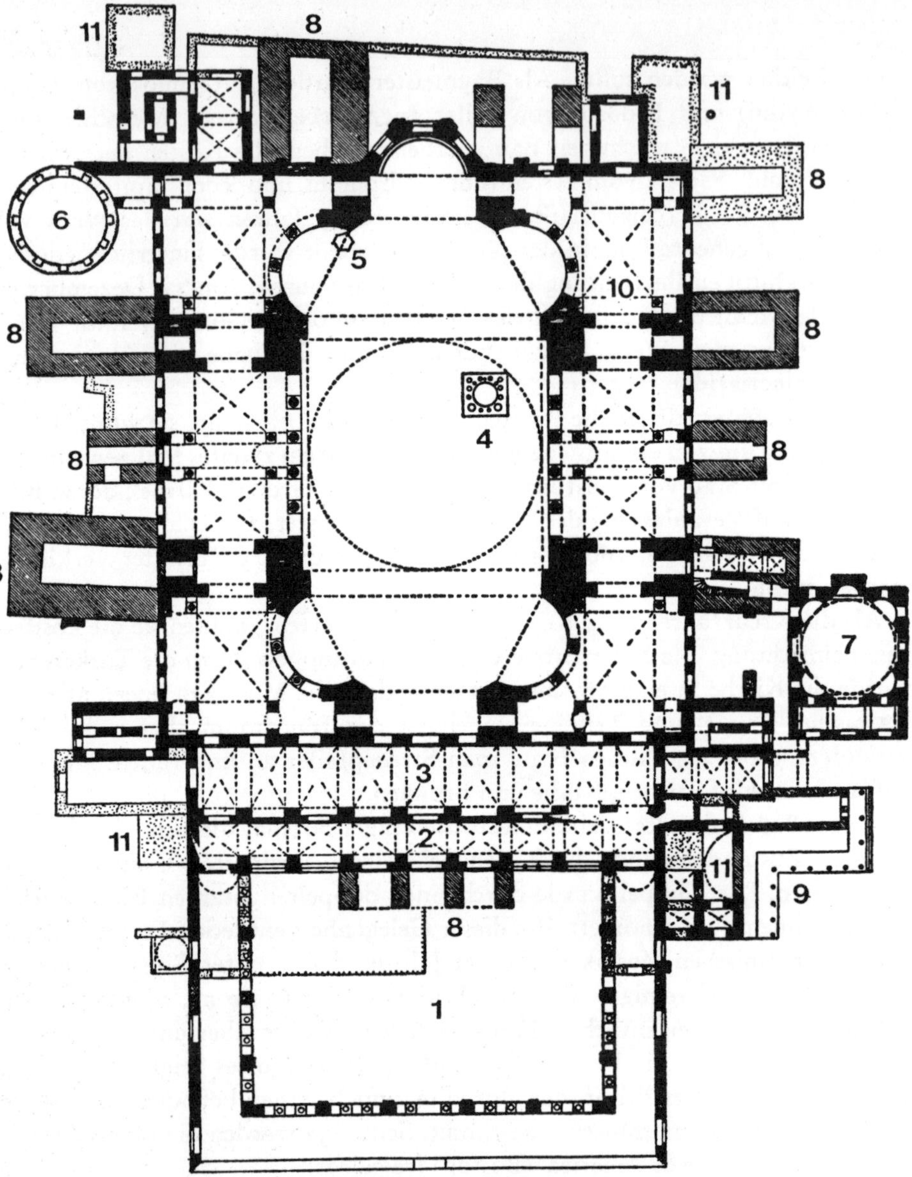

Hagia Sophia in Istanbul, erbaut 532—537, Grundriß mit An- und Einbauten aus osmanischer Zeit. (Aus: U. Vogt-Göknil, Türkische Moscheen, S. 19)

1 Theodosianische Vorhalle 2 Exonarthex 3 Narthex 4 Sängertribüne 5 Sultansloge 6 Skeuophylaktion (Schatzkammer) 7 ehem. Baptisterium, jetzt Mausoleum Mustafa I. und Ibrahim 8 spätere Stützmauern 9 Reste des Patriarchenpalastes 10 Metatorium (Aufenthaltsraum des Kaisers) 11 Die Minarette

Hagia Sophia (Ayasofya), die Kirche der
eiligen Weisheit, geweiht 537. Nach der Er-
erung 1453 Hauptmoschee Istanbuls. Rechts
ι Doppelbad Sinans

Hagia Sophia, Kuppelraum mit islami-
er Einrichtung: Sultansloge, Mihrap, Kan-
, Sängertribüne und runden Holzschilden
t den Namen der ersten Kalifen

46 Erlöserkirche des Klosters Chora (Kariye Cami), gegründet im 6. Jh., restauriert im 14. Jh. mit bedeutenden Mosaiken und Fresken spätbyzantinischer Kunst

47 Mosaik des Christos Pantokrator über dem Haupteingang zum Endonarthex der Kariye Cami, etwa 1305–1320

Viereck- und Achtecktürme der
›eodosianischen Landmauer von
ınbul zwischen Topkapı und
›dikule

Byzantinischer Kaiserpalast
kfur Sarayı, der südlichste der
. Blachernen-Paläste an der Nord-
stseite der Landmauer, erbaut um
o

50 Süleyman-Moschee in Istanbul, erbaut 1557 von Sinan, Ansicht von Südwesten

1 Sultan-Ahmet-Moschee in Istanul, erbaut 1609–1616 von Mehmet ›ga

› Kuppel der Sultan-Ahmet-›oschee, der sog. 'Blauen Moschee'

53 Das Hippodrom der antike Stadt, heute At Meydanı, mit de Schlangensäule (vorn), dem älteste Denkmal Istanbuls; dahinter de Obelisk Thutmosis' III. (1504–154 v. Chr.) und der Brunnen Wilhelms I

54 Sockel des Obelisken Thutmosi III. Theodosius I. mit der kaiserliche Familie beim Verleihen von Sieger kränzen im Hippodrom

; Das äußere Tor des Topkapı-
ırayı, 1478 von Sultan Mehmet II.
richtet. In den Nischen neben dem
or wurden die Köpfe der auf Be-
hl des Sultans Hingerichteten auf-
ehängt

; Der Bagdad-Kiosk im Serail,
baut von Murat IV. zur Erinne-
ıng an die Eroberung von Bagdad
38. Links die Iftariye des Sultan
rahim (1648)

57 Alay Köşk, ein Pavillon an de
Westecke der Saraymauer, durch des
sen vergoldete Fenster der Sultan ur
gesehen die Besucher der gegenüber
liegenden Hohen Pforte beobachte
konnte

58 Blick über den Bosporus auf da
asiatische Ufer. Vorn die ehemalig
Moschee von Dolmabahçe, die 185
von der Mutter des Sultans Abdülme
cit errichtet wurde

in den in voller Breite vorgelagerten Narthex, der 60 m lang und 10 m breit, mit Goldmosaik ausgelegte Gewölbe besitzt. An der Südseite des Narthex befindet sich der heutige Zugang zur Hagia Sophia. Über dieser Tür sehen wir im Tympanon ein Mosaik auf Goldgrund, das die Muttergottes mit dem Jesuskind, links Justinian mit dem Abbild der Kirche und rechts Konstantin mit dem Modell der Stadt zeigt. Bemerkenswert sind noch die schönen Bronzetüren von 883.

Durch die drei Türen an der Ostseite des Narthex gelangt man in den Kuppelraum. Im Tympanon über der Mitteltür, der Kaisertür, befindet sich an der Narthexseite ein Mosaik, das Christus auf dem Thron darstellt, mit segnender Gebärde, links im Medaillon Maria, rechts der Erzengel Gabriel und links unten kniend Kaiser Leo VI. (886–912).

Der gewaltige Mittelraum wird beherrscht von der Kuppel, die auf den beiden Schildbogen sowie auf den Scheiteln der westlichen und östlichen Halbkuppel aufliegt. Vier Pendentifs, bemalt mit Cherubim, leiten vom quadratischen zum kreisrunden Grundriß über. Der Schub der gewaltigen Kuppel wird also von den beiden Halbkuppeln aufgefangen, die wiederum jeweils durch drei Konchen gegliedert sind, im Norden und Süden durch die Schildwände, die jeweils durch zwei mächtige Strebetürme gestützt werden.

Der Kuppelraum mißt vom Fußboden bis zum Scheitelpunkt der Kuppel 55,60 m, die Spannweite der Kuppel beträgt 33 m; sie besteht aus einem besonders leichten Ziegelmauerwerk, das von 40 kräftigen Backsteinrippen gegliedert ist. Die dichte Reihe der Fenster am Kuppelfuß gibt dem Gewölbe etwas Schwebendes, Schwereloses. »Sie scheint gar nicht auf einem festen Untergrund aufzusitzen, sondern, an goldener Kette vom Himmel herabhängend, den Raum zu überdecken ...« (Prokop).

An die einstige Pracht der byzantinischen Ausstattung erinnern heute nur noch die Schildwände mit dem die Bogenzwickel füllenden Rankengespinst und den charakteristischen byzantinischen Kapitellen, die die Monogramme Justinians und Theodoras tragen. Aufs kostbarste war das Bema ausgestaltet: Rote Vorhänge umhüllten den Altar, in die die Bilder Christi und der Apostel Petrus und Paulus eingewebt waren. Rund um den Altar waren juwelengeschmückte Votivkronen aufgehängt. Hinter dem Altar befanden sich die Sitze der Priester und der Thron des Patriarchen. In der Hagia Sophia wurde auch der Kaiser gekrönt. Ein russischer Pilger, der 1391 die Krönung Kaiser Manuels sah, berichtet: »Rechts unter den Tribünen, befand sich ein Podium, das ganz mit Purpur bedeckt war und auf dem zwei goldene Stühle standen ... der kaiserliche Festzug bewegte sich so langsam fort, daß er drei Stunden brauchte, um von der Kaisertür bis zum Thron zu gelangen.« Nach Anlegen des Purpurmantels, Krö-

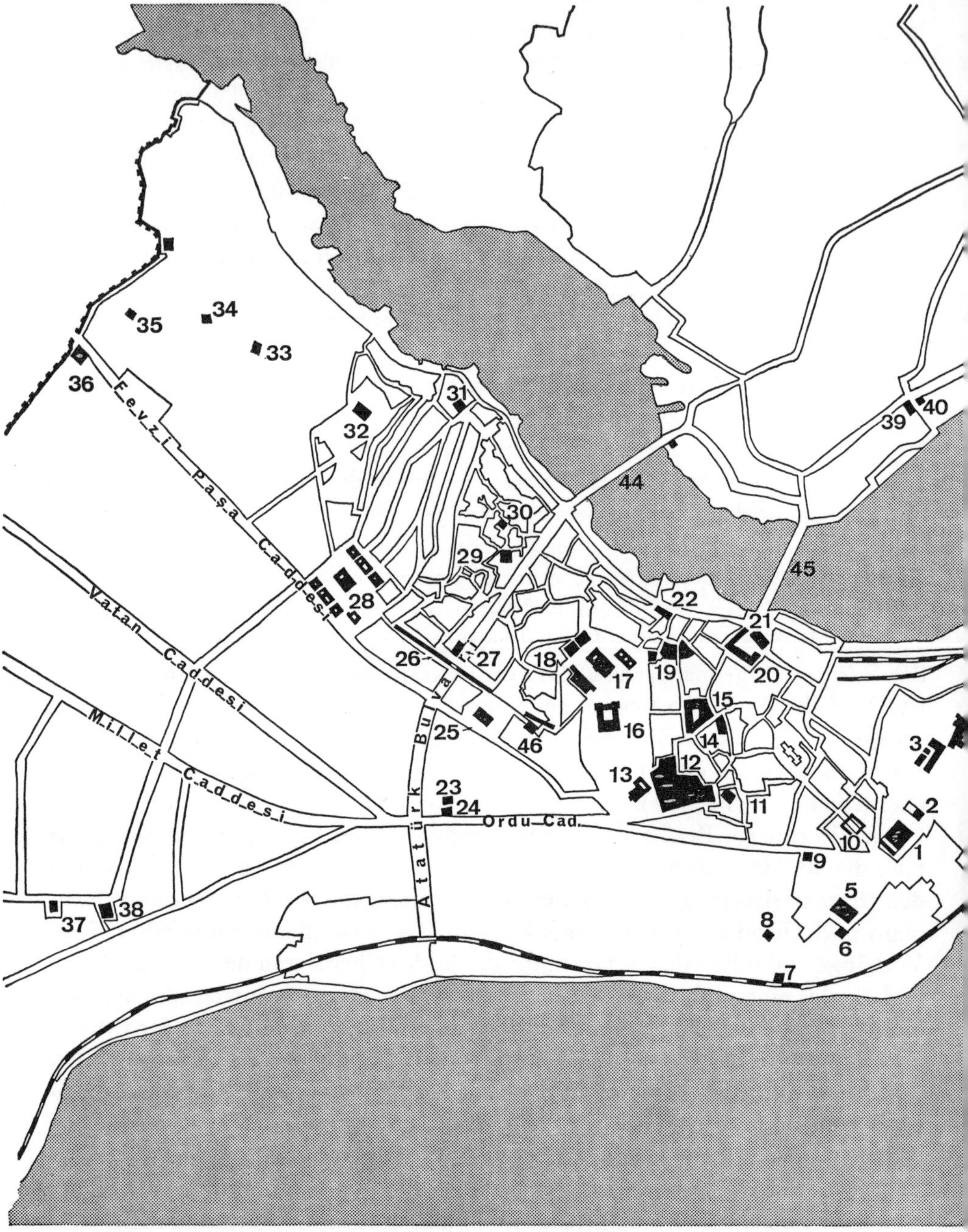

Fevzi Paşa Caddesi
Vatan Caddesi
Millet Caddesi
Ordu Cad.
Atatürk Bulvarı
1
2
3
5
6
7
8
9
10
11
12
13
14
15
16
17
18
19
20
21
22
23
24
25
26
27
28
29
30
31
32
33
34
35
36
37
38
39
40
44
45
46

Plan von Istanbul

1 Hagia Sophia (Aya Sofya Camii), S. 158 ff.; Abb. 44, 45; Fig. S. 160, 172
2 Irenenkirche, S. 176; Fig. 175
3 Archäologisches Museum (Arkeoloji Müzesi), S. 195
4 Topkapı-Serayı (Kanonentorpalast), Topkapı-Serail-Museum, S. 183 f., 195; Abb. 55, 56; Fig. S. 184
5 Sultan Ahmet-Moschee (Blaue Moschee), S. 193 f.; Abb. 51, 52
6 Mosaikenmuseum (Mozaik Müzesi), S. 173, 195
7 Kleine Hagia Sophia (Küçük Aya Sofia), Kirche der Heiligen Sergios und Bakchos, S. 174 f.; Fig. S. 174
8 Sokollu – Mehmet – Paşa-Moschee, S. 191
9 Zisterne Binbirdirek, S. 174
10 Zisterne Yerebatan saray, S. 174
11 Nuru-Osmaniye-Moschee, S. 194
12 Großer Basar (Kapalıçarşı), S. 197
13 Bayazit-Moschee, S. 188; Fig. S. 188
14 Karawanserei Büyük-Yeni-Han, S. 199
15 Karawanserei Valide-Hani, S. 199
16 Universität
17 Süleyman-Moschee, S. 189, 196; Abb. 50; Fig. S. 192
18 Museum für türkische und islamische Kunst (Türk ve Islam Sanatlare Müzesi), S. 196
19 Karawanserei Balkapan Han, S. 199
20 Ägyptischer Basar (Mısır Çarsı), S. 198
21 Neue Moschee (Yeni Valide Camii), S. 192
22 Rüstem Paşa-Moschee, S. 191; Fig. 194
23 Lâleli-Moschee, S.194
24 Valide-Moschee
25 Şehzade-Moschee, S. 189; Fig. S. 190
26 Aquädukt des Valens (Bozdoğan Kemeri), S. 179, 197
27 Städtisches Museum (Belediye Müzesi), S. 196
28 Fatih-Moschee, S. 194 f.
29 Erlöserkirche Pantokrator (Mollazeyrek Camii), S. 177
30 Kirche des Christos Pantepoptos (Eski Imaret Camii), S. 177
31 Rosenmoschee (Gül Camii), S. 178
32 Selim-Moschee, S. 189
33 Pammakaristoskloster (Fethiye Camii), S. 178; Fig. S. 178
34 Bogdan Sarayi
35 Ehem. Erlöserkirche des Klosters Chora, Museum (Kariye Camii Müzesi), S. 176 f., 195; Abb. 46, 47; Fig. S. 176
36 Mihrimah-Moschee, S. 189; Fig. S. 191
37 Hekimoğlu-Ali-Paşa-Moschee
38 Davut-Paşa-Moschee
39 Kılıç-Ali-Paşa-Moschee, S. 196
40 Kanonengießerei (Tophane), S. 197; Fig. S. 197
41 Şemsi-Ahmet-Paşa-Moschee, S. 203
42 Yeni-Valide-Moschee, S. 203
43 Mihrimah-Moschee (Iskelesi Camii), S. 203
44 Atatürk-Brücke
45 Galata-Brücke
46 Kirche des Klosters Akataleptos (Kalender Camii), S. 178

Nicht auf der Karte zu sehen sind im Norden im Stadtteil Eyüp die dortige Moschee (S. 195), im Stadtteil Balat der Byzantinische Kaiserpalast (Tekfur Sarayi, S. 181; Abb. 49), im Stadtteil Beyoğlu die Piyale-Paşa-Moschee (S. 192; Fig. S. 193) und die Moschee von Dolmabahce (S. 199; Abb. 58), im Stadtteil Beşiktas die Sinan-Paşa-Moschee (S. 191); im Südwesten die Festung Yedikule (S. 181 f., Fig. S. 182)

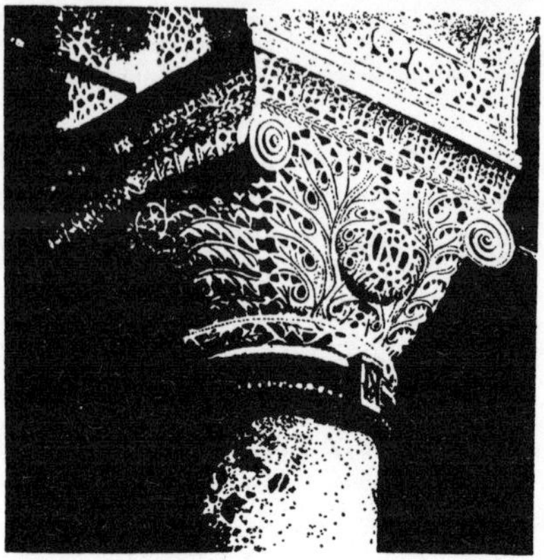

Hagia Sophia in Istanbul, Kapitell des Mittelraumes. (Aus: H. Hanson, Kirchen und Moscheen Istanbuls, S. 115)

nung von Kaiser und Kaiserin, Prozession der Sakramente, Abendmahl und Segnung durch den Patriarchen, »verließ der Kaiser in großer Demut die Kirche, während man Goldmünzen auf ihn herabregnen ließ, nach denen das Volk mit allen Händen griff (Itineraires Russes en Orient, Genf, 1889).

Die Türken veränderten nach der Eroberung 1453 den Baukörper nicht, sie fügten nur Gebetsnische (Mihrab), Kanzel (Mimber), Sängertribüne und die großen grünen Holzschilde mit den Namen der ersten Kalifen sowie später die Sultansloge ein. Das Äußere wurde durch den Anbau von Stützmauern, die Errichtung von Türben und den vier Minaretten vollends in eine islamische Moschee verwandelt.

Die Hagia Sophia bildete mit Hippodrom, Goldener Halle, Thermen und Quartieren für die Palastwache einen ausgedehnten Gebäudekomplex, den man heute aufgrund der Grabungen ungefähr rekonstruieren kann (Fig. S. 173). Die Gestalt des ehemaligen Hippodroms hat sich im heutigen At Meydanı (Roßmarkt) erhalten. Die Denkmäler der Spina, der antiken Rennbahnachse, stehen zum Teil noch. Das älteste Denkmal der Spina und auch Istanbuls überhaupt, ist die Schlangensäule (Abb. 53), die 31 griechische Städte nach dem Sieg über die Perser bei Plataä 479 v. Chr. aus dem Metall der erbeuteten Waffen gossen und dem delphischen Apoll widmeten. Unter Konstantin I. gelangte die Säule nach Istanbul. Sie wird gebildet aus den verschlungenen Leibern dreier Schlangen, die sich einst oben teilten und auf ihren Köpfen einen goldenen Dreifuß trugen. Auf einer Miniatur des 'Surnames' Murats III. (1574–95) ist die Schlangensäule noch mit den drei Häuptern abgebildet.

Nordöstlich der Schlangensäule steht der Ägyptische Obelisk (Dikilitaş), ein etwa 25 m hoher Porphyr-Obelisk, den Thutmosis III. (1502–1448 v. Chr.) in

Karnak aufstellte und den Theodosius I. 390 n. Chr. nach Istanbul schaffen und innerhalb von 32 Tagen aufrichten ließ. Die vier Seiten des Marmorsockels zeigen Bilder aus dem Leben des Kaisers Theodosius I. und seiner Familie: bei der Aufrichtung des Obelisken, beim Wagenrennen, bei der Huldigung durch Perser und Daker und bei der Siegerehrung im Hippodrom (Abb. 54). Zur Sphendone, der großen Kurve der Rennbahn, hin steht der sog. 'Gemauerte Obelisk' (Örme sütün). Der etwa 32 m hohe, aus Kalksteinblöcken errichtete Obelisk war ursprünglich mit vergoldeten Bronzeplatten verkleidet, die 1204 von den Kreuzfahrern geraubt wurden. Der Obelisk wurde vermutlich von Konstantin VII. Porphyrogennetos (912–59) errichtet.

Südlich der Sultan-Ahmet-Moschee, die wir später beschreiben, finden wir im Mosaiken-Museum eine Anzahl von Mosaiken aus der Mitte des 6. Jahrhunderts, die sich zum Teil in einem kreuzgangähnlichen Peristylumgang der Palastmauer befanden, und zwar dort, wo sie sich zum Bukoleon-Hafen öffnete. Diese Mosaiken sind noch ganz den naiven, diesseitsbezogenen römischen Mosaiken verpflichtet, wie sie in zahlreichen römischen Häusern gefunden wurden. Spielerisch fast und ohne sinnvollen Zusammenhang werden hier Genreszenen meist ohne ornamentalen Rahmen dargestellt.

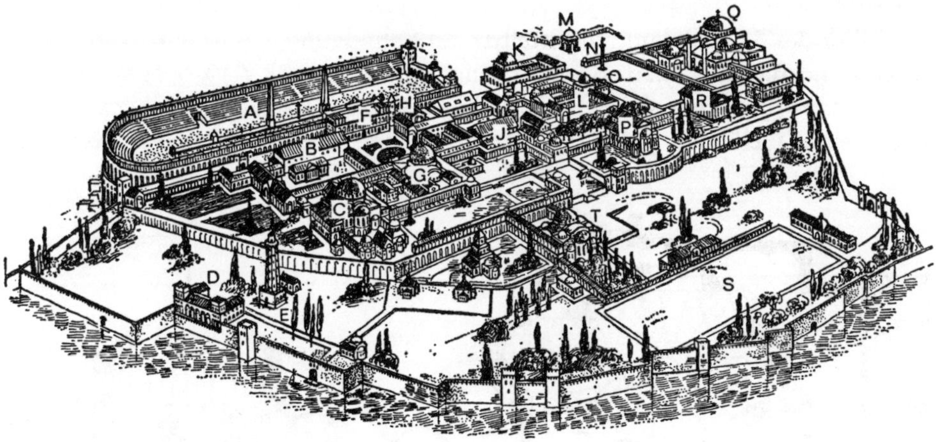

Rekonstruktion des Kaiserpalastes in Konstantinopel. Die wichtigsten Bauten: Hippodrom (A); gedecktes Hippodrom (B); Chrysotriklinion, Goldene Halle (C); Palast des Justinian (Bukoleon-Paläste) (D); Leuchtturm (E); Kathisma oder kaiserliche Loge im Hippodrom (F); Trikonchos (G); Kirche des hl. Stephanos (H); Konsistorium (J); Zeuxippos-Thermen (K); Quartiere der Palastgarde (L); Milion (M); Säule des Justinian (N); Bronzetor, das von der Hagia Sophia in den Palast führt (O); Magnaurion (P); Hagia Sophia (Q); Senatsgebäude (R); Tzykanisterion (Polo-Stadion) (S); 'Neue Kirche' (T). (Aus: Morgen des Abendlandes, S. 137)

Konstantinopel besaß in byzantinischer Zeit etwa 40 Zisternen, die heute zum größten Teil eingeebnet oder zerstört sind. Zwei Zisternen in unmittelbarer Nähe des At Meydanı lohnen einen Besuch. Die von den Türken 'Binbirdirek' genannte Zisterne wurde unter Justinian erbaut und ist 64 m lang und 57 m breit. Trotz ihres Namens (Tausendundeine Säule) besitzt sie nur 224 Säulen, jeweils 14 Säulen in 16 Reihen. Die Säulen waren ursprünglich 12,40 m lang, stecken aber heute etwa 5 m tief im Boden. Im Gegensatz zu anderen Zisternen ist beim Bau von Binbirdirek kein altes Material (Spolien) verwendet worden. Die Säulen wurden eigens für die Zisterne angefertigt, die Kapitelle haben die gleiche kubische Form und tragen runde, gemauerte Bogen. Einer Überlieferung zufolge soll sie von Anthemius von Tralleis, dem Erbauer der Hagia Sophia, errichtet worden sein.

Nahe der Hagia Sophia liegt eine zweite, größere Zisterne 'Yerebatan saray' (Versunkenes Schloß), die ebenfalls unter Justinian angelegt wurde. Das 141 m lange und 73 m breite Ziegelgewölbe wird von 336 Säulen getragen, deren Kapitelle und Formen stark variieren. So finden wir neben einfachen kubischen Kapitellen auch korinthische, die möglicherweise von alten Tempeln stammen. Ein besonderer Reiz beim Besuch der Yerebatan saray liegt in der Möglichkeit, mit dem Boot durch die noch etwa meterhoch mit Wasser gefüllte Zisterne zu fahren.

Südlich des At Meydanı, unmittelbar am Bahndamm, liegt die Kirche 'Hagia Sergios und Bakchos', auch Kleine Hagia Sophia (Küçük Aya Sofya) genannt, erbaut 527–536. Den Grundstein ließ Justinian 527 legen, und zwar aufgrund eines Gelübdes. Justinian war als junger Mann in eine Verschwörung

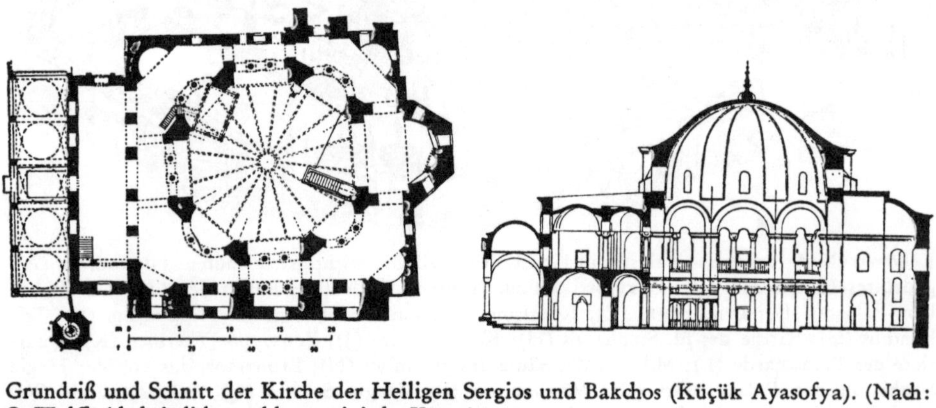

Grundriß und Schnitt der Kirche der Heiligen Sergios und Bakchos (Küçük Ayasofya). (Nach: O. Wulff, Altchristliche und byzantinische Kunst)

gegen den Kaiser Anastasios I. verwickelt gewesen und zum Tode verurteilt worden. Doch die beiden Heiligen erschienen dem Kaiser im Traum und bewogen ihn, Justinian zu begnadigen.

Der Grundriß dieser Kirche setzt in der Baukunst Konstantinopels einen neuen Akzent. Die Form des Oktogons mit Pfeilern an den acht Ecken, die die Kuppel tragen, ist eine Weiterentwicklung der ursprünglichen dreischiffigen Basilika, deren Vierung man später überkuppelte. Durch völliges Fortlassen der Längs- und Querschiffe gelangte man zu einem überkuppelten Zentralbau. Zu dieser Gruppe gehören armenische Kirchen und als bekanntestes islamisches Beispiel die Omar-Moschee (Felsendom) in Jerusalem. Baugeschichtlich am nächsten mit der Hagia Sergios und Bakchos ist San Vitale in Ravenna verwandt. Wie der Grundriß zeigt, ist das Oktogon der Kleinen Hagia Sophia in einen quadratischen Außenriß eingebettet, der einen Narthex und eine ausgebildete Apsis besitzt. Doch fand die Hagia Sergios und Bakchos keinen Nachfolger. Die Irenenkirche und auch die Hagia Sophia sind nach dem Schema der dreischiffigen Basilika gebaut.

Das Innere der Kleinen Sophienkirche, die heute als Moschee dient, vermittelt mit den kräftigen Bogen den Eindruck großer Geräumigkeit. Die zweigeschossigen Arkaden werden von dunklen Säulen mit hellem byzantinischen Kapitell getragen. Zwischen Erdgeschoß und Galerie umzieht ein breiter Fries den Raum, dessen Text, der Justinian und Theodora gewidmet ist, am Bema plötzlich abbricht. Nach der Eroberung wurde die Kirche in eine Moschee verwandelt und 1740 vom Großwesir Ahmet Paşa restauriert, und zwar so gründlich, daß es heute unmöglich ist, festzustellen, ob sich hinter der dicken Stuckschicht noch byzantinische Mosaiken oder Malereien befinden.

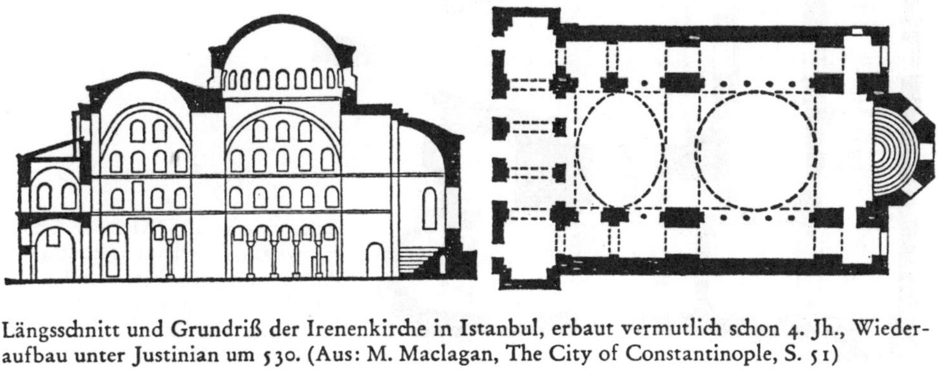

Längsschnitt und Grundriß der Irenenkirche in Istanbul, erbaut vermutlich schon 4. Jh., Wiederaufbau unter Justinian um 530. (Aus: M. Maclagan, The City of Constantinople, S. 51)

Fast gleichzeitig mit der Hagia Sophia baute Justinian die Irenenkirche, die dem 'Göttlichen Frieden' geweiht war, und die heute im ersten Sarayhof steht. Die 532 erbaute Kirche ist eine Emporenbasilika, deren ungewöhnlich breites Mittelschiff von zwei hintereinander angeordneten Kuppeln überwölbt ist. Die Hauptkuppel ruht im Gegensatz zur Hagia Sophia nicht unmittelbar auf den Pendentifs, sondern auf hohem, von 20 Fenstern durchbrochenem Tambour. Von der ursprünglichen Ausstattung ist nichts mehr erhalten, zumal die Kirche nach der Eroberung zuerst als Zeughaus und später als Armeemuseum diente. Heute ist die Kirche ausgeräumt und sorgfältig restauriert. Bemerkenswert sind die gut erhaltenen halbkreisförmigen Sitzreihen im Bema, auf denen die Geistlichkeit hinter der Altarmensa Platz nahm.

Die Geschützrohre vor der Kirche sind Beutestücke aus der Zeit der türkischen Eroberungen.

Nahe der theodosianischen Landmauer im Westen der Stadt steht die Kariye Camii, die ehemalige Erlöserkirche des Klosters Chora, heute ein Museum (Kariye Camii Müzesi). Der unscheinbare Bau, eine dreischiffige Kuppelbasilika, der ein Narthex und später Exonarthex und Parekklesion angefügt wurden, stammt aus der Zeit Justinians, verfiel aber und wurde nach mehreren Zerstörungen von Theodor Metochites, dem Großlogotheten Kaiser Andronikos II., Paläologos (1282–1328), vollkommen restauriert und mit Mosaiken und Male-

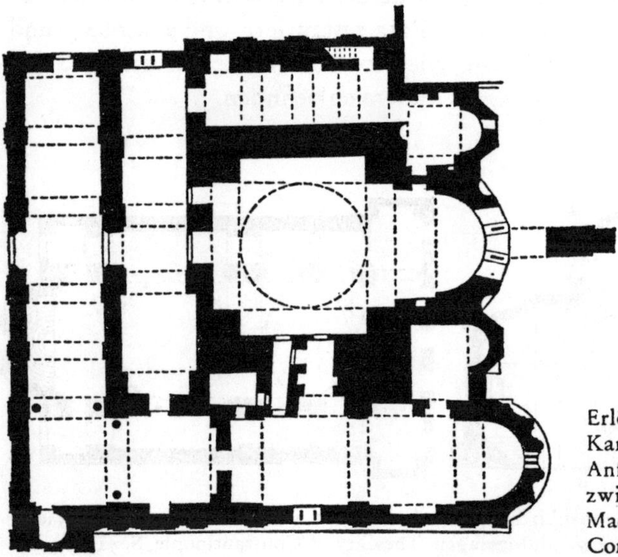

Erlöserkirche des Klosters Chora, Kariye Camii, erbaut vermutlich Anfang des 5. Jh., restauriert zwischen 1303 und 1326. (Aus: M. Maclagan, The City of Constantinople, S. 117)

reien ausgestattet (Abb. 46). Diese Bilder, die zwischen 1307 und 1320 entstanden, gehören zu den bedeutendsten byzantinischen Bilderzyklen neben denen in Ravenna und Hosios Lukas.

Die seit 1947 vom 'Byzantine Institute of America' freigelegten Mosaiken und Fresken zeigen den großen Wandel der spätbyzantinischen Kunst, der sich besonders in der Wandmalerei bemerkbar machte. Die großartigen Fresken im Chor des Parekklesions (Nebenschiff und ursprünglich Totenkapelle) sind in ihrer malerischen Qualität den Fresken Giottos in der Cappella della Scrovegni ebenbürtig. In dieser Zeit der politischen Ohnmacht erlebt die byzantinische Kunst eine letzte Blüte, eine Hinwendung zum leidenschaftlich Bewegten und zu einer eindringlichen Monumentalität.

Die Mosaiken des Exonarthex stellen, von links nach rechts, Szenen aus dem Leben Marias und Josephs, Geburt und Jugendjahre Christi, die Heiligen Drei Könige, den Kindermord in Bethlehem und Wundertaten Christi dar. Im Narthex sehen wir, ebenfalls von links nach rechts, Szenen aus dem Leben der Maria, über der Tür zum Hauptraum Theodoros Metochites, den Erneuerer der Kirche und rechts in der Kuppel Christus als Weltenherrscher (Abb. 47). Im Parekklesion finden wir die großartigen Fresken der Höllenfahrt und Auferstehung Christi. Der Hauptraum zeigt in Mosaiken Maria, Christus und den Tod der Maria.

Zahlreiche byzantinische Kirchen wurden nach der Eroberung 1453 von den Türken in Moscheen umgewandelt. Eine der ältesten ist die Myrelaion-Klosterkirche, die heutige Bodrum Camii. Sie wurde vermutlich schon im 8. Jahrhundert gegründet, aber unter Romanos I. Lakapenos vollkommen neu erbaut und diente mehreren Kaisern als Ruhestätte. Die in eine Moschee verwandelte Kirche brannte zuletzt 1902 aus, bietet aber noch eine sehenswerte Ruine. Nach dem System der mehrkuppeligen Kreuzkuppelkirche sind auch noch andere Kirchen erbaut, so die Erlöserkirche Pantokrator, heute Mollazeyrek Camii, die auf das 12. Jahrhundert zurückgeht und zu den schönsten Kirchen der Komnenen-Zeit gehört. Neben dem Komnenen Manuel I. (1143–80) sind auch einige Paläologen hier begraben.

Weiter ist noch erwähnenswert die Kirche des Christos Pantepoptos, die heutige Eski Imaret Camii (alte Armenküchen-Moschee), die vermutlich im 11. Jahrhundert von der Mutter des Kaisers Alexios I. Komnenos errichtet wurde und sicher Teil eines Klosters war. Die Moschee erhielt ihren Namen, weil sie nach der Eroberung der Stadt als Speisesaal für die Koranschüler der Fatih Camii diente.

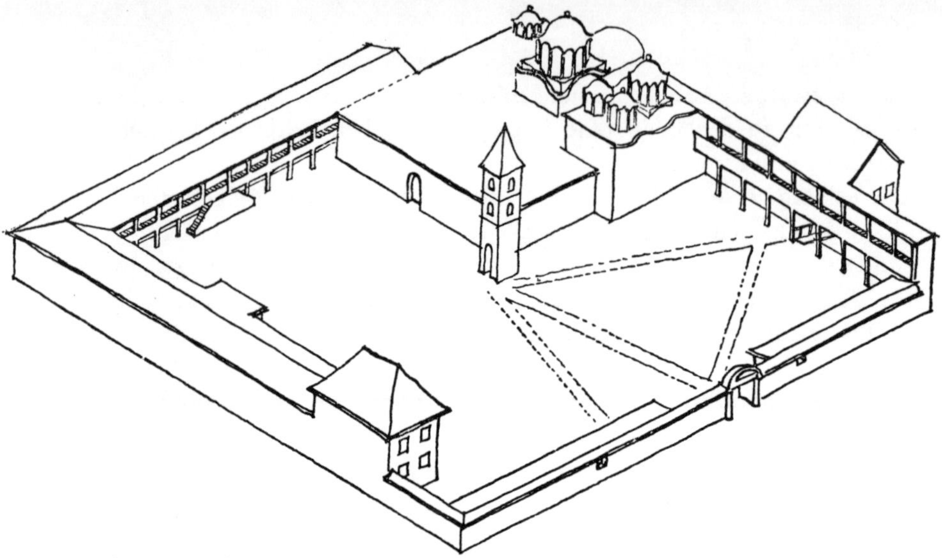

Der Sitz des Patriarchats im eroberten Konstantinopel – das Pammakaristoskloster (heute Fethiye Camii) im Jahre 1578/79. (Rekonstruktionsversuch von H. Hallensleben, I. M. 13/14, 1963/64, S. 133)

Gut erhalten ist der Bau der Pammakaristos-Kirche, der Kirche der 'vollkommen glücklichen Jungfrau', heute Fethiye Camii, Moschee der Eroberung. In der Kuppel befinden sich Mosaiken, die Christus und die Figuren der 12 Apostel in den Rippen darstellen. Pammakaristoskirche und -kloster dienten nach der Eroberung dem Patriarchen von Konstantinopel als Amtssitz, der 1591 in eine Moschee verwandelt wurde. Die Rekonstruktionszeichnung nach alten Abbildungen (Schweigger, Gerlach) zeigt den Umfang der Klosteranlage, wie überhaupt die meisten der alten Kirchen Teile eines größeren Baukomplexes waren.

Ein Bauwerk, an dem in mehreren Epochen gearbeitet wurde, ist die Hagia Maria Panachrantos, auch Klosterkirche des Konstantin Lips genannt, später Feneriisa Camii. Von der 908 erbauten Klosterkirche sind Reste erhalten. 1280 bis 1300 errichtete die Kaiserin Theodora, Gattin Michaels VIII., den Südteil der Kirche, der Ostteil entstand im 14. Jahrhundert.

Kleinere Kirchen, die in Moscheen umgewandelt wurden, sind noch die Kilise Camii, die bis ins 8. Jahrhundert zurückgeht, die Kalender Camii, die im 9. Jahrhundert gegründete Kirche des Klosters Akataleptos, die Rosenmoschee Gül Camii, die ehemalige Kirche der hl. Theodosia aus dem 8. Jahrhundert, die Imrahor-Moschee, eine Kirche des damals sehr einflußreichen Klosters des St. Johannes von Studios, eine dreischiffige Basilika. Sie wurde um 480 erbaut und ist die älteste Kirche Istanbuls; 1894 beschädigte sie ein Erdbeben.

Unter den Profanbauten des alten Byzanz ragt inmitten des alten Stambul noch der Aquädukt des Valens empor, der 368 erbaut wurde und bis ins 6. Jahrhundert die Stadt mit Wasser versorgte. Er war ursprünglich 1000 m lang, 800 m sind heute noch erhalten. Von den einst großartigen Palästen der byzantinischen Kaiser sind nur geringe Reste – an der Seemauer und am Nordteil der Landmauer erhalten. Die Landmauer, die sich heute noch von Ayvansaray am Goldenen Horn in südlicher Richtung bis nach Yedikule am Marmarameer hinzieht, gibt mit ihrem teilweise noch guten Erhaltungszustand einen anschaulichen Eindruck von den mächtigen Festungsanlagen des alten Byzanz, die noch bis ins vorige Jahrhundert ihre Funktion erfüllten. Die Länge der Landmauer beträgt 6670 m, die Gesamtlänge, also Seemauer am Marmarameer und Goldenen Horn, wird etwa 20,6 km betragen haben. Die Mauern sind Zeugnisse spätrömischer Festungsbaukunst und stellen ein kompliziertes Fortifikationssystem dar. Den Mauern war ein 20 m breiter und 8 m tiefer Wassergraben vorgelagert, an dessen Innenseite sich eine 2 m hohe Brustwehr erhob. Es folgt ein Niederwall von 18 m Breite, der an die etwa 8 m hohe äußere Mauer führt. Die äußere Mauer war mit 82 teils viereckigen, teils halbrunden, etwa 12 m hohen Türmen bestückt. Der 4 m dicken Mauer schloß sich ein Oberwall von 13 m Breite an, der der teilweise 15 bis 20 m hohen und etwa 6 m starken Hauptmauer vorlag.

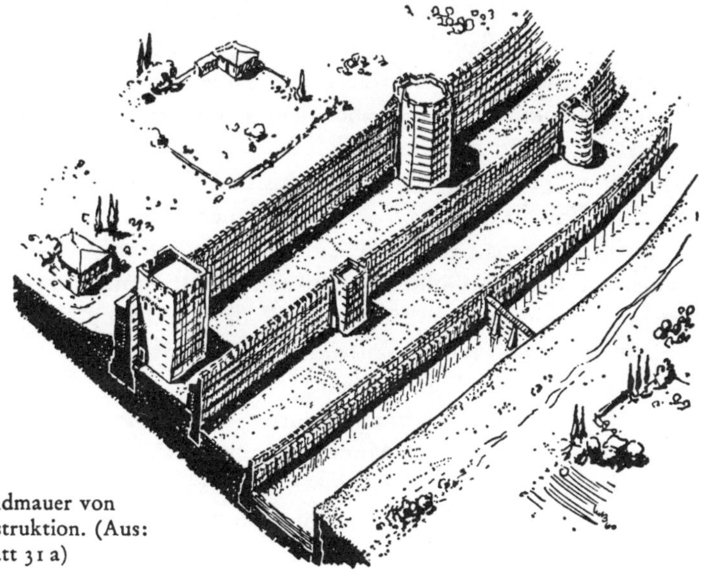

Die theodosianische Landmauer von Konstantinopel, Rekonstruktion. (Aus: Karawane-Logbuch, Blatt 31 a)

Theodosius II. Aus dem Münzwerk des Bandurius, Paris 1718

Diese Innenmauer besaß 96 teils viereckige oder achteckige bis zu 20 m hohe Türme, die jeweils den Türmen der Vormauer gegenüber auf Lücke standen (Abb. 48). Alle Türme waren mit Zinnen und Schießscharten versehen. Pechnasen gab es nicht. Das damals sehr gefürchtete 'griechische Feuer' wurde mit Schleudern auf die Angreifer geschossen. Die Landmauer besaß früher 10 Tore, heute zählen wir nur noch sieben. Die bedeutendsten Tore waren das heutige Edirne-Tor (Edirne Kapısı), das Tor des heiligen Romanus, heute Topkapı, und die Porta aurea, hinter der sich heute die Festung Yedikule erhebt.

Die Porta aurea bildete das Eingangstor für den siegreichen, heimkehrenden Kaiser. Von hier führte die Mese, die Triumphstraße, über die Kaiserforen zum Hippodrom. Das Romanus-Tor (Topkapı) ist der Ort, an dem der letzte byzantinische Kaiser, Konstantin XII. Dragases, 1453 im Kampf gegen die eindringenden Muslime fiel. Gegenüber dem Tor hatte Mehmet II. seine Riesenkanone aufgestellt, die die entscheidenden Breschen schlug.

Erbauer der Mauer ist Theodosius II., der seinen Präfekten Anthemius 413 mit dem Bau beauftragte. Als die Mauer 447 einstürzte, führte der Präfekt Konstantin Kyros sie von neuem und diesmal als Doppelmauer auf. Die Seemauer entlang des Goldenen Horns ist vollkommen verschwunden, die längs des Marmarameeres mußte zum Teil der Bahnlinie weichen, jedoch sind noch Teile erhalten. So kann man südlich des Hippodroms noch Türöffnungen und Balkonträger in der Mauer sehen.

Der Nordteil der Landmauer wurde wiederholt Veränderungen unterworfen. Zu sehen sind die Mauern Manuels Konmenos', die buchtartig nach Westen vorspringen. Nördlich liegen die von Kaiser Isaak 1188 errichteten sog. 'Türme des Isaak Angelos und des Anemas', die zum Schutz der dahinter gelegenen Blachernen-Paläste errichtet wurden, die von 1050 bis zur Eroberung von den Kaisern bewohnt wurden. Von den Blachernen-Palästen ist heute nur noch eine Terrasse erhalten, unter der sich Gewölbe befinden. Südlich der Mauer des Manuel Komnenos stehen die wohlerhaltenen Außenwände eines Palastes, der vermutlich früher zum Komplex der Blachernen-Paläste gehörte und der heute unter dem Namen Tekfur-Sarayı bekannt ist (Abb. 49). Der Bau ist vermutlich im 12./13. Jh. entstanden. Die eindrucksvolle Ruine besitzt eine reizvolle Fassade aus weißem Marmor und Ziegeln sowie im Erdgeschoß der Nordfassade eine offene Arkade. Die Ruine ist das einzige Zeugnis eines byzantinischen Palastes, so daß sich ein Besuch wohl lohnt. Aufgrund von Scherben nimmt man an, daß hier im 18. Jahrhundert eine Fayencenmanufaktur untergebracht war.

Der Teil der Landmauer zwischen Tekfur Sarayı und Topkapı ist stark zerstört. Zwischen Topkapı und Porta aurea aber finden wir recht gut erhaltene Mauerzüge, die Erdbeben und Kriegen standhielten und die Wehrhaftigkeit des alten Byzanz zeigen.

Am Südende der Landmauer liegt das schon erwähnte Goldene Tor, das ursprünglich von Theodosius I. als dreibogiges Triumphtor errichtet, später aber beim Mauerbau durch den Präfekten Anthemius in die Landmauer einbezogen wurde. An den Seiten des Tores wurden Pylonen errichtet und die beiden äußeren Bogen zugemauert. Der letzte Kaiser, der es im Triumph durchschritt, war Michael VIII., der 1261 zu Fuß von hier zum Studitenkloster ging.

Dem Goldenen Tor war ein kleineres Tor vorgelagert, das auf beiden Außenseiten mit Reliefs geschmückt war, deren Einfassungen man heute noch erkennen kann. Noch im Jahre 1778 sahen Besucher die Reliefs, die Arbeiten des Herakles, des Endymion und Phaëton darstellten.

Schon in byzantinischer Zeit bestand hier zumindest seit dem 14. Jahrhundert eine Festung, die bei der Eroberung 1453 zerstört wurde. 1458 ließ Mehmet II. das Kastell, das später den Namen Yedikule (Sieben Türme) erhielt, wieder aufbauen. Der Landmauer mit Goldenem Tor und vier Türmen sind nach Osten zwei Rundtürme und ein achteckiger Turm in einem fünfeckigen Mauerzug angeschlossen. Der Ostturm, der heute keine Geschosse mehr besitzt, diente in osmanischer Zeit als Gefängnis für die Gesandten der Staaten, mit denen sich die Türkei gerade im Krieg befand. Zahlreiche Inschriften der Gefangenen sind an den Wänden erhalten. Noch im frühen 19. Jahrhundert wurden Gefangene aus der Schlacht bei Navarino hier eingekerkert; ein Franzose schrieb 1801 »Vive la Republique Française« an die Wand seines Gefängnisses.

Nordturm, Ostturm und Südturm sind durch winklig eingezogene Mauern sternartig miteinander und mit der Landmauer verbunden. Die Mauern sind mit Wehrgang und Zinnen versehen, Treppen führen von innen hinauf. Im Winkel

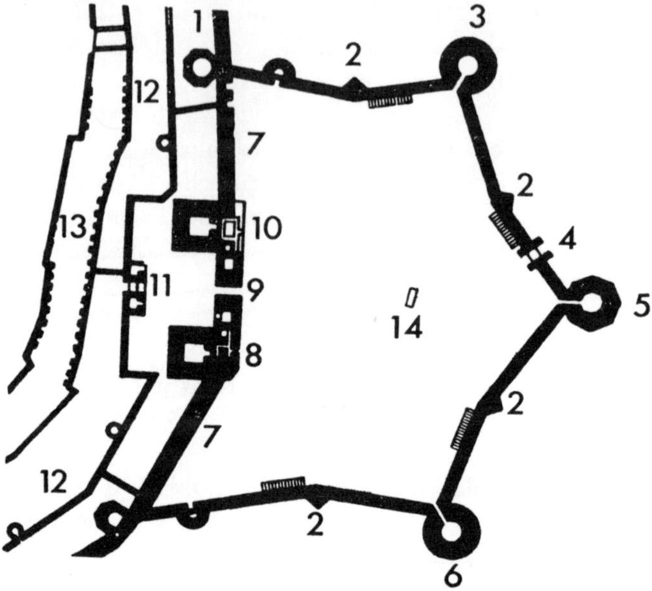

Plan der Festung Yedikule.
1 Landmauer Theodosius' II. (5. Jh.)
2 Kavaliere
3 Nordturm
4 Eingang
5 Ostturm (Turm der Inschriften)
6 Südturm
7 Stadtmauer Theodosius' II.
8 Südpylon (Gefängnis Osmans II.)
9 Goldenes Tor
10 Nordpylon
11 Kleines Tor
12 Mauer des Präfekten Kyros
13 Graben
14 Moschee (Ruine)

der Mauerzüge stehen außen Kavaliere, dreieckige, überhöhte Türme, die dem Verteidiger eine bessere Übersicht über das Vorfeld boten. Im Südpylon des Goldenen Tores befand sich einst das Gefängnis, in dem die Staatsgefangenen hingerichtet wurden. 1622 fand hier Sultan Osman II. den Tod. Im Hof befanden sich einst die Unterkünfte der Besatzung. Heute macht er einen etwas ungepflegten Eindruck, nur der Stumpf eines Minaretts und die Ruinen einer kleinen Moschee sind in der Hofmitte erhalten. Verschanzungen und Wälle fehlen im Vorfeld dieser Festung völlig, so daß man wohl niemals mit ernsthaften Angriffen gerechnet hatte.

Die Festung Yedikule bildete gewissermaßen das Scharnier der hier in spitzem Winkel aufeinanderstoßenden Land- und Seemauer, doch läuft die Landmauer von Yedikule aus noch etwa 200 m südlich zum Meer. Hier befindet sich eine kleine Poterne, ein Ausfallstor, das sog. Christus-Tor. Südöstlich steht unmittelbar am Ufer der Marmorturm (Mermer Kulesi), der in byzantinischer Zeit als Gefängnis und in osmanischer als Münze diente.

Drei Säulen aus byzantinischer Zeit sind noch erwähnenswert: Am Divan Yolu, nahe der Atik-Ali-Paşa-Moschee, steht die 'Verbrannte Säule' (Cemberli Taş). Einst auf dem Konstantinsforum, trug sie zuerst eine Statue Konstantins, später Julians und zuletzt eine des Theodosius, die durch einen Sturm herabgestürzt wurde. 1779 ließ Abdülhamit I. die schwer beschädigte Säule durch Eisenringe sichern und den Sockel neu ummauern.

Im Stadtteil Fatih, südwestlich der Moschee des Eroberers, Fatih Camii, steht die Säule des Kaisers Markian (450–457), ein Syenitschaft mit korinthischem Kapitell trug vermutlich einst die Statue des Kaisers. Die heute Kıztaşı (Mädchenstein) genannte Säule besitzt eine Basis, auf der noch geflügelte Genien zu erkennen sind.

Am Ende des Gülhaneparkes, nahe der Sarayspitze, finden wir die sogenannte Gotensäule, 15 m hoch, eine Granitsäule mit korinthischem Kapitell. Nach der Inschrift auf dem Sockel wurde sie vom Kaiser Claudius Gothicus (268–270) nach einem Sieg über die Goten errichtet.

Der Hürriyetplatz (früher Bayazitplatz) im Stadtteil Bayazit nimmt den östlichen Raum des Theodosiusforums oder Forum Tauri ein, das früher von der Mese zwischen Konstantinsforum und Forum Bovi im Westen durchzogen wurde. Das Forum des Theodosius wurde einst im Westen durch ein Tor abgeschlossen, das heute nicht mehr genau zu rekonstruieren ist. Es wurde vermutlich von einer 392 zu Ehren des Kaisers errichteten Säule gekrönt. Bei Verbreiterung der heutigen Ordu Caddesi wurden 1957 zahlreiche Sockel und Säulenfragmente gefunden, die heute an der Straße aufgestellt sind. Bemerkenswert ist ein Säulenornament, das Astnarben des Wacholderstammes nachgebildet ist.

Osmanische Zeit

Ein entscheidendes Ereignis in der Geschichte der Osmanen war die Eroberung Konstantinopels und die Erhebung der Stadt zur Residenz der Sultane und zur Hauptstadt des jungen Reiches. In den folgenden 300 Jahren wurde der Stadt mit den großen Moscheebauten das orientalische Profil gegeben, das sie noch bis heute bewahrt hat. Wir beginnen unsere Beschreibung mit dem Serail der Sultane und folgend mit den großen Moscheen, die chronologisch aufgeführt werden. Weiter folgen Museen, Bäder, Brunnen, Basare, Karawansereien, Festungen und die Bauten Üsküdars.

Das Serail der Sultane, türk.: Topkapı Sarayı (Kanonentorpalast), in dem sich heute das Topkapı-Serail-Museum befindet, liegt auf der Halbinsel zwischen Goldenem Horn und Bosporus, wo sich zur Zeit des alten Byzantion die Akropolis befand (Abb. 55). Als Mehmet II. Konstantinopel erobert hatte, errichtete er zuerst in der Nähe des Theodosiusforums und der heutigen Universität einen Palast. 1462 jedoch ließ er auf der damals mit Olivenbäumen bestan-

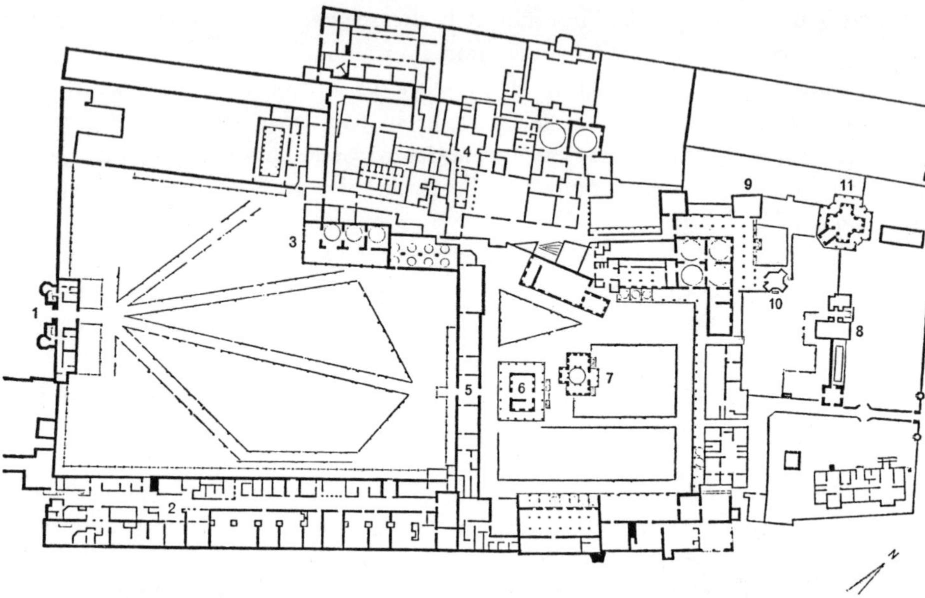

Plan des Topkapı Sarayı, des Serails der Sultane in Istanbul. 1 Zweites Tor (Ortakapi) 2 Küchen 3 Kubbe Alti (Ratsaal) 4 Harem-Flügel 5 'Tor der Glückseligkeit' 6 Arz-Odası (Audienzsaal) 7 Bibliothek 8 Kara Mustafa Paşa-Köşkü 9 Sünnet-Köşkü (Beschneidungszimmer) 10 Revan-Köşkü 11 Bagdad-Köşkü. (Aus: U. Vogt-Göknil, Osmanische Türkei, Weltkulturen und Baukunst, S. 151/52)

denen Serailspitze Palastanlagen errichten, die im wesentlichen 1478 vollendet waren. Der alte Palast blieb als Aufenthaltsort für den Harem verstorbener Sultane, als 'Palast der Tränen' erhalten. Unter Süleyman I. (1520–1566) wurde die Palastanlage weiter ausgebaut und offizieller Sitz der Sultane. Seine Nachfolger erweiterten die Anlage und fügten mehrere Kioske und Anbauten hinzu. 1855 zog Sultan Abdülmecit in den neuen Palast Dolmabahce am Bosporus. Die alten Paläste verfielen und wurden erst unter der Republik der Öffentlichkeit zugänglich gemacht.

Die Anlage des Serails unterscheidet sich grundsätzlich von der europäischer Fürstensitze. Wir finden hier keine glänzenden Fassaden wie etwa in Versailles, Schönbrunn oder Ludwigsburg. Die Herrscher der Osmanen liebten es, in kleinen Pavillons inmitten eines Parks zu leben, der später mit einer hohen Mauer umschlossen war.

Die ganze Anlage entbehrt einer axialen Ordnung, die Baugruppen sind aber nicht zufällig gewachsen, sondern folgen einer bestimmten Ordnung. Der erste Serailhof enthielt öffentliche Gebäude und Kasernen, der zweite Verwaltungsgebäude, den Gerichtssaal und Küchen, der dritte Hof war dem Sultan und seinem Hofstaat vorbehalten, der hinter diesem Hof liegende Serailgarten war nur dem Sultan, seiner Familie und den Bediensteten zugänglich.

Den Eingang zum ersten Serailhof bildet das Bab-i-Humayun (Kaiserliches Tor), das 1478 von Mehmet II. erbaut wurde. Rechts und links neben dem schmalen Eingang befinden sich Nischen, in denen die Köpfe von Hingerichteten aufgehängt wurden (Abb. 55). Das Tor führt in den ersten, äußeren Serailhof. Links sehen wir die Irenenkirche (s. S. 175/76), hinter der die Münze liegt.

Hier führt eine schmale Straße hinab zu den Museen (s. S. 195 f.). Im ersten Serailhof standen einst die Kasernen der Janitscharen, eine Bäckerei, ein Krankenhaus und vermutlich noch andere Gebäude, die aber alle verschwunden sind. An der Ostseite des äußeren Serailhofes liegt das Ortakapı (Mitteltor), auch Bab-i-Salam (Tor des Heils) genannt, das um 1524 erbaut wurde und von zwei achteckigen Türmen mit spitzen Dächern flankiert wird. In den Türmen befanden sich einst die Gefängnisse der zum Tode Verurteilten. Der Stein, auf dem sie hingerichtet wurden, und der Brunnen des Scharfrichters befanden sich unmittelbar vor dem Tor an der Serailmauer.

Hinter dem Ortakapi beginnt der zweite Serailhof und damit der eigentliche Palastbezirk. Auch hier bemerken wir keine straffe Gliederung der Bauten. Die rechte Seite des Hofes wird vom Küchentrakt eingenommen, der schon unter Mehmet II. errichtet, später aber von Sinan restauriert und mit den zehn charakteristischen Schornsteinen versehen wurde. In den Küchenräumen wird heute eine Porzellansammlung mit chinesischen, japanischen, europäischen und türkischen Stücken sowie eine Kücheneinrichtung mit kupfernen Gefäßen gezeigt. Den Küchen gegenüber liegt der Ratssaal der Wesire, ein Gebäude mit 40 m hohem Turm und weitausladendem Dach über einem Säulengang, das schon unter Süleyman I. entstand. Hinter dem Ratssaal befindet sich der Eingang zum Harem, dem jahrzehntelang unzugänglichsten Teil des Serails. Heute sind zahlreiche Wohnräume unterschiedlichster Stilrichtungen zu besichtigen: vom Bad, großen Salon und Schlafzimmer Murads III. des 16. und 17. Jahrhunderts bis zu den prunkvollen Barockräumen Ahmets III. und Selims III. Rechts neben dem Ratssaal liegen im gleichen Gebäude der ehemalige Gerichtsraum und das Sekretariat – gemessen an heutigen Ministerialbauten ein wahrhaft bescheidener Verwaltungsapparat. Im anschließenden etwas vorspringenden Gebäude wird heute eine Waffensammlung aufbewahrt. Die hier aufbewahrten Waffen und Rüststücke zeugen von der Liebe der Osmanen zu allem Kriegsgerät, von der technischen Vollendung der Waffen und ihrer kostbaren künstlerischen Verzierung. In den Gebäudetrakten links des Ratssaales waren die Stallungen, Remisen und Stallmeisterwohnungen untergebracht. Das Bab-i-Saadet, das 'Tor der Glückseligkeit', erbaut unter Mehmet II., später aber öfter verändert, führt in den dritten oder inneren Serailhof. Vor diesem Tor wurde jahrhundertelang dem neuen Sultan gehuldigt, hier hielt er während des Bayramfestes auf einem besonderen Thron die Zeremonien ab. Im inneren Serailhof steht gleich gegenüber dem Eingangstor der Audienzsaal, Arz Odası, der ursprünglich unter Mehmet II. errichtet, durch Ahmet II. (1691–1695) seine heutige Gestalt erhielt. Hier empfing der Sultan die ausländischen Gesandten, aber auch Wesire durften nur mit ausdrücklicher Genehmigung das 'Tor der Glückseligkeit' durchschreiten.

Unmittelbar hinter dem Audienzsaal liegt die Bibliothek Ahmets III. (1703–1730), die über 4000 außerordentlich kostbarer Handschriften bewahrt. Ein Blick in den inneren Serailhof zeigt wieder, daß repräsentative Prunkbauten fehlen. Eine einfache Arkadenreihe umschließt den Hof, links sehen wir die ehemalige Moschee der Hofpagen, rechts befindet sich in einem von Mehmet II. ursprünglich als Musikschule errichteten, später aber von Abdülmecit 1859 umgebauten Raum eine Ausstellung der sultanischen Staatsgewänder von Mehmet II. (1451–1481) bis zu Mehmet V. (1909–1918). Trotz Glasvitrine, musealer Atmosphäre und teilweise unrichtiger Namensbezeichnung wird hier die Pracht der osmanischen Hofhaltung lebendig. Mit sicherem Geschmack sind die Staatsroben der Herrscher mit großformatigen Blüten, Ranken oder Halbmonden, in kräftigen Farben mit feinem Arabeskengeflecht in subtiler Farbgebung verziert, immer mit dem feinen Gefühl für das würdig Hervorragende eines Herrscherkleides. Unscheinbar und wie der glanzlose Schlußpunkt in dieser prächtigen Galerie wirkt die preußischblaue Uniform des letzten Sultans, Symbol für das Schwinden der orientalischen Prachtliebe und Beginn der nüchternen, uniformen Europäisierung.

In den anschließenden Räumen ist die Schatzkammer untergebracht, die ihren Namen zu Recht führt, denn der größte Teil der hier ausgestellten Objekte ist wenigstens materiell von unschätzbarem Wert. Aber auch echte Kunstwerke finden sich hier. So sind zum Beispiel einige Karaffen Meisterwerke persischen Kunstgewerbes, ein mit feinem Goldfiligran und Smaragden verzierter türkischer Köcher, ein aus schwarzem Bernstein mit Goldornamenten versehener Pokal Schah Ismails, ein in Hellblau und Gold gehaltener Buchumschlag sind ebenfalls echte Kunstwerke. Viele, nur allzuviele Gegenstände aber sind einfach protzige Geschmacklosigkeiten, insbesondere Objekte, wie sie europäische Potentaten um die Jahrhundertwende untereinander auszutauschen pflegten. Vieles ist nur aus der übersteigerten Prunkliebe der Orientalen heraus zu verstehen, die sich einen prinzlichen Schulranzen einfach nicht ohne Brillanten und Perlentroddeln vorstellen konnten.

Im gegenüberliegenden Gebäude, dem Hırka-i-Saadet Dairesı sind Objekte ganz anderer Art ausgestellt. In diesem Pavillon, der sonst nur einmal im Jahre vom Sultan besucht wurde und der der Öffentlichkeit bis vor wenigen Jahren überhaupt nicht zugänglich war, werden islamische Reliquien von großer Bedeutung aufbewahrt: Mantel, Schwerter, Bogen und Siegel des Propheten Mohammed, Siegel, Korane und Schwerter der Kalifen und späterer Sultane. Der Pavillon ist mit erlesenen Fayencenkacheln verkleidet und bereits unter Mehmet II. erbaut, später aber oft verändert.

Hinter dem dritten Serailhof liegt der Serailgarten mit mehreren bemerkenswerten Pavillons. Kam doch dieser Teil des Palastes dem Bedürfnis der Türken entgegen, in kleinen Kiosken inmitten eines Parkes zu wohnen, dem Gesang der Vögel zu lauschen und den Duft der Blumen zu atmen. Die Glückseligkeit war vollkommen, wenn man von seinem Sitz auch noch einen weiten Rundblick genießen konnte. Der Serailgarten mit dem prachtvollen Blick auf das Goldene Horn und den Bosporus gab hierzu günstige Voraussetzungen. Bot schon die Terrasse zwischen Beschneidungspavillon (Sünnet Köşkü) und Bagdad-Pavillon (Bagdad-Köşkü; Abb. 56) einen hervorragenden Aussichtsplatz, so wurden auch der Erivan-Kiosk (Revan Köşkü) und der Mustafa-Paşa-Kiosk nach diesen Gesichtspunkten angelegt. Gerade der Mustafa-Paşa-Kiosk, bereits unter dem Einfluß des europäischen Rokoko entstanden, verrät mit seinen großen Fenstern, der niedrigen umlaufenden Divanreihe ganz die Eigenart türkischer Wohnkultur.

Am Südrand des Serailgartens steht ein Gebäude, das Sultan Abdülmecit I. kurz vor seiner 1853 erfolgten Übersiedelung in den Dolmabahçe-Palast errichten ließ. Der im überladenen Stil der französischen Neu-Renaissance erbaute Pavillon wirkt wie ein Fremdkörper zwischen den zierlichen Kiosken des 18. Jahrhunderts und anderen Serailbauten.

Bemerkenswert ist, daß Sultan Adülhamit II. (1876–1909) wieder im Yıldız-Palast regierte, der mit zahlreichen kleinen Pavillons in einem Park in der Art altosmanischer Residenzen angelegt war.

Moscheen

Drei Jahre nach der Eroberung Konstantinopels – 1456 also – ließ Sultan Mehmet II. die Apostelkirche Justinians mit den Mausoleen Konstantins und Justinians abbrechen und durch den Griechen Christodoulos hier eine neue Moschee errichten – die Mehmet Fatih Camii. Doch über die Gestalt dieser Moschee ist nichts bekannt, denn sie wurde 1767 durch ein Erdbeben zerstört und 1771 völlig neu aufgebaut. Zeigen die ersten Moscheen noch das frühosmanische, der Grünen Moschee in Bursa gleichende Muster (Mahmut Pasa, 1463; Murad Pasa, 1473 und Atik Ali Pasa, 1497), so weist die Bayazit-Moschee, errichtet von dem Baumeister Hayreddin unter Bayazit II. (1481–1512) in den Jahren 1497–1505,

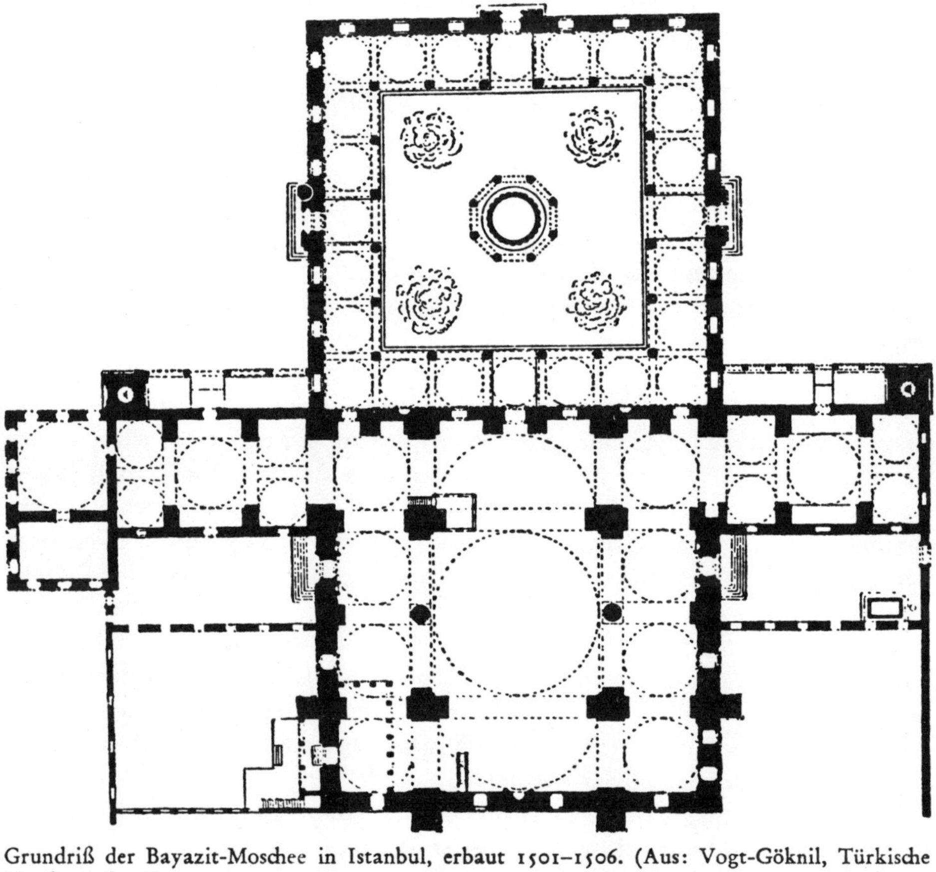

Grundriß der Bayazit-Moschee in Istanbul, erbaut 1501–1506. (Aus: Vogt-Göknil, Türkische Moscheen, S. 28)

eine neue Form auf. Dieser Architekt baute schon 1484–1488 für Bayazit II. in Edirne eine Moschee in frühosmanischem Stil (s. S. 152). Hayreddin hatte in Istanbul die Bauform der Hagia Sophia aufgenommen und begann sich mit ihr auseinanderzusetzen. Hatte er in Edirne die Kuppel noch auf einen ungegliederten Kubus gesetzt, so variierte er mit der Istanbuler Bayazit-Moschee die Form der Hagia Sophia. Er behielt den frühosmanischen quadratischen Grundriß bei, setzte aber die Kuppel auf einen niedrigen Tambour, der nun aber nicht mehr unmittelbar auf den vier Außenwänden ruht, sondern auf vier frei im Raum stehenden Pfeilern. Durch Anfügen jeweils einer Halbkuppel an die Mittelachse entstand ein Zentralraum wie in der Hagia Sophia. Die Seitenschiffe sind überkuppelt; ein schmaler Quertrakt erinnert noch an die alte umgekehrte T-Form der frühosmanischen Moscheen. Neu ist hier der in voller Breite vorgelagerte Moscheehof.

1522 entstand noch eine Moschee ähnlichen Typs – die Selim-Moschee, die Süleyman I. (1520–1566) zu Ehren seines Vaters Selim I. (1512–1520) errichten ließ. Unter Beibehaltung des an frühosmanische Moscheen erinnernden Grundrisses ist hier die Kuppel direkt auf den quadratischen Baukörper gesetzt.

Inzwischen hatte Süleyman I. einen Mann zum Hofarchitekten berufen, der die türkische Architektur nachhaltig beeinflußte, unter dessen Leitung die bedeutendsten Moscheen und zahlreiche andere Bauwerke entstanden – den Baumeister (Mimar) Sinan. Er stammte vermutlich aus einem Ort in der Nähe Kayseris und gelangte durch die Knabenlese (Devşirme) in das Janitscharenkorps, nahm an mehreren Feldzügen teil und wurde mit 50 Jahren Hofarchitekt des Sultans. Sein erstes Werk war die Şehzade-Moschee, die Süleyman zu Ehren seiner beiden früh verstorbenen Söhne errichten ließ. Sinan erbaute sie in den Jahren 1544–1548. Die Moschee zeigt eine zentralsymmetrische Form; der Hauptkuppel sind vier Halbkuppeln beigeordnet. Das Äußere zeigt schon den typischen pyramidenförmigen Aufbau mit Kuppeln, Türmen und Halbkuppeln. Mit seinem nächsten Bau, der Mihrimah-Moschee, nähert sich Sinan wieder dem frühosmanischen Typ. Er setzt die Kuppel auf die vier Schildwände und läßt Halbkuppeln fort. Die 1555 für die Prinzessin Mihrimah erbaute Moschee steht in der Nähe des Edirne-Tores; sie wurde am Ende des 19. Jahrhunderts von einem Erdbeben stark zerstört, aber wiederaufgebaut.

1557 begann Sinan die Süleyman-Moschee, eines der bedeutendsten Werke der türkischen Baukunst (Abb. 50). Das mächtige Bauwerk mit seinen vier Minaretten und den zahlreichen Nebengebäuden beherrscht das Stadtbild. Architektonisch ist der Bau interessant, weil Sinan hier wieder auf die Form der Hagia Sophia zurückgriff – die axial zur Hauptkuppel angeordneten Halbkuppeln.

Schehzade-Moschee in Istanbul
Isometrie 1:3000, Längsschnitt und Grundriß 1:750

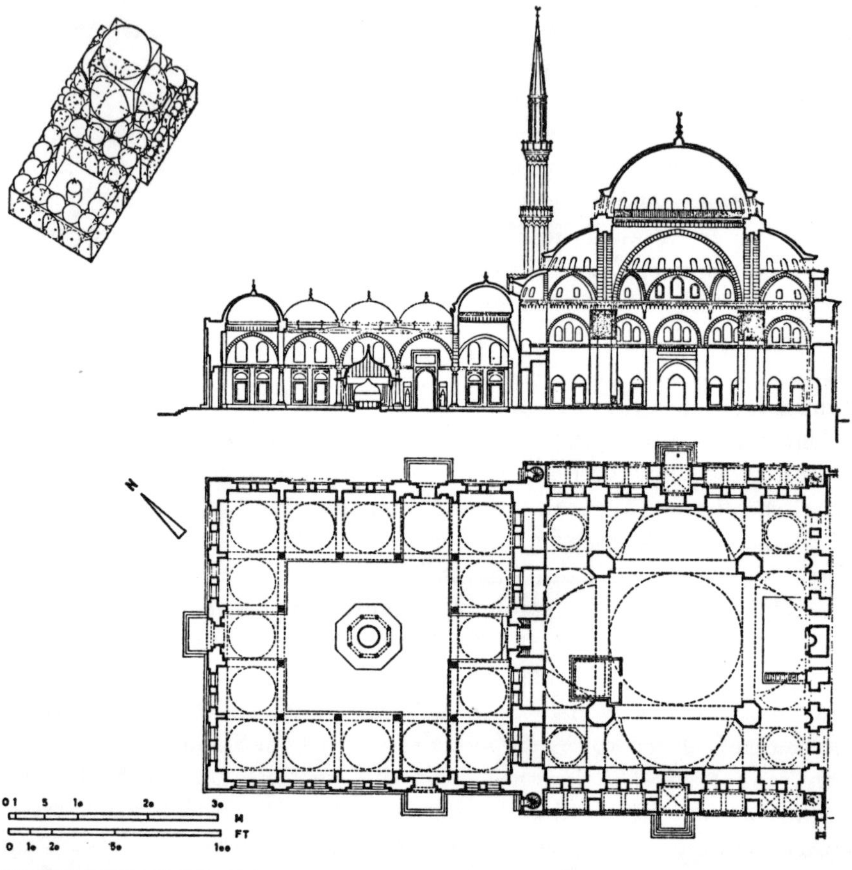

Şehzade-Moschee in Istanbul, erbaut von Sinan 1544–1548. (Aus: U. Vogt-Göknil, Osmanische Türkei, S. 87)

Die Moschee erhebt sich inmitten eines ausgedehnten Komplexes von Medresen (Koranschule), einem Spital, Karawanserei, Armenküche (Imaret) und heute Museum und einem Bad (Fig. S. 192). Diese Nebenbauten einer Moschee mit ihren einstöckigen überkuppelten Trakten werden Külliye genannt. Sie wurden vom Sultan zusammen mit der Moschee gestiftet und dienten gemeinnützigen Zwecken. Die erste Külliye-Anlage entstand in Bursa (s. S. 143/44); vollständig erhalten ist noch die Külliye Bayazits in Edirne (s. S. 152) und die Mehmets II. bei der Eroberer-Moschee, bei der allerdings die Medrese-Bauten das Bild der Külliye bestimmen.

Weitere Moscheen entstanden nach Sinans Entwurf, so die 1560 erbaute Rüstem-Paşa-Moschee, eine Stiftung des Großwesirs Rüstem Paşa, Gatten der Prinzessin Mihrimah. Die Moschee, die nahe dem Goldenen Horn liegt, zeichnet sich besonders durch ihr reiches Fayencendekor aus, mit dem Wände und Pfeiler verkleidet sind. Hier finden wir Iznik-Kacheln höchster Qualität. Neben den Wänden und Pfeilern, die Blütenornamente auf weißem Grund zeigen, sind die Ornamente des Mihrab und eines Feldes der Vorhalle bemerkenswert. Besonders im Fliesenfeld der Vorhalle finden wir auf blauem Grund eine wahre Blütenwiese von Hyazinthen, Nelken, Tuberosen, Lavendel, Rosen und anderen Blumen.

Im Innenraum fast der Mihrimah-Moschee ähnlich, unterscheidet sich die Rüstem-Paşa-Moschee aber durch vier kleinere Halbkuppeln in den Ecken.

Inzwischen entstand eine weitere Variante des Kuppelraumes – die Sinan-Paşa-Moschee in Beşiktaş (am Bosporus), in der schräg angesetzte Halbkuppeln den Innenraum zu einem Sechseck gestalten. Diese Moschee errichtete Sinan aufgrund einer Stiftung des Admirals Sinan Paşa, der 1552 starb, und vollendete sie zwei Jahre später. Nach dem Bau der Kara-Ahmet-Paşa-Moschee, deren Baudaten unsicher sind, baute Sinan um 1571 die Sokollu-Moschee, eine Stiftung des Großwesirs Sokollu Mehmet Paşa. Dem Innenraum geben hier vier Halbkuppeln und das Fehlen der frei im Raum stehenden Pfeiler eine weite, hallenartige Wirkung. Die auf schräg abfallendem Gelände erbaute Moschee besitzt einen erheblich breiteren Hof, hinter dessen Arkaden die Räume einer Medrese liegen.

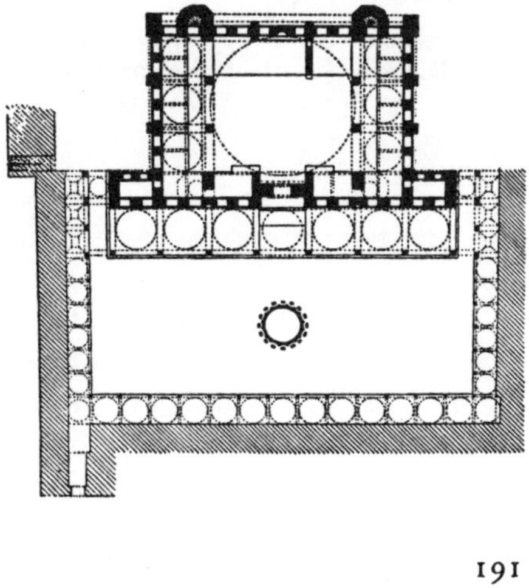

Grundriß der Mihrimah-Moschee in Istanbul, erbaut 1555. (Aus: U. Vogt-Göknil, Türkische Moscheen, S. 44)

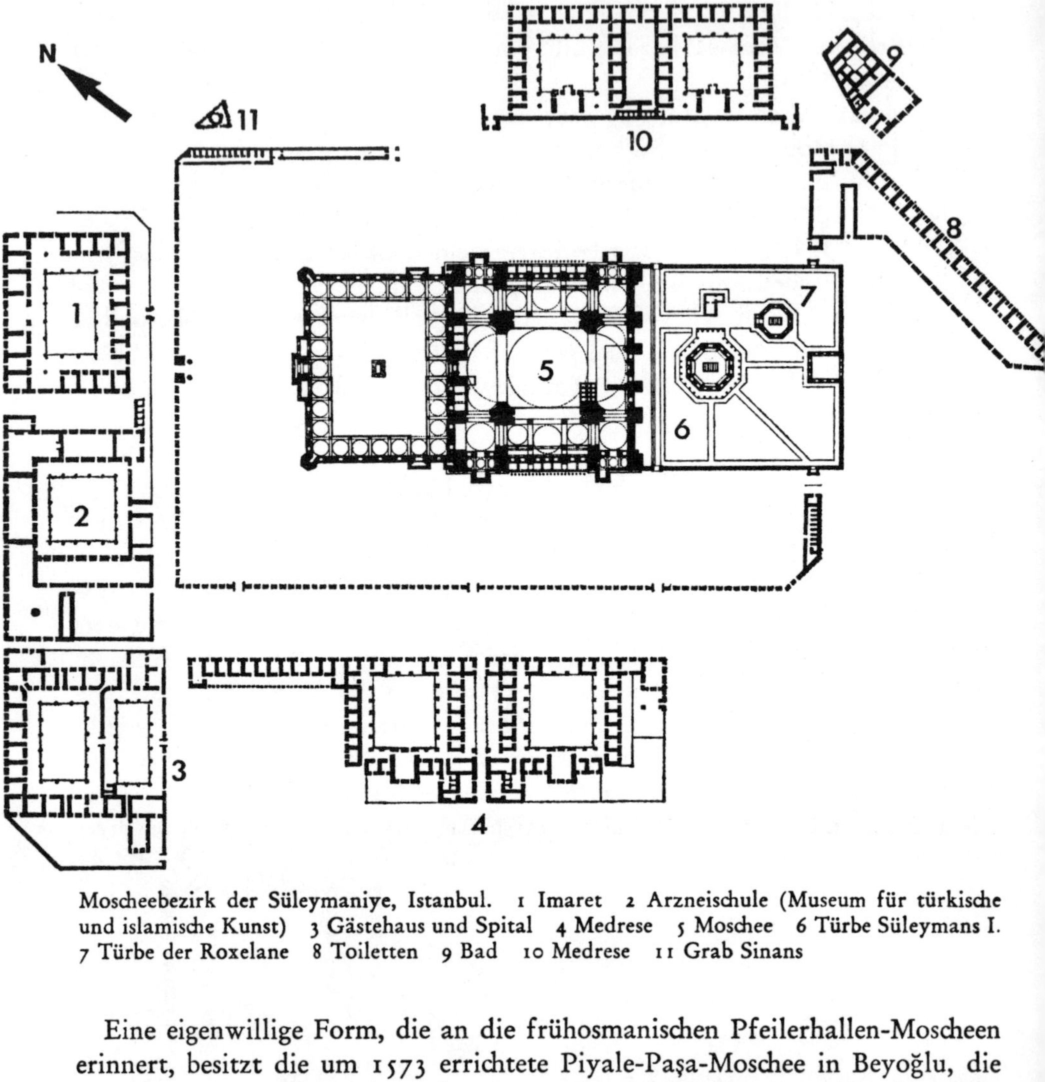

Moscheebezirk der Süleymaniye, Istanbul. 1 Imaret 2 Arzneischule (Museum für türkische und islamische Kunst) 3 Gästehaus und Spital 4 Medrese 5 Moschee 6 Türbe Süleymans I. 7 Türbe der Roxelane 8 Toiletten 9 Bad 10 Medrese 11 Grab Sinans

Eine eigenwillige Form, die an die frühosmanischen Pfeilerhallen-Moscheen erinnert, besitzt die um 1573 errichtete Piyale-Paşa-Moschee in Beyoğlu, die von keiner Zentralkuppel, sondern von sechs gleich hohen Kuppeln überwölbt ist. 1577 entwarf Sinan noch die Azap-Kapısı-Moschee am Nordbrückenkopf der Atatürk-Brücke, dann fand sein Wirken in Istanbul ein Ende. Sein letztes und reifstes Werk – die Selim-Moschee – erbaute er in Edirne (Abb. 42).

Am südlichen Brückenkopf der Galatabrücke steht die Neue Moschee, Yeni Valide Camii, mit deren Bau schon 1597 begonnen wurde, die aber erst 1660

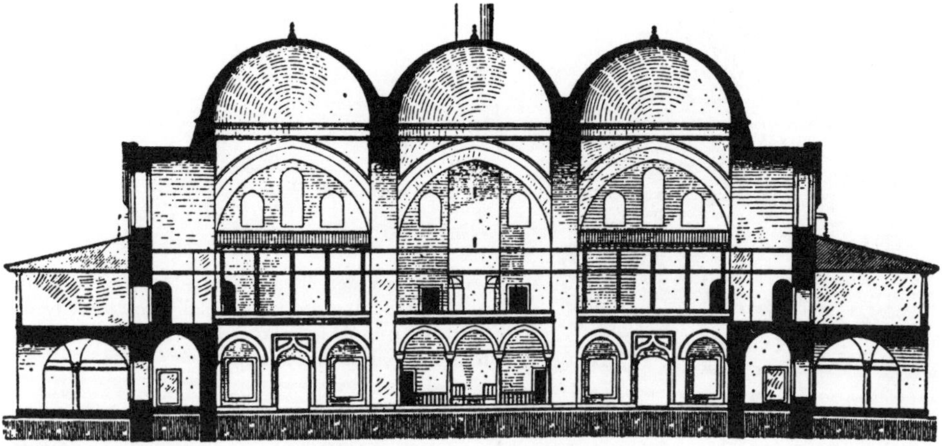

Längsschnitt durch die Piyale-Paşa-Moschee in Istanbul, erbaut 1573. (Aus: U. Vogt-Göknil, Türkische Moscheen, S. 69)

durch die Mittel der Sultanin Turhan, der Mutter Mehmets III., vollendet werden konnte. Noch in den dreißiger Jahren wurde der fein gegliederte Bau von hohen Wohn- und Geschäftshäusern an der Brückenseite verdeckt, die man später aber abriß.

An der Seeseite wird die Stadtsilhouette wesentlich von der mächtigen Sultan-Ahmet-Moschee beherrscht, auch Blaue Moschee genannt (Abb. 51). Die umfangreiche Anlage wurde 1609–1616 von Mehmet Ağa, dem Hofarchitekten Ahmets I., errichtet und nimmt den Platz eines alten byzantinischen Kaiserpalastes ein.

Bei der Anlage des Kuppelraumes, der im Grundriß etwas an die Şehzade-Moschee erinnert, fügte Mehmet Ağa den vier Halbkuppeln jeweils drei kleinere hinzu. Die mächtigen Gurtbogen ruhen auf etwas zu kräftigen Pfeilern, deren Schwere allerdings durch die spiegelnde Fayencenverkleidung aufgehoben wird. Die feinen Fliesen bis in Fensterhöhe und die Bemalung in bläulichen Tönen gab der Moschee den Beinamen 'Blaue Moschee'. Dem Kuppelraum ist ein Moscheehof in etwa gleichen Abmessungen vorgelegt. Sechs Minarette – einmalig in Istanbul – krönen das Bauwerk, das mit seiner 43 m hohen Kuppel über der mächtigen Pyramide von Türmen, Halbkuppeln und kleineren Kuppeln noch im 19. Jahrhundert Hauptmoschee Istanbuls war (Abb. 52). Hier nahm der Sultan an den wichtigsten religiösen Feiern teil, von hier nahm jährlich die Karawane der Mekkapilger ihren Anfang, und von der Kanzel wurde 1826 die Auflösung des Janitscharenkorps proklamiert.

Fayencen aus der Rüstem-Paşa-Moschee, bemalte Iznik-Fliesen mit symmetrischem Blütenmuster. (Aus: K. Otto-Dorn, Das islamische Iznik, Istanbuler Forschungen, Bd. 13, S. 114)

Die Sultan-Ahmet-Moschee ist die letzte Moschee des sog. hochosmanischen Reichsstils. In diesen etwa 200 Jahren wurden alle Bauten des osmanischen Reiches vom Hofarchitekten des Sultans entworfen und ihre Ausführung vom sultanischen Bauamt überwacht und finanziert, es sei denn, die Mittel wurden von Privatleuten zur Verfügung gestellt. Selbst wenn z. B. der Kronprinz, der in Manisa residierte, ein Bad errichten wollte, mußte er die Genehmigung des obersten Bauamtes in Istanbul einholen.

Der Zerfall des Reichsstils steht in unmittelbarem Zusammenhang mit dem Niedergang der osmanischen Macht – besonders in Südosteuropa.

Ende des 17. Jahrhunderts drangen Motive des Rokoko aus Frankreich in die Türkei, wo sie zunächst als Dekorationselemente übernommen wurden. Am Anfang des 18. Jahrhunderts erlebte die Türkei eine kurze kulturelle Blüte, die 'Tulpenzeit' (Lâle Devri). In dieser Zeit entstanden zahlreiche Brunnen, Lustschlösser und Pavillons im türkischen Rokokostil.

In der Baukunst – um bei den Moscheen zu bleiben – wirkten sich Schwung und Leichtigkeit des Barock und Rokoko kaum aus. 1757 entstand die Nuru-Osmaniye-Moschee (Licht Osmans) neben dem großen Basar. Außer dem geschwungenen Moscheehof ist hier der Einfluß des Barock nicht über die Dekoration hinaus in die Grundstruktur vorgedrungen. Fast gleichzeitig entstand die kleinere Lâleli-Moschee (1759–1763) unter Mustafa III.

1766 wurde die Fatih-Moschee, die Mehmet II. zwischen 1463 und 1470 errichten ließ, durch ein Erdbeben zerstört. Dieser frühosmanische Bau besaß einen quadratischen, kuppelüberwölbten Hauptraum mit kuppelüberwölbten Jochen an beiden Seiten. Von diesem ursprünglichen Bau ist nichts mehr erhalten. An seiner Stelle erbaute Mustafa III. 1767–1771 den heutigen Bau, der mit seiner Külliye, den zahlreichen Nebenbauten, vom 4. Hügel der Stadt herab das

Bild des nördlichen Stambul bestimmt. Im Moscheegarten finden wir die Türben Mehmets II. und der Sultanin.

Ein Wallfahrtsort ist die Moschee von Eyüp im Nordwesten Stambuls, am Westufer des Goldenen Horns. Die Moschee birgt das Grab des Aba Eyüp Ansarı, des Fahnenträgers Mohammeds, der hier bei der Belagerung Konstantinopels 672 durch die Araber gefallen sein soll. Schon 1458 errichtete Mehmet II. über dem Grab eine Moschee, die später von Murat III. und Ahmet III. vergrößert wurde. Trotz ihrer Bedeutung – hier wurden die Sultane bei ihrem Regierungsantritt mit dem Schwert Osmans gegürtet – verfiel die Moschee, so daß Selim III. um 1800 die Ruinen abreißen und den heutigen Bau errichten ließ. Zahlreiche Istanbuler Bürger ließen sich an diesem heiligen Ort bestatten, so daß neben der Moschee ein ausgedehnter Friedhof liegt.

Die Museen

Die bedeutendsten Museen der Stadt sind das Serail der Sultane, Topkapı Sarayı Müzesi (s. S. 183/84), die Hagia Sophia, Aya Sofiya Müzesi (s. S. 158 ff.), die Klosterkirche Chora, Kariye Camii (s. S. 176), das Mosaiken-Museum, Mozaik Müzesi (s. S. 173) sowie die Museen neben dem Serail. Hier stehen an einem kleinen Platz das Antiken-Museum und der Çinili Köşk. Zunächst das Antiken-Museum oder Archäologische Museum, Arkeoloji Müzesi: Hier sind in über 30 Sälen Denkmäler aus der Antike Kleinasiens ausgestellt. Das bedeutendste Kunstwerk des Museums ist der sogenannte Alexandersarkophag aus dem späten 4. Jahrhundert v. Chr., der in Sidon (Libanon) gefunden wurde und seinen Namen nach den Reliefs, die Bilder aus dem Leben Alexanders d. Gr. darstellen, erhielt. Der aus pentelischem Marmor angefertigte Sarkophag enthielt vermutlich die Leiche des Abdolonymos, eines sidonischen Fürsten, der durch Alexander zum Statthalter in Sidon berufen wurde. Die Längsseiten zeigen je eine Schlacht zwischen Griechen und Persern und eine Jagdszene, die Schmalseiten eine Pantherjagd und eine Schlachtszene. Die Reliefs waren einst bemalt, die Farben sind jedoch verblichen. Bemerkenswert sind noch der Klagefrauen-Sarkophag ebenfalls aus Sidon, um 350 v. Chr., weitere Sarkophage aus Sidon, Reliefs, Architekturstücke, Plastiken und Porträtköpfe aus Kleinasien, darunter der Alexanderkopf aus Pergamon.

Dem Antiken-Museum gegenüber liegt der Çinili Köşk, der Fayencen-Pavillon, der älteste Profanbau Istanbuls. Er wurde nach seiner arabischen Inschrift schon 1466 von Mehmet II. erbaut und 1590 unter Murat III. restauriert. An der Galerierückwand sind noch einige der prachtvollen alten Fayencen erhalten.

Links neben dem Çinili Köşk liegt das Museum für altorientalische Kunst, Eski Şark Eserleri Müzesi, dessen Eingang von zwei hethitischen Löwen flankiert ist.

Im ehemaligen Imaret (Armenküche) der Süleyman-Moschee finden wir das Museum für türkische und islamische Kunst, Türk ve Islam Sanatları Müzesi, in dem Korane, Miniaturen, Schnitzarbeiten, Teppiche und Keramiken ausgestellt sind.

An der Kreuzung von Valens-Aquädukt und Atatürk Bulvarı liegt das Städtische Museum, Belediye Müzesi, eine aus dem 17. Jahrhundert stammende Koranschule, in deren 15 Räumen ein Überblick über die Geschichte der Stadt gegeben wird, außerdem finden wir hier zahlreiche Zeugnisse der Volkskunst, darunter Figuren für das Schattenspiel Karagöz. Weitere sehenswerte Museen sind noch das Militär-Museum, Asker Müzesi, an der Spor Caddesi, nahe dem Hilton-Hotel, mit zahlreichen Waffen, Uniformen und Ausrüstungsstücken, sowie das Marine-Museum, Deniz Müzesi, in Beşiktaş, dessen Prunkbarken der Sultane aber z. Z. nicht ausgestellt sind.

Basare, Brunnen, Karawansereien und Schlösser

Charakteristisch für das Stadtbild des alten Istanbul sind die zahlreichen Brunnen. Es gab den 'çeşme', einen Brunnen mit fließendem Wasser, aus dem man Wasser mit dem Eimer holen konnte, sowie den 'sebil', einen Brunnen, an dem man sich mit einem kleinen Becher oder einer Schale, die dort an einer Kette hing, erfrischen konnte. Oft saß auch ein Geistlicher hinter dem Gitter, der dem Durstigen einen Trunk herausreichte. Einer der schönsten Brunnen ist der Ahmets III. unmittelbar vor dem ersten Serailtor, der 1728 errichtet wurde. Ebenfalls unter Ahmet III. wurde der Tophanebrunnen am heutigen Tophaneplatz erbaut. Restauriert wurde auch der Brunnen bei der Azapkapı-Moschee, der 1732 von Saliha Sultan, der Gattin Mustafas II., gestiftet wurde. Daneben gibt es eine große Zahl weniger prunkvoll gebauter Brunnen, die im ganzen Stadtgebiet verstreut liegen.

Der einzige Industriebau aus hochosmanischer Zeit, der bis heute erhalten ist – die Erz- oder Kanonengießerei (Tophane) –, wurde erst vor wenigen Jahren im Zuge eines Straßendurchbruchs von den umliegenden kleinen Häusern befreit und steht nun, wieder frei sichtbar, am Rande des neu geschaffenen Tophaneplatzes mit dem gleichnamigen Brunnen und der Kılıç-Ali-Paşa-Moschee. Die Bronzegießerei demonstriert, mit welchem baukünstlerischen Aufwand man im 15. Jahrhundert eine Waffenschmiede errichtete. Quer über den Atatürk Bulvarı

Kanonengießerei (Tophane) aus hochosmanischer Zeit

zieht sich in Westostrichtung der Valensaquädukt Bozdoğan Kemeri, erbaut unter Konstantin I. (306–337) und vollendet 378 von Kaiser Valens. Der Aquädukt war ursprünglich 1000 m lang und verband den dritten Hügel der Stadt mit dem vierten. Sein Wasser floß in das Nymphaeum maximum und von hier in die kaiserlichen Gärten. Mehrmals wurde der Aquädukt durch Erdbeben beschädigt, beim Bau der Moschee des Eroberers wurde er gekürzt. Er hat heute eine Länge von etwa 800 m, die unteren Bogen haben eine Lichte Weite von 10 m.

Zwei Basare gibt es im alten Stambul: den Großen Basar und den Ägyptischen Basar. Der Große Basar, Kapalıçarşı, am Hürriyet Meydanı, bedeckt eine Fläche von etwa 6 ha, er bietet ungefähr 6000 Händlern Arbeits- und Verkaufsplätze von 10 bis 30 qm. Vermutlich lagen an dieser Stelle schon byzantinische Verkaufsstände, aber erst unter Mehmet II. entstand hier ein gedeckter Basar. Diese ersten Basare waren meistens Holzbauten und brannten oft ab. Erst im 18. Jahrhundert wurden hier steinerne Markthallen errichtet, 1894 zerstörte ein Erdbeben große Teile des Basars, 1954 richtete ein Großfeuer schwere Schäden an, doch wurden alle Schäden beseitigt. Bis vor 30 Jahren galt noch die 1500 Jahre alte islamische Gewerbeordnung, die nur den Ein-Mann-Betrieb zuließ. Trotz dieser Regelung herrschte in den Basars kein erbitterter Konkurrenzkampf, sondern Hilfsbereitschaft und ein beträchtlicher Nachbarschaftsgeist. So luden z. B. die Kupferschmiede gemeinsam einen Lastwagen mit Kupfer ab, oder die Herstellung von verzinntem Kupfergeschirr wurde arbeitsteilig gegliedert: Der eine Ein-Mann-Betrieb trieb das Kupfer, der andere verzinnte es.

Der Gemeinsinn der Händler geht oft so weit, daß ein Kaufmann, der am Vormittag gut verdiente, die Kunden am Nachmittag seinem weniger glücklichen Nachbarn zuweist.

Der zweite Basar, bedeutend kleiner, der Ägyptische Basar, Mısır Çarşı, liegt neben der Neuen Moschee am Südkopf der Galatabrücke.

Dieser Basar wurde 1660 von der Sultanin Turhan Hatice für den Verkauf von Waren aus Ägypten errichtet. Vorher befanden sich hier vermutlich schon Stapelplätze der Venezianer und Genuesen, die hier Gewürze verkauften. Der Basar brannte wie der Große Basar mehrfach ab und stammt in seiner heutigen Gestalt aus dem Jahre 1943.

Neben den Basaren spielten die Karawansereien im Leben der orientalischen Städte eine große Rolle. Waren die Karawansereien der Seldschuken noch monumentale Steinbauten, wahre Festungen, so vernachlässigten die Osmanen den Bau von Karawansereien zwar nicht, faßten jedoch diese Einrichtung mehr

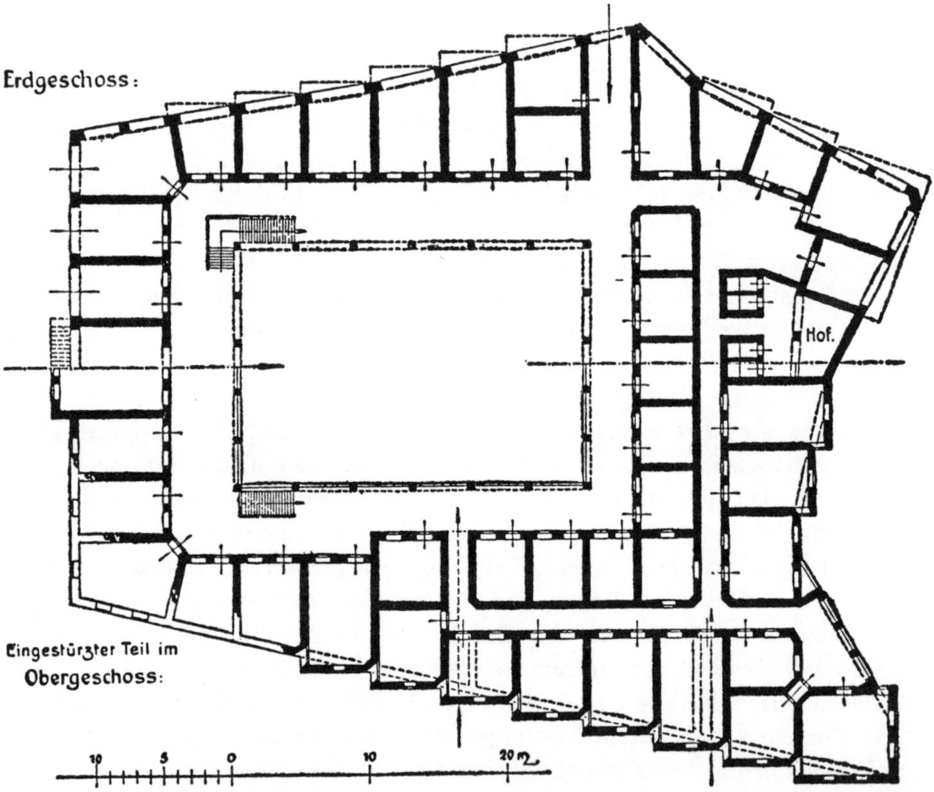

Karawanserei Hasan-Paşa-Hanı in Istanbul. Um den rechteckigen Grundriß der Räume zu wahren, wurde die schräg laufende Straßenfront mit einer Erkerflucht versehen. (Aus: C. Gurlitt, Die Baukunst Konstantinopels, Abb. 106)

als Zweckbau auf und verzichteten auf prunkvolle Portale. In Istanbul war es ohnehin schwierig, in der Innenstadt ein größeres rechtwinkliges Gebäude anzulegen. Man mußte sich der Verwinkelung der kleinen Gassen anpassen, und so entstanden Karawansereien von unterschiedlichem Grundriß. Die meisten Hane liegen zwischen Großem Basar und Ägyptischem Basar, dem eigentlichen Handelsviertel, das vermutlich – wie byzantinische Karawansereimauern zeigen – schon vor der türkischen Eroberung diesem Zwecke diente. In der Stadt war die Karawanserei nicht nur Übernachtungsstätte, sondern zugleich Warenbörse, und wie der Sinn für Kooperation schon im Basar zeigt, spezielle Warenbörsen. So kennen wir in Istanbul den Balkapan Han (Bal = Honig) in der Nähe der Rüstem-Paşa-Moschee, dessen Grundmauern noch aus byzantinischer Zeit stammen, den Şimkes Hani der Silberschmiede, den Hasan-Paşa-Hanı und den Valide-Hanı, den Kösem Valide, die Mutter Sultan Ibrahims, Anfang des 17. Jahrhunderts erbauen ließ, weiter den Büyük-Yeni-Han, ebenfalls aus dem 17. Jahrhundert. Die in Istanbul meistens dreigeschossigen Karawansereien besaßen im Erdgeschoß Räume für Stallungen und Warenlager, in den Obergeschossen waren die Gästezimmer untergebracht, deren Einrichtung nur aus einem Kamin und Teppich bestand. Alle Räume waren von den umlaufenden Galerien aus zugänglich.

Wir wenden uns nun den Bauten außerhalb des alten Stambul, an den Ufern des Bosporus zu. Nördlich der Anlegestelle Kabataş liegt die zierliche Moschee von Dolmabahce, die in der Mitte des 19. Jahrhunderts von der Mutter des Sultans Abdülmecit gestiftet wurde und bis 1960 das Marinemuseum beherbergte (Abb. 58). Kunstgeschichtlich belanglos ist das dahinterliegende Schloß von Dolmabahce, der 'aufgefüllte Garten', das Sultan Abdülmecit I. 1853 von einem armenischen Architekten im überladenen Stil einer türkischen Neurenaissance errichtete. Der verschwenderisch ausgestattete Palast enthält über 200 Zimmer. Im großen Thronsaal eröffnete Abdülhamit II. am 19. März 1877 das erste türkische Parlament, um es allerdings zwei Monate später wieder aufzulösen. Für die Türken ist aber dieses Schloß ein Ort von nationaler Bedeutung, denn am 10. November 1938 starb hier Kemal Atatürk.

1876 siedelten die Sultane nach dem weiter nördlich gelegenen Palast von Yıldız um, der wieder ganz im Stil der alten Sultansresidenzen erbaut ist: Zahlreiche kleinere Kioske sind in einem Park errichtet, der ebenfalls prachtvolle Wasserfälle, Teiche und seltene Bäume enthält.

Etwa 8 km nördlich liegen am Bosporus, etwas hinter der neuen Bosporus-Hängebrücke, zwei Burgen, die in der Geschichte des osmanischen Reiches eine Rolle spielten: Rumeli Hisarı und Anadolu Hisarı auf der asiatischen Seite.

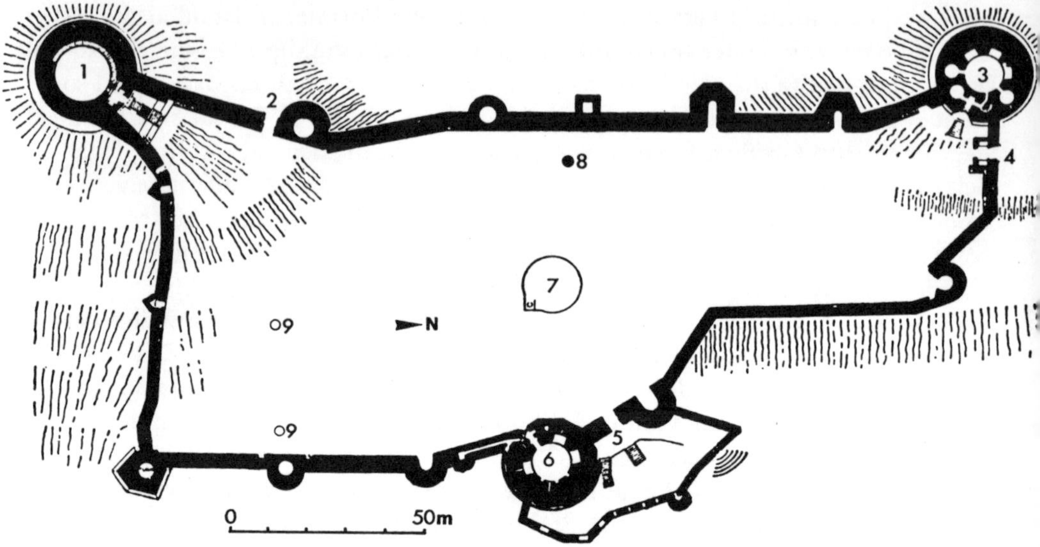

Die Burg Rumeli Hisarı, erbaut 1452, Grundriß. 1 Südturm 2 Südtor 3 Nordturm 4 Nordeingang 5 Ostturm 6 Osttor 7 verfallene Moschee 8 Quelle 9 Brunnen. (Aus: F. Babinger, Mehmet der Eroberer und seine Zeit, S. 82)

Anadolu Hisarı wurde schon 1393 von Bayazit I. erbaut, als die Türken zum erstenmal an den Bosporus vorstießen. Später restaurierte Mehmet II. die Festung, doch verfiel sie nach der Eroberung Konstantinopels. Restaurationsarbeiten wurden 1928 durchgeführt.

Hier, an der engsten Stelle des Bosporus, überschritt Darius 514 v. Chr. auf einer Brücke mit seinem Heer die Meerenge; 1097 setzten hier die Kreuzfahrer über. Auf der Westseite erhebt sich die mächtige Anlage der Burg von Rumeli Hisarı (rumelisches Schloß), auch Boğazkesen genannt (Halsabschneider).

Als Vorbereitung für den Feldzug gegen Konstantinopel ließ Mehmet II. vom 15. April bis zum 31. August 1452 – also innerhalb von 5 Monaten – die Zwingburg von 5000 Arbeitern errichten. Die Wesire Saruca, Saganos und Sibabeddin hatten je einen Turm zu bezahlen, die Kosten für die übrigen Mauern trug Mehmet selbst. Der bizarre Grundriß der Burg erklärt sich aus dem Gelände, das zum Ufer steil abfällt.

Mehmet legte eine Besatzung von 400 Mann in die Burg und gab Anweisung, allen vorbeifahrenden Schiffen Befehl zum Beidrehen zu geben. Als gegen Jahresende 1452 drei venezianische Schiffe diesen Befehl mißachteten, wurde ein Schiff zusammengeschossen und die Besatzung hingerichtet. Da die türkische

Flotte in den Dardanellen vor Anker lag und der Bosporus gesperrt war, besaß Konstantinopel keine Seeverbindungen mehr.

In den heißen Sommermonaten zogen die wohlhabenden Istanbuler in ihre Landhäuser am Ufer des Bosporus, in dem auch an heißen Tagen ein kühler Nordwind weht. So entstand an den Ufern des Bosporus ein bestimmter Haustyp, der in der Türkei einmalig ist – das Yali. Die Anlage des Yali unmittelbar am Meer, möglichst mit einem weit über das Wasser hinausragenden Erker entspringt der Vorliebe des Türken, die ihn umgebende Landschaft als Rundblick zu genießen. Im 17. und 18. Jahrhundert gab es unzählige Yalis an den Ufern, heute sind nur wenige erhalten. Eines der wenigen, die noch ein authentisches Bild der alten Bauweise vermitteln, ist der Empfangsraum des Yalis des Wesirs Hüseiyn Köprülü (Köprülü Yalısı) in Anadolu Hisarı. Während der eigentliche Wohntrakt, der unmittelbar neben dem Empfangsraum lag, verschwunden ist, ist dieser noch gut erhalten. Das Gebäude hat die Form eines Kreuzes, zwei Kreuzarme ragen, auf Pfählen ruhend, über die Uferkante hinaus auf das Wasser. Der Empfangsraum selbst ist überkuppelt und besitzt einen Marmorfußboden sowie einen Springbrunnen. Die zum Wasser hin gelegenen Räume sind mit niedrigen Schiebefenstern ausgestattet, die nach oben in die tief herabgezogene Wand geschoben werden können. Die Räume waren einst mit Teppichen ausgelegt und mit breiten, gepolsterten Sitzbänken an den Wänden ausgestattet. Der Besucher hatte also das Gefühl, in einer über dem Wasser schwebenden offenen Halle zu sitzen. Er genoß die frische Brise und den ungehinderten Rundblick in den Bosporus hinein. Doch die Romantik der alten Yalis ist dahin. Lady Mary Montagu, die Gattin des englischen Botschafters an der Hohen Pforte, schrieb noch 1718: »Nichts kann anmutiger sein als der Kanal (Bosporus), und die Türken kennen seine Schönheiten so gut, daß sie alle ihre Lustsitze an seine Gestade gebaut haben, wo sie zugleich die schönsten Aussichten in Europa und Asien haben. Man sieht einige Hundert der prächtigsten Paläste, einen am anderen.«

Üsküdar

Üsküdar, früher Skutari genannt, im Altertum Chrysopolis, ist Istanbuls Trabantenstadt am asiatischen Ufer. Tausende von Einwohnern Üsküdars oder Kadiköys fahren morgens und abends mit den Fährschiffen über den hier etwa 2 km breiten Bosporus.

Etwa um 680 v. Chr. schon siedelten dorische Megarer gegenüber dem Goldenen Horn und gründeten Chalkedon, das heutige Kadiköy, südlich von Üsküdar.

Man nannte diesen frühen Siedler spöttisch 'die Blinden', weil sie die günstige Lage Byzantions nicht erkannt hatten. Kadiköy, das alte Chalkedon, war ursprünglich größer und bedeutender als Üsküdar, doch gewann der Ort bald größeren Einfluß als Fährstelle für die Überquerung des Bosporus. Auch richteten die Athener hier eine Zollstation ein. Xenophon hielt sich hier während des Rückzugs der Zehntausend einige Tage in Chrysopolis auf (Buch VI). 324 v. Chr. besiegte Konstantin I. in der Nähe von Chrysopolis das Heer seines Widersachers Licinius. In byzantinischer Zeit teilte Chrysopolis das Schicksal von Byzanz. Doch die Stadt im Vorfeld der Metropole konnte sich im 7. und 8. Jahrhundert nicht gegen die Angriffe der Araber wehren und wurde mehrfach erobert und geplündert.

Der 4. Kreuzzug erschütterte das byzantinische Reich; am 26. Juni 1203 besetzten die Kreuzfahrer Chrysopolis, im folgenden Jahr besetzten sie Konstantinopel. Die folgenden Jahrzehnte brachten unruhige Zeiten für Chrysopolis, zumal sich 100 Jahre später schon die ersten osmanischen Streifscharen der Stadt näherten. Als 1453 Konstantinopel fiel, wurde Chrysopolis in Üsküdar umbenannt. Für die wirtschaftliche Versorgung der neuen Osmanenhauptstadt spielte Üsküdar eine bedeutende Rolle, liefen doch hier die kleinasiatischen Karawanenstraßen zusammen. So entstanden hier eine Reihe von Karawansereien, auch wurde die Stadt von den Sultanen mit zahlreichen Moscheen geschmückt. Aber noch bis in die Mitte des 19. Jahrhunderts waren die beiden Städte Üsküdar und Kadiköy, das alte Chalkedon, noch nicht zusammengewachsen. Jakob Philipp Fallmerayer berichtet von einem Diplomatengastmahl im Oktober 1847 in Haidar Paşa, einer Talaue zwischen Üsküdar und Kadiköy in einem Zeltlager. Die Entfernung zwischen Üsküdar und Kadiköy betrug etwa eine Wegstunde.

Die wirtschaftliche Bedeutung Üsküdars sank, als 1871 in Haidar Paşa der erste Kopfbahnhof der anatolischen Bahn gebaut wurde. Die erste Strecke nach Izmit brachte jedoch keinen Gewinn, erst die Strecke Haidar Paşa–Ankara–Konya, 1912 gebaut, erwies sich als rentabel. Heute ist Haidar Paşa ein moderner Fährhafen, die Orte Üsküdar und Kadiköy sind zusammengewachsen, sehenswerte Baudenkmäler befinden sich jedoch nun in Üsküdar.

Etwa 200 m westlich der Anlegestelle Salacak Iskelesi steht auf einer kleinen Felsinsel der sog. Leanderturm, nach der Sage von Hero und Leander benannt, die allerdings in die Dardanellen verlegt wird. Die Türken nennen den Turm Kızkulesi, nach einer dort eingeschlossenen Sultanstochter. In byzantinischer Zeit wurde von hier eine Kette bis zum Manganenturm in der Seemauer gespannt, um den Bosporus zu sperren. Das heutige Gebäude stammt aus dem 18. Jahrhundert. An der Anlegestelle der Fährschiffe von Kabataş sehen wir vor uns

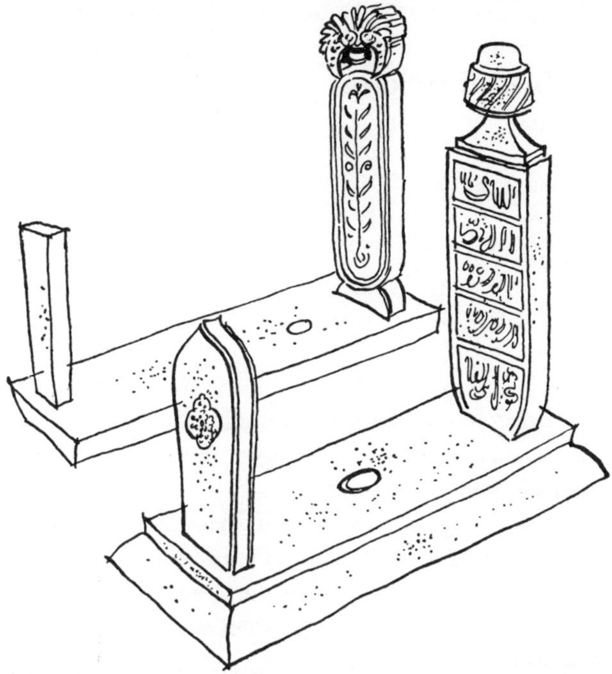

Türkische Gräber,
links Frauengrab,
rechts Männergrab

die Mihrimah-Moschee, auch Iskelesi Camii (Anlegestellen-Moschee) genannt, die 1548 von Sinan im Auftrag der Prinzessin Mihrimah erbaut wurde. Südlich ragt die kleine Şemsi-Ahmet-Paşa-Moschee ins Meer hinaus, ebenfalls von Sinan 1580 errichtet. Hinter dem Landeplatz erhebt sich die Yeni-Valide-Moschee, die von Ahmet III. (1703–1730) gestiftete und 1710 vollendete Moschee, die seiner Mutter Gulsum Ummetullah gewidmet war. Die bedeutendste Sehenswürdigkeit Üsküdars aber ist der Große Friedhof, Karacaahmet Mezarlığı, im Südosten.

Zahlreiche Istanbuler Bürger wollten sich im Boden des gleichen Erdteils bestatten lassen, auf dem die heiligen Städte Jerusalem und Mekka lagen und in dem der Prophet Mohammed bestattet wurde. In diesem größten Friedhof der islamischen Welt liegen die Gräber wie in Eyüp nahe beieinander. Der ältere Teil des Friedhofs, wo unter uralten Zypressen die Grabsteine schon niedergefallen und von Moos und Gras überwachsen sind, bietet ein malerisches, aber schwermütig stimmendes Bild. Neben reich ornamentierten Grabsteinen für Männer und Frauen stehen hier auch Monumente bedeutenderer Persönlichkeiten. Nicht nur Menschen fanden hier ihre letzte Ruhe, auch das Lieblingspferd Sultan Mahmuts wurde hier beigesetzt. Rührend sind oft die Inschriften auf den alten Grabsteinen. So beklagt eine Mutter den Tod ihrer Tochter: »Der Vogel meines Herzens ist seinem Käfig entflogen, um seinen Platz in den Gärten des Paradieses einzunehmen . . .«

Nachwort: Ankara

Das größte Kunstwerk der Osmanen war der staatspolitische Aufbau des osmanischen Reiches selbst. Ihm folgt die Architektur, die in den Bauten Istanbuls ihren Höhepunkt erreichte.

Dieses in der Kriegs- und Staatskunst so begabte Volk brachte nur auf diesen beiden Gebieten wahrhaft bewundernswerte Werke hervor. Bildende Kunst, Musik und Literatur weisen dagegen bescheidenere Leistungen auf. Der Höhepunkt der osmanischen Kunst fiel mit dem Höhepunkt militärischer und politischer Macht zusammen.

Nach einer Zeit der Sammlung traten Staat und Kunst im 16. Jahrhundert in die kulminierende Phase der Hochblüte ein, der Mitte des 17. Jahrhunderts ein langsamer, aber stetiger Niedergang folgte. Der Anreiz der politischen Machtentfaltung riß die Künste mit, nach dem politischen Machtverlust erlahmte auch die schöpferische Kraft.

Wir können von der heutigen, hart um ihre wirtschaftliche Stabilität ringenden türkischen Republik keine Kunstblüte erwarten. Doch bietet die moderne Türkei auf anderen Gebieten imponierende Leistungen. Sie zeigen sich deutlich im Bild der Stadt Ankara, die mit ihren großzügig geplanten modernen Stadtvierteln den Bruch mit der orientalischen Tradition und die Hinwendung zum Abendland symbolisiert.

Ankara – am 1. Oktober 1923 zur Hauptstadt der türkischen Republik proklamiert – sieht auf eine lange Geschichte zurück. Schon in neolithischer Zeit besiedelt, trugen Zitadelle und Ebene einst eine phrygische Stadt, in persischer Zeit eine Station der Königsstraße Susa – Sardes. Von der nicht geringen Bedeutung des antiken Ancyra künden die Ruinen des Tempels des Augustus und der Roma, ursprünglich ein phrygisches Heiligtum, das zur Zeit des Augustus als Tempel umgebaut und nach dem Tode des Imperators mit einer Inschrift – den res gestae divi Augusti – versehen wurde, einem »politischen Rechenschaftsbericht« (Mommsen) des Kaisers.

Dieser Bericht wurde zur Zeit des Tiberius auf Bronzetafeln vor dem Mausoleum des Augustus auf dem Marsfeld in Rom aufgestellt. Abschriften gelangten in alle Provinzen. Erhalten sind heute die Inschriften am Tempel in Ankara sowie Bruchstücke aus Antiochia in Pisidien, beim heutigen Dorf Yalvaç zwischen Afyon und Konya.

Ancyra, die Hauptstadt der Provinz Galatien, wurde später byzantinisch, in den darauffolgenden Jahrhunderten wiederholt von Persern und Arabern belagert, so 806 von Harun al Raschid. 838 konnte der Kalif al-Mutasim Ankara einnehmen und die Zitadelle schleifen lassen. Nach dem Seldschukeneinfall eroberten die Danischmendiden die Stadt, die sie nun Engüriye nannten. Nach Kreuzrittern, Seldschuken und Mongolen fiel Ankara 1360 an den Osmanensultan Murat I., dessen Sohn Bayazit I. hier 1402 gegen Timurlenk Schlacht und Freiheit verlor.

Während der Osmanenzeit blieb Ankara – von den Europäern Angora genannt – ein Umschlagplatz an der Straße nach Persien, der erst nach dem ersten Weltkrieg als neue Hauptstadt der türkischen Republik neue Geltung erlangte.

Die wechselhafte Geschichte hat in der Stadt nur geringe Spuren hinterlassen, so neben dem schon erwähnten Augustus- und Romatempel antike Ruinen, aus seldschukischer und osmanischer Zeit die Zitadelle, die Ahi-Elvan-Moschee (spätes 14. Jahrhundert) und die Arslanhane-Moschee aus dem frühen 13. Jahrhundert, die älteste Moschee der Stadt.

Neben dem Mausoleum Atatürks (Anıt Kebir) besitzen zwei Museen Ankaras überragende Bedeutung: zuerst das Hethiter- oder Archäologische Museum, auf dessen reiche Sammlungen schon in den Kapiteln über die Vorgeschichte Anatoliens wiederholt hingewiesen wurde. Das Museum – die Erweiterung einer Karawanserei aus dem 15. Jahrhundert – gibt ein lückenloses Bild der anatolischen Kulturen vom neolithischen Çatal Hüyük bis zum späthethitischen Sakçegözü.

Das ebenfalls reichhaltige Ethnographische Museum, ein 1925 in osmanischem Stil errichtetes Gebäude, barg bis zum November 1955 den Sarkophag Mustafa Kemal Atatürks. Die kunstgewerblichen und volkskundlichen Sammlungen zeigen Holzarbeiten, Reliefs, Textilien, Keramiken, Handschriften, Musikinstrumente, Geräte und Trachten aus seldschukischer und osmanischer Zeit.

Bibliographie

Allgemeines

AKURGAL–MANGO–ETTINGHAUSEN, Schatzkammer Türkei, Genf 1966.

M. BECK, Anatolien, Gedanken und Beobachtungen von Fahrten in die Levante, Zürich/Stuttgart 1956.

IMHOF/LEUTHOLD/WINKLER/VOGT–GÖKNIL, Unbekannte Türkei, Bern 1970.

K. KRÜGER, Die neue Türkei, Berlin 1963.

R. MANTRAN, Die Türkei, Schatzkammer zwischen Orient und Okzident, München/Zürich 1960.

H. J. MULLER, Asia minor, Wiege Europas, Hamburg 1963.

M. P. PRICE, Die Türkei, Vergangenheit und Gegenwart, Nürnberg 1958.

M. RÖTHLISBERGER, Die Türkei, Reise durch ihre Geschichte, Bern 1959.

F. STARK–F. ROITER, Türkei, Zürich 1970.

D. STEWARD, Türkei, Time/Life, 1963.

H. THOMA, Türkei, Reisen im Morgenland, Bern/Stuttgart 1973.

G. WILLIAMS, Turkey, A Traveller's Guide and History, London 1967.

Vorgeschichte

U. B. ALKIM, Anatolien I (Archaeologia Mundi) Von den Anfängen bis zum Ende des 2. Jahrtausends v. Chr., München–Genf–Paris 1968.

K. BITTEL, Grundzüge der Vor- und Frühgeschichte Kleinasiens, Tübingen 1950.

C. BLEGEN, Troy and the Trojans, London 1966.

A. GÖTZE, Kleinasien, München 1957.

J. MELLAART, Catal Hüyük, Stadt aus der Steinzeit, Bergisch Gladbach 1967.

H. METZGER, Anatolien II (Archaeologia Mundi) Vom Beginn des 1. Jahrtausends v. Chr. bis zum Ende der römischen Epoche, München–Paris–Genf 1969.

R. NAUMANN, Architektur Kleinasiens, von ihren Anfängen bis zum Ende der hethitischen Zeit, Tübingen 1971.

Hethiter, Lyder, Phryger, Lykier, Urartäer

E. AKURGAL, Die Kunst Anatoliens von Homer bis Alexander, Berlin 1961.

E. AKURGAL, Phrygische Kunst, Ankara 1955.

E. AKURGAL / M. HIRMER, Die Kunst der Hethiter, München 1961.

P. ALBRECHT (Hrg.), Türkei, Land früher Kulturen, Karawane-Taschenbuch, Ludwigsburg 1972.

C. BURNEY / D. M. LANG, Die Bergvölker Vorderasiens, Armenien und der Kaukasus von der Vorzeit bis zum Mongolensturm, München 1973.

C. W. CERAM, Enge Schlucht und schwarzer Berg, Entdeckung des Hethiterreiches, Hamburg 1955.

FISCHERS WELTGESCHICHTE, Die altorientalischen Reiche II und III, Frankfurt 1966 und 1967.

B. HROUDA, Vorderasien I, Handbuch der Archäologie, München 1971.

E. und H. KLENGEL, Die Hethiter, Geschichte und Umwelt, Wien/München 1970.

B. B. PIOTROWSKI, Urartu (Archaeologia Mundi), München–Genf–Paris 1969.

M. RIEMSCHNEIDER, Die Welt der Hethiter, Stuttgart 1959.

M. RIEMSCHNEIDER, Das Reich am Ararat, Heidelberg 1966.

L. WOOLLEY, Ein vergessenes Königreich, Die Ausgrabung der zwei Hügel Atschana und al'Mina im türkischen Hatay, Wiesbaden 1954.

Griechen, Römer

E. AKURGAL, Orient und Okzident, Die Geburt der griechischen Kunst, Baden-Baden 1966.

E. AKURGAL, Ancient Civilisations and Ruins in Turkey, Istanbul 1973.

G. E. BEAN, Kleinasien I, Ägäische Küste. Ein archäologischer Führer, Stuttgart 1969.

G. E. BEAN, Kleinasien II, Die türkische Südküste von Antalya bis Alanya. Stuttgart 1970.

G. E. BEAN, Kleinasien III, Jenseits des Mäander (Karien), Ein archäologischer Führer, Stuttgart 1973.

G. BRUNS, Pergamon, Burgberg und Altar, Berlin 1961.

J. COOK, The Greeks in Ionia and the East, London 1965.

G. GRUBEN, Die Tempel der Griechen, München 1966.

H. KÄHLER, Pergamon, Berlin 1949.

H. KÄHLER, Der griechische Tempel, Berlin 1964.

J. KEIL, Führer durch Ephesus, Wien 1964.

G. KLEINER, Die Ruinen von Milet, Berlin 1968.

F. MILTNER, Ephesos, Stadt der Artemis und des Johannes, Wien 1957.

A. M. MANSEL, Die Ruinen von Side, Berlin 1963.

M. SCHEDE, Die Ruinen von Priene, Berlin 1964.

K. SCHEFOLD / M. SEIDEL, Der Alexander-Sarkophag, Frankfurt/Berlin 1968.

F. STARK, Auf den Spuren Alexanders, Reise durch die unbekannte Türkei, Stuttgart 1962.

F. STARK, Rom am Euphrat, Stuttgart 1969.

Byzanz

L. BUDDE, Göreme, Höhlenkirchen in Kappadokien, Düsseldorf 1958.

S. DER NERSESSIAN, The Armenians, London 1969.

H. W. HAUSSIG, Kulturgeschichte von Byzanz, Stuttgart 1959.

M. S. IPSIROGLU, Die Kirche von Achtamar, Berlin/Mainz 1963.

G. OSTROGORSKI, Geschichte des byzantinischen Staates, München 1963.

S. RUNCIMAN, Geschichte der Kreuzzüge, München 1960.

D. TALBOT RICE, Die Kunst im byzantinischen Zeitalter, München/Zürich 1968.

D. TALBOT RICE, Byzantinische Kunst, Stuttgart 1964.

Seldschuken, Osmanen

C. CAHEN, Pre-Ottoman Turkey, London 1968.

FISCHERS WELTGESCHICHTE, Bd. 14, 15, Der Islam I, II, Frankfurt 1968, 1971.

G. GOODWIN, A history of Ottoman architecture, London 1971.

H. INALCIK, The Ottoman Empire, History of civilisation, London 1973.

F.-K. KIENITZ, Städte unter dem Halbmond, München 1972.

E. KÜHNEL, Die Kunst des Islam, Stuttgart 1962.

K. OTTO–DORN, Die Kunst des Islam, Baden-Baden 1965.

U. VOGT–GÖKNIL, Türkische Moscheen, Zürich 1953.

U. VOGT–GÖKNIL, Osmanische Türkei (Weltkulturen und Baukunst), München 1966.

E. WERNER, Die Geburt einer Großmacht – die Osmanen, Wien–Köln–Graz 1972.

P. WITTEK, The Rise of the Ottoman Empire, London 1966.

Istanbul

K. BACHTELER (Hrg.), Istanbul, Beiträge zur Geschichte und Entwicklung der Stadt am Goldenen Horn, Ludwigsburg 1967.

W. HOTZ, Handbuch der Kunstdenkmäler – Byzanz, Konstantinopel, Istanbul, München/Berlin 1971.

M. HÜRLIMANN, Istanbul, Zürich/Freiburg 1969.

H. KÄHLER, Die Hagia Sophia, Berlin 1967.

M. MACLAGAN, The City of Constantinople, London 1968.

S. RUNCIMAN, Die Eroberung von Konstantinopel 1453, München 1966.

S. RUNCIMAN, Das Patriarchat von Konstantinopel, München 1970.

A. M. SCHNEIDER, Konstantinopel, Biographie einer Stadt, Mainz/Berlin 1956.

PH. SHERRARD, Konstantinopel, Bild einer heiligen Stadt, Olten/Lausanne/Freiburg 1963.

D. TALBOT RICE, Konstantinopel, Frankfurt 1966.

K. WULZINGER, Byzantinische Baudenkmäler zu Konstantinopel, 1925, Neudruck Osnabrück 1973.

Praktische Reisehinweise

Von Frank Rainer Scheck

Vor Reiseantritt

Touristeninformation

Die Fremdenverkehrsbüros der Türkei in der Bundesrepublik sowie die für die Touristenbetreuung zuständigen Botschafts- bzw. Konsulatsabteilungen in Österreich und in der Schweiz halten eine Anzahl von kostenlosen deutschsprachigen Broschüren und Informationsblättern bereit, außerdem eine detaillierte Straßenkarte im Maßstab 1:1850000, die regelmäßig neu bearbeitet wird. Auskunft erteilen:

in der BR Deutschland
Türkisches Fremdenverkehrs- und Informationsamt, Baseler Str. 37, 6000 Frankfurt/M.,
✆ (0611) 233081/233082;
Türkisches Fremdenverkehrs- und Informationsamt, Karlsplatz 3, 8000 München 2,
✆ (089) 594902/594317;
in Österreich
Türkisches Fremdenverkehrsamt, Mahlerstr. 3, 1010 Wien, ✆ 522128;
in der Schweiz
Türkisches Fremdenverkehrsamt, Limmatquai 72, 8008 Zürich,
✆ (01) 478450/478739

Auch über die westdeutschen Konsulate der Türkischen Republik sind behelfsweise Informationen erhältlich; die Adressen:

Auguststr. 2, 2000 Hamburg 76;
Goseriede 9, 3000 Hannover;
Cäcilienallee 41, 4000 Düsseldorf;
Alfredstr. 307, 4300 Essen-Bredeney
Sachsenring 14, 5000 Köln 1;
Zeppelinallee 17, 6000 Frankfurt;
An der Karlsschanze 7, 6500 Mainz;
Kernerstr. 19b, 7000 Stuttgart 1;
Kriegstr. 123, 7500 Karlsruhe;
Menzingerstr. 3, 8000 München 19 (Nähe Nymphenburger Schloß);
Am Plärrer 35, 8500 Nürnberg.

Reisepapiere

Touristen aus der Bundesrepublik Deutschland und aus Österreich benötigen lediglich einen Personalausweis, Schweizer Bürger einen Reisepaß. Bis zu einem Aufenthalt von drei Monaten ist kein Visum erforderlich.

Beachten Sie aber bei der Landanreise, daß für den Bulgarien-Transit ein Reisepaß mit Visum Bedingung ist. Das einfache Transitvisum kostet DM 18,– und ist in der Bundesrepublik bei persönlicher Vorsprache über die
Botschaft der VR Bulgarien
Konsularabteilung
Am Büchel 17
5300 Bonn–Bad Godesberg
✆ (0221) 351071,
bzw. bei Wohnsitz in Bayern über die
Außenstelle der Botschaft der VR Bulgarien
Wintrichring 85
8000 München 19
✆ (089) 174056
erhältlich. Transitvisa per Post werden über die vier Büros von **Hansa Tourist** ausgegeben:
Hamburger Str. 132, 2000 Hamburg 76;
Viehhofer Platz 14, 4300 Essen;
Sternenburgstr. 73, 5300 Bonn 4;
Heßstr. 51, 8000 München 40.

In Österreich erteilt die
Botschaft der VR Bulgarien
Schwindgasse 8
1040 Wien,
in Jugoslawien die
Botschaft der VR Bulgarien
Birchaninova 26
Belgrad
✆ 646–222
die nötigen Transitvisa. Sie berechtigen jeweils zu einem Aufenthalt von 30 Stunden. Verschiedentlich ist von bulgarischer Seite angekündigt worden, man werde an der Grenze keine Transitvisa mehr erteilen (bisher waren die Grenz-Transitvisa etwa fünf mal so teuer wie ein reguläres Botschaftsvisum).

Wagenpapiere

Erforderlich sind bei einem Aufenthalt unter drei Monaten ein nationaler oder ein internationaler *Führerschein* und eine *Internationale Grüne Versicherungskarte*, die auch den asiatischen Teil der Türkei einschließen muß. An der Grenze (Büro der Doğan Sigorta) kann außerdem eine Versicherungspolice abgeschlossen werden, die pro Monat umgerechnet knapp DM 10,– kostet. Zu empfehlen ist auch die Mitnahme des Kraftfahrzeug-Scheins. Bei einem Aufenthalt von über drei Monaten muß beim türkischen Zollministerium ein Carnet de Passage en Douane beantragt werden. Bei der Einreise wird das Fahrzeug im Paß eingetragen – achten Sie auf die Löschung dieser Eintragung bei der Ausreise; bei neuen Türkeireisen müssen Sie sonst mit erheblichen Schwierigkeiten rechnen.

Reisezeit

Die günstigste Reisezeit hängt vom Zielgebiet in der Türkei ab.
Marmarameer, Istanbul, Schwarzmeerküste: warme Sommer, kühle Winter;
Ägäis: warme bis heiße Sommer, relativ milde Winter;
Südküste: heiße bis sehr heiße dunstige Sommer, milde Winter;
Zentralanatolien: heiße Sommer (abkühlende Nächte), kalte Winter;
Ostanatolien/Kurdestan: heiße Sommer (abkühlende Nächte), eisige Winter;

Die Badesaison reicht am Schwarzen Meer von Mitte Juni bis Mitte oder Ende September; an der Ägäisküste von Anfang/Ende Mai bis Ende September; an der Südküste von Anfang Mai bis Mitte oder Ende Oktober.

Die günstigste Reisezeit für Besichtigungsfahrten sind Mai/Juni und der September, im Süden auch noch der Oktober. Im Juli und August können die Ruinenfelder der westlichen und südlichen Türkei, vor allem aber auch das Gebiet zwischen Gaziantep und Mardin, recht schweißtreibend sein.

Die Hauptniederschläge fallen zwischen Oktober und März, wobei besonders die Küstenrandgebiete beteiligt sind. Zentralanatolien ist vergleichsweise regenarm.

Vgl. auch *Klima*, S. 226.

Gesundheitsvorsorge, Krankenversicherung

Nur von Reisenden aus Afrika und Asien verlangt die Türkei den Nachweis einer gültigen Pockenschutzimpfung. Cholera-

Schutzimpfungen haben Reisende vorzuweisen, die aus Epidemiegebieten kommen. *Offiziell ist also für den Besucher aus West- und Mitteleuropa keine Impfung erforderlich.* Dennoch empfiehlt sich bei Besuchen Südostanatoliens eine Cholera- und eine Typhusimpfung. Angesichts der seit einiger Zeit wieder auftretenden Malaria-Fälle in der Türkei (vor allem im Hatay, in der Adana-Ebene und in Südostanatolien) kann in den Sommermonaten eventuell auch eine Malaria-Prophylaxe von Nutzen sein. Tetanus- und Polioimpfung geben Schutz, der auch über die Türkei-Reise hinaus sinnvoll ist.

Eine Police Ihrer *Krankenversicherung*, aus der hervorgeht, daß die Behandlungskosten gedeckt sind, macht eine Barzahlung der Liquidation in der Regel überflüssig. In der türkischen Provinz werden Sie mit einer solchen Police allerdings gelegentlich auf Unkenntnis oder Mißtrauen stoßen. Insbesondere bei längeren Aufenthalten empfiehlt sich der Abschluß einer Auslandskrankenversicherung.

Haustiere müssen innerhalb von 3½ Monaten vor Reiseantritt gegen Tollwut geimpft worden sein, ausgewiesen durch das Gesundheitsattest eines Tierarztes, das 48 Stunden vor Reiseantritt ausgestellt und anschließend auf einem türkischen Konsulat beglaubigt worden ist.

Vgl. *Apotheken* S. 216; *Ärztliche Betreuung*, S. 216; *Gesundheit*, S. 225.

Devisenvorschriften

Die Einfuhr von Devisen ist in unbegrenzter Höhe möglich, umgekehrt dürfen jedoch nicht mehr als 1000 Türkische Lira ein- oder ausgeführt werden. Banken und Wechselstellen bescheinigen jeden Geldumtausch mit einer Quittung, gegen deren Vorlage bei der Ausreise etwaige Lira-Überschüsse in DM, Schilling oder Franken rückgetauscht werden können. Möglicherweise wird man solche Quittungen an der Grenze bei der Ausreise auch von Ihnen verlangen, um zu überprüfen, ob in der Türkei getätigte größere Einkäufe mit offiziell eingewechseltem Geld erstanden worden sind.

Euroschecks werden in Verbindung mit der Scheckkarte in der Türkei eingelöst, ebenso Traveller Cheques, andere Schecks erst nach zeitraubender Rückfrage in Westdeutschland, Österreich oder der Schweiz.

Vgl. *Geldwechsel*, S. 224.

Zollvorschriften

Zollfrei eingeführt werden dürfen persönliche Gebrauchsartikel, inklusive Campingausrüstung, Ersatzteile für den Wagen (werden eventuell im Paß registriert), zwei Photoapparate und zehn Filme, eine Filmkamera, ferner Tonbandgerät, Plattenspieler, Schreibmaschine, Kofferradio, ein Liter Spirituosen, 250 Gramm Kaffee, 200 Zigaretten, 200 Gramm Tabak. Wertgegenstände werden im Paß vermerkt, ihr Vorhandensein bei der Ausreise kontrolliert. Die Einfuhr von Waffen und Rauschgift ist verboten. Im allgemeinen ist die Zollkontrolle bei der Einreise eher zurückhaltend, insbesondere auf dem Flughafen.

Anreise

Mit dem Flugzeug

Internationale Flughäfen befinden sich in Istanbul, Ankara und Izmir, doch wird nur Istanbul von den meisten großen Fluggesellschaften täglich angeflogen. Ein gut ausgebautes Binnenflugnetz mit den Zentren Istanbul und Ankara bietet Anschlußmöglichkeiten in fast alle türkische Provinzen (vgl. S. 244). Die nationale Fluglinie der Türkei, **THY (Türk Hava Yolları)**, fliegt regelmäßig (zumeist täglich) mit Boeing 707 und 727, DC 9 und DC 10 von Berlin, Frankfurt, München, Wien und Zürich nach Istanbul.

Der einfache Linienflug nach Istanbul kostet von den genannten Flughäfen aus um DM 800,–, erkundigen Sie sich jedoch nach den verschiedenen Ermäßigungsmöglichkeiten (z. B. bei Hin- und Rückflug, für Reisegesellschaften, für ein 6-30-Tage-Ticket). Studenten bis 28 Jahre erhalten bei THY einen 60%igen Rabatt auf den Linienflugpreis, andere internationale Fluggesellschaften haben auf ihren Türkeistrecken gleichgezogen.

THY-Büros in der Bundesrepublik Deutschland

Wrangelstr. 95, 1000 Berlin 36,
✆ (030) 6184010;
Adenauerallee 10, 2000 Hamburg,
✆ (040) 244052;
Andreastr. 2/B, 3000 Hannover,
✆ (0511) 325703;
Graf-Adolf-Str. 41, 4000 Düsseldorf,
✆ (0211) 374700;
Unter Goldschmied 6, 5000 Köln 1,
✆ (0221) 247762;
Baseler Str. 35–37, 6000 Frankfurt,
✆ (0611) 253031;
Bolzstr. 44, 7000 Stuttgart,
✆ (0711) 228084;
Bayerstr. 43, 8000 München,
✆ (089) 539206;
Am Plärrer 8, 8500 Nürnberg,
✆ (0911) 265301;

... in Österreich

Operngasse 3, Wien, ✆ 563768;

... in der Schweiz

Talstr. 58–62; Zürich, ✆ (01) 271070.

Für den Individualreisenden bieten sich nicht zuletzt sogenannte ›Camping-Flüge‹ im Programm verschiedener Pauschalreiseveranstalter an. Sie umfassen nur den Flug und kosten je nach Saison zwischen DM 350,– und 600,– für beide Strecken.

Türkei-Pauschalreisen finden Sie im Programm aller größeren und vieler spezialisierter Reiseveranstalter: Ein Badeurlaub läßt sich hier zumeist mit einer Studienrundreise koppeln.

Flug-Ankunft

Der Flughafen von Istanbul, *Yeşilköy International Airport*, liegt ca. 20 km außerhalb der Stadt. Sie finden hier eine Wechselstube, einen Informationsschalter und im Abfluggebäude die Büros der ausländischen Fluggesellschaften. Die Abfertigung geht in der Regel zügig vonstatten. Alle 15 bis 30 Minuten fährt ein THY-Bus von seiner Haltestelle 100 Meter rechts vom Flughafen-Ausgang im Basement zum THY-Terminal in Şişhane auf der anderen Seite des Goldenen Horns. Von dort ist es nicht weit zum Taksim-Platz, dem Zentrum der Neustadt. Auf Wunsch setzt der Bus Sie auch unterwegs in Aksaray auf der interessanteren Altstadtseite ab. Das Busticket kostet umgerechnet ca. DM 2,–. Der Taxipreis für die Strecke Flughafen–Innenstadt lag Ende 1978 bei umgerechnet etwa DM 12,–.

Der Flughafen von Ankara, *Esenboğa International Airport*, befindet sich 30 km außerhalb der Hauptstadt. Bus von THY: ca. DM 2,–, Taxi: ca. DM 15,–. *Çiğli International Airport*, der Flughafen von Izmir, liegt etwa 20 km von der Küstenstadt entfernt. Bus-/Taxipreis wie Istanbul.

Für den Rückflug ist interessant, daß alle drei Flughäfen einen Duty Free Shop (Einkäufe nur mit Devisen) besitzen und daß keine Flughafengebühr erhoben wird.

Mit dem Schiff

Turkish Maritime Lines (Türk Denizyolları) unterhält in der Saison von März bis Oktober einen regelmäßigen *Passagierverkehr* zwischen den Mittelmeerhäfen Alexandria, Barcelona, Brindisi, Genua, Haifa, Marseilles, Neapel, Piräus, Venedig und den türkischen Küstenstädten Istanbul, Izmir und Kuşadası. Mehrere Klassen, darunter eine sehr preiswerte Deckklasse, bieten unterschiedliche Bequemlichkeit.

Die *Autofähren* ›Truva‹ und ›Istanbul‹ verkehren von Mai bis Oktober je einmal wöchentlich zwischen Venedig/Brindisi und Izmir/Istanbul. Abfahrtstag von Venedig war zuletzt der Samstag (›Istanbul‹) und der Dienstag (›Truva‹). Die Fahrtzeit für die Route Venedig–Izmir beträgt ca. 70 Stunden.

Nähere Auskünfte über den genauen Fahrplan, die Preise sowie über eine Vielzahl von Ermäßigungen, z. B. auf Rückfahrttickets, für Familien, Studenten, erteilen die folgenden Buchungsstellen:

in der Bundesrepublik Deutschland
Deutsches Reisebüro,
Eschersheimer Landstr. 25–27,
6000 Frankfurt 1, ✆ (0611) 550661;

in Österreich
Österreichisches Verkehrsbüro,
Friedrichstr. 7, 1013 Wien,
✆ 579657;

in der Schweiz
Bâle-Natural,
Nauenstr. 67, Basel 2, ✆ (061) 224488.

Genannt seien ferner die *griechische* TML-Vertretung: Oliver and Co., Akti Miaouli 17-19, Tampy-Haus, Piräus, ✆ 4178117, sowie die *italienischen* Büros von Volpe and Co., Piazza Municipio 88, Neapel, ✆ 313741; Volpe and Co., Corso Garibaldi 96–98, Brindisi, ✆ 29772; Volpe and Co., Piazzetta Jacopo da Voragine 1, Genua, ✆ 204071 und Volpe and Co., Via 22, Marzo 2414, Venedig, ✆ 20340.

Außerdem bieten verschiedene europäische Reedereien Mittelmeer-*Kreuzfahrten* an, die auch Istanbul anlaufen. Erkundigen Sie sich bei einem Reisebüro über die Angebote.

Bootsverbindungen von/zu den griechischen Inseln bestehen zwischen Samos und Kuşadası, Kos und Bodrum, Rhodos und Marmaris, Chios und Çeşme sowie Lesbos und Ayvalık. Bei politischen Spannungen wird der Bootsverkehr meist sofort eingestellt. Die Überfahrtspreise sind im übrigen relativ hoch. Zypern (türkischer Teil) wird von Alanya (mit einem komfortablen Schnellboot) und von Mersin aus angelaufen.

Privatjachten und -boote erhalten den Sichtvermerk für ihre Borddokumente in Çanakkale, Bandırma, Istanbul, Ayvalık, Izmir, Çeşme, Kuşadası, Güllük, Bodrum, Marmaris, Fethiye, Kaş, Finike, Antalya, Alanya, Silifke, Mersin und Iskenderun.

Mit der Bahn

Der *Hellas-Expreß* fährt täglich von Köln (ab: 13.05 Uhr) über München und Salzburg nach Jugoslawien, wo in Niš der mitgeführte Istanbul-Kurswagen abgekoppelt und über Sofia in die Türkei geleitet wird. Planmäßige Ankunft in Istanbul, Bahnhof Sirkeçi auf der europäischen Seite, um 14.43 Uhr. In der Saison ist eine frühzeitige Platzreservierung sehr zu empfehlen. Dies gilt auch für den *Tauern-Orient*, der München um 17.30 Uhr verläßt und Istanbul nach zweitägiger Fahrt um 10.00 Uhr morgens erreicht. Für Reisende aus der Schweiz verkehrt der *Direct-Orient/Marmara-Expreß* auf der Strecke Genf – Lausanne – Mailand – Venedig – Triest – Belgrad – Istanbul. Zweimal wöchentlich führt dieser Zug, der aus London/Paris kommt, Schlafwagen. Von Mai/Juni bis September verkehren wöchentlich Jugend- und Studentenzüge zu verbilligten Fahrpreisen von Westdeutschland, Österreich und der Schweiz nach Istanbul: Das Billigticket Frankfurt–Istanbul kostete hier 1978 DM 174,– für den Sitz-, DM 208,– für den Liegewagenplatz. Die zum Schulferienbeginn eingesetzten Sonderzüge für türkische Gastarbeiter sind durchweg überfüllt.

Sollten Sie aus Griechenland mit der Bahn nach Istanbul anreisen wollen, so beachten Sie bitte, daß der Zug z. T. aufgrund schleppender Grenzabfertigung für die Strecke Athen–Istanbul ca. 35, von Saloniki aus immer noch ca. 22 Stunden benötigt.

Mit dem Bus

Die Busanreise ist wohl die preiswerteste Möglichkeit einer Türkei-Fahrt. Von Amsterdam, Brüssel, London, Mailand, München, Salzburg und Wien verkehren regelmäßig, manchmal auch nur in der Saison, Gastarbeiter- und Jugend-Busse nach Istanbul. Von München aus fährt fast täglich ein *Expreß-Bus* der Fa.

Bosfor Turizm, Seidlstr. 2, 8000 München 2, ✆ (089) 59 40 02, 59 24 96

in einer Nonstop-Fahrt über Jugoslawien und Bulgarien nach Istanbul. Fahrtdauer: ca: 36–38 Stunden, höchstens drei Gepäckstücke pro Person, Selbstverpflegung, kein Zustieg unterwegs, Ticketpreis ca. DM 130,– einfach, DM 200,– für Hin- und Rückfahrt, Reservation sehr zu empfehlen.

Andere Busse fahren mit zwei Übernachtungsstops (z. B. Maribor, Jugoslawien, und Sofia). Durch das Hotelarrangement verteuert sich die dreitägige Fahrt.

In Österreich fahren jeden Samstag zwei Busse der Fa.

Varan Turizm, Linke Wienzeile 58, 1060 Wien, ✆ (0222) 57 32 77

nach Istanbul, der eine auf der Strecke Salzburg, Linz, Wien, der andere von Bregenz über Innsbruck. Die Strecke Wien–Istanbul wird in ca. 32 Stunden zurückgelegt.

Die Terminals von Bosfor wie auch von Varan liegen beide in der Nähe des Taksim-Platzes in Istanbul:

Bosfor, Mete Cad. 14/1, Taskim, Istanbul, ✆ 43 25 25;
Varan, Inönü Cad., Taksim, Istanbul, ✆ 49 19 03.

Die Busfahrt von Athen über Saloniki nach Istanbul dauert 2 bis 2½ Tage bei einer Übernachtung. Einen Bus unterhält z. B. **Dromones Tours** am Omonia-Platz in Athen.

Mit dem eigenen Auto

Von Frankfurt sind es etwa 2400 km bis Istanbul, von Wien 1700 km und von Zürich 2400 km. Die begrenzt variierbare Strecke führt durch Österreich nach Ljubljana – Zagreb – Belgrad – Niš – Sofia – Plovdiv – Edirne. Wer Bulgarien umgehen will und einen weiteren Fahrtag in Kauf nimmt, kann von Niš über Skopje nach Saloniki und von dort, weiter über Kavalla, bei Ipsala in die Türkei einreisen. Aus der Schweiz kommend, berührt die Route zunächst Mailand und läuft dann über Triest nach Ljubljana. Das 1300 km lange jugoslawische Teilstück, zwischen Ljubljana und Zagreb Halbautobahn, zwischen Zagreb und Niš Schnellverkehrsstraße, ist berüchtigt für seine hohe Unfallrate: Im Sommer sollen laut Statistik täglich zehn Menschen auf diesem sogenannten ›Autoput‹ bei Verkehrsunfällen ums Leben kommen. Auch in Bulgarien ist die Strecke noch überlastet. Von München aus sollte man 3½ Tage für die Anreise rechnen, die sich z. B. in die Etappen München – Zagreb, Zagreb – Niš, Niš – Edirne und Edirne – Istanbul gliedern könnte.

Vgl. auch *Wagenpapiere*, S. 211.

Im Lande: Kurzinformationen von A–Z

Apotheken

Apotheken, türkisch als ECZANE ausgeschildert, finden Sie überall bis hin in Kleinstädte und größere Dörfer. Die Preise für Arzneien sind merklich niedriger als in Westeuropa, das Arzneimittelangebot ist reichhaltig. Die durchweg rezeptfreien Medikamente sind häufig Produkte der westlichen Pharmaindustrie, laufen aber unter türkischen Markennamen. Der Apotheker wird Ihnen in den Großstädten anhand vorhandener Listen bei der Identifikation einer gewünschten ›europäischen Arznei‹ behilflich sein. Artikel, die bei uns in Drogerien gehandelt werden, sind in der Türkei ebenfalls in der Eczane erhältlich. In den Großstädten existiert ein rotierender Apotheken-Nachtdienst.

Ärztliche Betreuung

Da zahlreiche türkische *Ärzte* im Ausland studiert haben, wird man sich in vielen

Fällen in Englisch, Deutsch oder Französisch verständigen können. Die ärztliche Versorgung ist in der Großstadt gut, läßt aber auf dem Lande, insbesondere in Kurdistan und Ostanatolien, noch sehr zu wünschen übrig. Arzt ist türkisch als DOKTOR oder seltener als HEKIM, Zahnarzt als DIŞ TABIBI ausgeschildert.

In den letzten Jahrzehnten sind zahlreiche *Krankenhäuser* gebaut worden: keine Spitzenleistungen der Apparatemedizin, aber durchaus kompetent. Jede Kreisstadt besitzt in der Regel ein Krankenhaus. In Istanbul existiert auch ein Deutsches Krankenhaus:
Alman Hastahanesi, Sıraselviler Cad., Taksim, ✆ 45 40 72.

Das **St. Georgs-Krankenhaus** (Sen Jorj Hastahanesi) unter österreichischer Regie befindet sich in der Medrese Sokağı, ein **amerikanisches Krankenhaus** (Amerikan Hastahanesi) in der Güzelbahçe Sokak, nicht allzuweit von Taksim.

Die *Ambulanz* ist telephonisch in Istanbul unter
21 15 95, 44 49 98, 33 04 01;
in Ankara unter
15 42 32, 11 17 29, 10 54 44
und in Izmir unter
22 31 9 und **17 59 0**
erreichbar.

Auskunftbüros für Touristen

Die Türkei verfügt über ein erstaunlich verzweigtes Inlandssystem von Fremdenverkehrs- und Informationsbüros, in denen Sie Prospektmaterial und Auskünfte erhalten.

Adana	Atatürk Caddesi 13, ✆ 11 323;
Adıyaman	Halk Eğitim Merkezi ✆ 8;
Akçay	Barbaros Meydanı 1, ✆ 113;
Alanya	Hükümet Cad. 137/1; ✆ 240;
Ankara	Zentralbüro: Gazi Mustafa Kemal Bulvarı 33, ✆ 17 30 12; außerdem Büro am Flughafen Esenboğa;
Antakya	Kanatlı Mahallesi Vali Göbeği, ✆ 26 36;
Antalya	Hastane Cad. 4, ✆ 17 47;
Ayvalık	Inönü Caddesi 167, ✆ 21 22;
Balıkesir	Bandırma Caddesi 48, Esenevler, ✆ 18 20;
Bergama	Belediye Meydanı, ✆ 409;
Bodrum	Kale Caddesi 57, ✆ 91;
Burdur	Cumhuriyet Meydanı 6, ✆ 476;
Bursa	Atatürk Cad. 82, ✆ 12 359;
Çanakkale	Iskele Karşısı, ✆ 11 87;
Çeşme	Iskele Meydanı, ✆ 43;
Denizli	Istayon Caddesi, Gar Binası, ✆ 33 93;
Diyarbakır	Lise Caddesi, Onur Ap., ✆ 21 73;
Edirne	Hürriyet Meydanı 2, ✆ 15 18;
Edremit	Barbaros Meydanı 1, ✆ 113;
Eğridir	Çarsı içi, ✆ 68;
Erzurum	Halk Eğitim Merkez Binası, ✆ 14 82;
Fethiye	Iskele Meydanı, ✆ 527;
Gürbulak	Am türkisch-iranischen Grenzposten in Gürbulak, ✆ 9;
Ipsala	Am türkisch-griechischen Grenzposten in Ipsala,
Iskenderun	Atatürk Bulvarı, Şehir Iskelesi Yanı, ✆ 16 20;

Istanbul Zentralbüro: Meşrutiyet Cad. 57, Galatasaray, ✆ 45 68 75, 45 65 93; am Eingang des Hilton-Hotels, ✆ 40 63 00–40 68 64; Karaköy-Büro: Yolcu Salonu, Karaköy, ✆ 49 57 76; Büro am Flughafen Yeşilköy, ✆ 73 73 99;
Izmir Gazi Osman Paşa Bulvarı 10/A, ✆ 14 21 47;
Kapıkule Am türkisch-bulgarischen Grenzposten in Kapıkule, ✆ 19;
Kayseri Honat Hatun Camisi Yanı, Kağnı Pazarı 61, ✆ 92 95–11 90;
Kırşehir Aşık Paşa Cad., Bozkurtlar Apt. altı 14/B, ✆ 14 16;
Konya Mevlana Caddesi 21, ✆ 11 074;
Kuşadası Sahil Yolu 28, ✆ 103;
Manisa Saruhan Mahallesi, Murat Cad. 61/1, ✆ 25 41;
Marmaris Iskele Meydanı, ✆ 35;
Mersin Atatürk Caddesi, Fuar Apt., ✆ 27 10;
Nevşehir Menderes Cad. Santral Sok. 97/B, ✆ 137;
Niğde Istiklal Cad., Vakı Işhanı 1–D, ✆ 261;
Samsun Irmak Cad., Özel Idare Işhanı A-Blok, ✆ 12 28;
Silifke Atatürk Caddesi, Çadır Oteli Yanı 6/1, ✆ 151;
Trabzon Taksim Caddesi, Park Karşısı 23, ✆ 27 22, 38 27;
Urfa Vatan Cad. 3, ✆ 24 67;
Ürgüp Kayseri Cad. 37, ✆ 59;
Van Ezberciler Işhanı, ✆ 20 18;
Yalova Iskele Yanı, ✆ 178.

Automobilklub

Der **Türkische Touring und Automobilklub (Türkiye Turing ve Otomobil Kurumu – T.T.O.K.)** hat seinen Hauptsitz in **Istanbul, Şişli Meydani 364, Şişli, ✆ 46 70 90 – 93** und Zweigstellen in **Ankara, Kizilay, Adakale Sokak 4, ✆ 18 65 78; Iskenderun, Temmuz Cad. 5, Sirin Iş Hani 4/14; Izmir, Atatürk Bulvarı 370, ✆ 12 20 92; Kapıkule (Grenze Bulgarien), ✆ 03; Kuşadası, Hükümet Cad., ✆ 221.**

Ein *Informationsbüro,* geöffnet täglich von 8.30 Uhr bis 20.00 (✆ 21 65 88, 21 01 52), liegt 200 Meter vor dem Topkapı-Tor an der Einfallstraße (E 5) von Edirne nach Istanbul. Hier ist die für den Autofahrer sehr nützliche Broschüre ›Istanbul – a Handbook for Tourists‹ erhältlich.

Der T.T.O.K. ist ein Privatunternehmen, berät Sie in allen automobilistischen Belangen, unterhält eine *Unfallhilfe* und einen *Abschleppdienst.* Auf den Strecken Edirne – Istanbul und Istanbul – Ankara verkehren T.T.O.K.-Pannenwagen. Der Straßenhilfsdienst ist auf dieser Route (E 5) bei Babaeski, Tavşantepe, Boludağı, Esentepe, Çamlıdere und Pınar/Kargasekmez stationiert.

Sind Sie Mitglied eines Automobilklubs, so wird der T.T.O.K. bei Vorlage eines Auslands-Schutzbriefes Transportkosten bei Unfällen übernehmen und Ihnen bei den anfallenden Formalitäten behilflich sein.

Vgl. *Unfallverhalten,* S. 242.

Autoreparaturen

Eine größere Auswahl an Ersatzteilen finden Sie nur in Istanbul, Ankara und Izmir. Bei ausgedehnten Türkeitouren ist es deshalb ratsam, ein Kontingent der wichtigsten Ersatzteile mit sich zu führen und über die entsprechenden Reparaturkenntnisse zu verfügen. Auskunft über Autowerkstätten erteilen die Touristeninformationsbüros in Istanbul, Ankara, Izmir.

Botschaften und Konsulate

Bundesrepublik Deutschland

Botschaft der BRD, Ankara, Atatürk Bulvarı 114, ✆ 26 65 15, 27 43 16;

Generalkonsulat der BRD, Istanbul, Gümüşsuyu Cad. 14–18, Taksim, ✆ 44 49 97, 45 07 05, Geschäftszeiten Mo–Fr. 10–13 Uhr;

Konsulat der BRD, Izmir, Atatürk Cad. 260, ✆ 13 49 16;

Wahlkonsulat der BRD, Adana, Atatürk Bulvarı 381.

Österreich

Österreichische Botschaft, Ankara, Atatürk Bulvarı 197, ✆ 27 23 20, 12 18 83;

Österreichisches Generalkonsulat, Silâhhane Cad. 59/4, Teşvikiye, ✆ 40 54 72, 46 37 69.

Schweiz

Botschaft der Schweiz, Ankara, Atatürk Bulvarı 263, ✆ 27 43 16;

Konsulat der Schweiz, Istanbul, Cumhuriyet Cad. 19/3, Taksim, ✆ 48 50 70.

Camping

Empfehlenswert sind vor allem die *BP Kervansaray-Mocamps*, die es an den folgenden Orten gibt:

Alanya auf der Strecke Antalya–Alanya, 22 km vor Alanya;

Ankara *Susuzköy Mocamp*, an der Strecke Istanbul–Ankara, 20 km vor Ankara;

Bursa *Kumlik Mocamp*, 6 km vor Bursa an der Strecke Yalova–Bursa;

Edirne *Mocamp Kirişhane*, an der Strecke nach Istanbul, etwa einen Kilometer nach der Ortsausfahrt rechts an der BP-Tankstelle;

Ipsala an der Strecke Ipsala-Istanbul, etwa 3 km nach Ipsala links an der BP-Tankstelle (Mücken!);

Istanbul *Mocamp Kartaltepe*, an der Straße Edirne–Istanbul in der Nähe des Flughafens, 12 km vor der Stadtmauer (Mücken!);

Izmir *Mocamp Inciraltı*, an der Straße Izmir–Çeşme, 12 km von Izmir entfernt; in der Nähe die antiken Agamemnon-Bäder mit heißen Quellen;

Kuşadası von Izmir kommend 10 km vor Kuşadası; Strand vorhanden;

Nevşehir *Mocamp Göreme*, 2 km nach Ortsausfahrt Nevşehir auf der Straße nach Ürgüp;

Silifke an der Küstenstraße Richtung Mersin, etwa 25 km von Silifke entfernt.

Diese BP-Campingplätze sind akzeptabel gewartet und kosten pro Nacht und Kopf DM 3,–.

Daneben gibt es insbesondere entlang der Südküstenstraße zwischen Antalya und Adana, an der Ägäisküste unweit von Troja am Dardanellen-Ufer, bei Akçay, Ayvalık und Bodrum sowie an der Schwarzmeerzküste zwischen Samsun und Trabzon zahlreiche andere Campingplätze unterschiedlicher Qualität, oft mit Motels gekoppelt. Im Sommer herrscht hier an den Wochenenden Hochbetrieb.

Campingplätze existieren ferner in:

Adana	*Raşit Ener Camp*, an der Straße nach Iskenderun, 3 km außerhalb von Adana;
Ankara	*Yayla Mocamp*, an der Straße Istanbul–Ankara, 115 km vor Ankara;
Bolu	*Koru Kampı*, an der Straße Istanbul–Ankara;
Burhaniye	*Altınkamp*, 4 km außerhalb von Burhaniye/Ören;
Çanakkale	*Şen Camping*, ca. 8 km nach der Ortsausfahrt in Richtung Izmir;
Fethiye	*Deniz Camping*, am Ölü Deniz;
Nevşehir	*Paris Camp*, an der Straße Nevşehir-Ürgüp bei der Abzweigung nach Göreme;
Tekirdağ	*Marmara Tur*, Yeniçiftlik Köyü, Çorlu.

Die Istanbuler Campingplätze (im Sommer stark frequentiert) liegen entlang der E 5 unweit des Marmarameeres: *Londra Kampingi*, *Ataköy Kampingi* und *Florya Kampingi*, außerdem der schon genannte BP-Platz.

Diebstähle

Achtung in Istanbul! Ansonsten ist die Türkei nicht mehr, aber auch nicht weniger ›diebstahlintensiv‹ als andere Reiseländer. In dörflichen Gegenden sind Sie in der Regel sicherer als in der Großstadt. Organisierten Autodiebstahl hat es in der Türkei in den letzten Jahren nicht gegegen. Sollte Ihr Fahrzeug gestohlen werden, müssen Sie eine behördliche Bescheinigung einholen, damit bei der Ausreise die Autoeintragung im Reisepaß gelöscht werden kann.

Dolmusch (Sammeltaxi)

Ein Sammeltaxi (Pkw oder Kleinbus), das auf festgelegten Strecken fährt, entweder innerhalb von Großstädten oder zwischen benachbarten Orten. Dolmuş heißt voll, und entsprechend setzt sich diese typisch türkische Institution in der Regel erst in Bewegung, wenn sich beim besten Willen kein weiterer Fahrgast in den Wagen zwängen läßt. Die Fahrpreise sind festgelegt. Sie können auch unterwegs aus- und – falls ein Platz frei ist – zusteigen.

Essen und Trinken – die türkische Speisekarte

Meze	**Vorspeisen**
arnavut ciğeri	gewürzte, fritierte Leber
çerkez tavuğu	kaltes Hühnerfleisch in Walnußtunke

çiğ köfte	rohe, scharfgewürzte Fleischbällchen
midye dolması	pikant gefüllte Muscheln
pilaki	Bohnensalat
tarator	püriertes Gemüse oder Walnüsse mit Joghurt und Knoblauch
tarama	Fischrogensalat
yaprak dolması	pikant gefüllte Weinblätter

Çorbalar	**Suppen**
düğün çorbası	mit Ei legierte Fleischsuppe
mercimek çorbası	Linsensuppe
yayla çorbası	Joghurtsuppe

Kebaplar	**Fleischgerichte**
bonfile	Filetsteak
döner kebabı	Lammfleisch, am drehenden Spieß gegrillt
hünkârbeğendi	Lammfleisch mit Auberginenpüree

> *Vor einigen Tagen gab man uns ein aecht-türkisches Diner, natürlich ohne Messer und Gabeln und ohne Wein. Den Anfang der zahllosen Schüsseln machte ein gebratenes Lamm, inwendig mit Reis und Rosinen gefüllt... dann folgte Helwa, eine süße Mehlspeise, dann wieder Braten und wieder ein süßes Gericht, bald warm, bald kalt, bald sauer, bald süß. Jede einzelne Schüssel war vortrefflich, die ganze Combination aber für einen europäischen Magen schwer begreiflich, und das Alles ohne Wein!*
>
> Helmut von Moltke 1836

kuzu dolması	gebratenes Lammfleisch auf Reis
pirzola	Lammrippchen
şiş kebabı	gegrillte Fleischstückchen

Salatalar	**Salate**
cacık	Gurkenscheiben in Joghurt mit Knoblauch und Dill
çoban salatası	gemischter Salat aus Tomaten, Paprikaschoten, Gurken und Zwiebeln
patlıcan salatası	Salat aus pürierten Auberginen
piyaz	Salat aus dicken Bohnen

Pilavlar	**Reis**
bulgur pilavı	Weizenschrotgrütze
iç pilav	Reis mit Pinienkernen, Korinthen und Zwiebeln
sade pilav	einfacher Reis

Börekler	**salzige Pasteten**
sigara böreği	fritierte, mit Käse gefüllte Strudelteigdreiecke
su böreği	gebackene, mit Käse oder Fleisch gefüllte Strudelteiglagen
talaş böreği	mit Fleisch gefülltes Blätterteiggebäck

Zeytinyağlilar	**kaltes Gemüse in Olivenöl**
biber dolması	mit Reis, Pinienkernen und Korinthen gefüllte Paprikaschoten
imam bayıldı	mit Zwiebeln und Tomaten gefüllte Auberginen
kabak kızartması	fritierte Zucchinischeiben mit Joghurt

patlıcan kıpartması	fritierte Auberginenscheiben mit Joghurt
patlıcan dolması	mit Reis, Pinienkernen und Korinthen gefüllte Auberginen
zeytinyağlı fasulye	grüne Bohnen in pikanter Sauce

Tatlılar	**Nachspeisen**
aşure	Pudding aus Weizen, Nüssen und getrockneten Früchten
baklava	mit Nüssen gefülltes Blätterteiggebäck in Zuckersirup
bülbülyuvası	mit Pistazien gefülltes Blätterteiggebäck
dondurma	Speiseeis
keşkül	ein besonderer Milchpudding
komposto	Kompott
sütlaç	kalter, cremiger Reispudding
tel kadayıf	überbackene, feine Nudelfäden mit Nußfüllung

Obst	**Meyvalar**
armut	Birne
badem	Mandel
elma	Apfel
erik	Pflaume
incir	Feige
karpuz	Wassermelone
kayısı	Aprikose
kavun	Zuckermelone
kiraz	Kirsche
limon	Zitrone
muz	Banane
portakal	Apfelsine
şeftali	Pfirsich
üzüm	Weintrauben

Sie machen eine gewisse saure Milch ... wiewol ich nicht weis/ wie sie dieselbe so sauer machen. Sie ist nicht so weich/ daß sie rinnet/ noch so hart/ daß man sie nicht mit Löffeln essen müste/ sondern ein wenig dicker/ als unsere Dicke-Milch. Ich habe nicht öffter als zweymal davon gessen: und zwar das erste mal wolte sie mir nicht schmecken/, das zweytemal aber schmeckte sie mir wol/ nicht weis ich/ woher solches kommen seyn mag.

Petrus della Valle 1615

Die Türcken haben ein Geträncke mit Namen Cahvé, dass sie alle Stunden dess Tages brauchen und dasselbe wird auss einem Saamen gemacht/ wie wir mit mehrern davon reden wollen ... dieser Tranck ist bitter und schwartz und riecht ein wenig brandig/ man trinckt ihn mit kleinen Zügen/ oder Schluckweise auss Furcht sich nicht zu verbrennen/ also/ dass wenn man in einer Cahvéhane eine recht artige Music von Schlurffen gehöret wird. Solcher Tranck ist gut die Dünste zu dämpffen/ dass sie nicht aus den Magen in Kopff steigen und nothwendigerweise vor die Wehtage desselben/ wie er denn auch den Schlaf vertreibet.

Jean de Thevenot 1656

Içkiler	**Getränke**
ayran	Joghurt-Getränk
bira	Bier
çay	Tee
gazoz	Limonade, Sprudel
kahve	Kaffee
kanyak	türkischer Kognak
maden suyu	Mineralwasser
raki	türkischer Anisschnaps
şarap	Wein
süt	Milch

Feiertage

Im Gegensatz zu anderen islamischen Ländern ist in der Türkei nicht der Freitag, sondern der Sonntag Wochenfeiertag.

Nationale Feiertage

1. Januar	Neujahrstag
23. April	Tag der nationalen Unabhängigkeit
1. Mai	Tag der Arbeit
19. Mai	Tag der Jugend und des Sports
27. Mai	Tag der Verfassung
30. August	Tag des Sieges
29. Oktober	Tag der Republik

Religiöse Feiertage

Gefeiert werden die beiden islamischen Feste *Şeker Bayramı* (Zuckerfest) und *Kurban Bayramı* (Opferfest). Die Daten dieser Feiertage richten sich nach dem islamischen Kalender. Feierlich begangen wird von vielen Familien auch die Beschneidung des Sohnes.

Sie beschneiden die Knäblein nicht am achten Tag/ wie die Juden/ sondern im vierten/ fünfften Jahr/ diss Werk verricht ein Balbirer/ die Nachbarn pflegen etwan die Knaben zu einer Zeit zu beschneiden/ etwa 2. oder mehr miteinander/ man kleidet die Knaben gar schön in gülden Stück/ setzt sie auf wolgeschmückte Pferd/ reiten herumb auff den Gassen zu den Freunden ...

Salomon Schweigger 1580

Feilschen

Das Handeln um den Preis, altes orientalisches Kaufprinzip, ist in der Türkei nur noch eingeschränkt von Bedeutung. *Nicht* gehandelt wird um Massenprodukte, Serienwaren, ausgeschilderte Lebensmittel etc. Nach wie vor üblich ist das Handeln dagegen im Basar, insbesondere wenn es um größere, wertvollere Stücke geht. Durch den leichten Verkauf an einen wachsenden Strom von Touristen ist, zumal in Istanbul, die Handelswilligkeit der Basarkaufleute allerdings unverkennbar abgesunken. ›Idealziel‹ war in der Vergangenheit eine Reduktion von etwa 50% auf den erstgenannten Verkaufspreis, heute wird man schon mit 30–40% Handelsrabatt zufrieden sein.

Einige Ratschläge: Bringen Sie bei wertvollen Objekten wie z. B. Teppichen viel Zeit, Geduld und beharrliche Freundlichkeit zum Handeln mit! Zeigen Sie Ihren Kaufwunsch nie allzu deutlich! Nennen Sie nicht sofort einen ›Gegenpreis‹ zum Nennpreis des Händlers, sondern zeigen Sie betontes Desinteresse! Handeln Sie nie ›probeweise‹ um einen Gegenstand, den Sie nicht kaufen wollen!

> *... dann erreicht man endlich den großen Bazar. Hundert Schritte vor der großen Eingangstür sind gleich Wächtern die Mäkler der Kaufleute aufgestellt, die uns auf den ersten Blick als Fremde erkennen und uns in unserer Muttersprache anreden, denn sie erraten fast immer die Heimath des Fremden und irren sich selten darin ...*
>
> *Kaum eingetreten, bleiben wir geblendet stehen. Wir befinden uns in einem Straßenlabyrinth, in einer Stadt mit ihren Moscheen, ihren Fontainen, ihren Kreuzungen und Plätzen, von einem schwankenden, unbestimmten Licht erleuchtet ... Diese halb dunklen Straßen passiren Wagen, Kameele, Reiter inmitten einer wogenden Menge und betäubenden Lärms. Von allen Seiten werden wir durch Worte und Zeichen angeredet ... Die Verwirrung ist jedoch nur eine scheinbare. Dieser ungeheure Bazar ist wie eine Kaserne geordnet. Jede Waare hat ihr kleines Quartier, ihre Straße, ihr Plätzchen ..., wo sich eine Fülle von Schönheit häuft, vor der wir leicht Kopf und Börse verlieren.*
>
> Edmondo de Amicis 1878

Festspiele

Anfang April	Winterfestspiele auf dem Ulu Dağ (Bursa);
Anfang Mai	Festspiele in Ephesus: Theater und Folkloredarbietungen im antiken Theater;
Ende Mai	Festspiele in Bergama (Pergamon);
Ende Mai	Festspiele in Pamukkale (Theater und Folklore);
Ende Mai/ Anfang Juni	Theateraufführungen in Aspendos;
Juni	Ringkämpfe in Kırkpınar (Edirne);
Juni	Messe des hl. Petrus in Antakya
Anfang Juli	Nasreddin-Hoça-Festspiele in Akşehir;
Juli	Schwert- und Schildtänze in Bursa;
Anfang August	Festspiele in Troja;
15. August	Messe der Jungfrau Maria in Ephesus;
Ende August	Siegesfeste in Afyon;
Dezember	›Derwischfeiern‹ in Konya.

Die genauen Daten erfragen Sie bitte bei den Informationsbüros.

Geldwechsel

Ausländische Devisen werden zu offiziell festgelegten Kursen eingetauscht. Ebenso Euroschecks und Traveller Cheques, die allerdings nur von größeren Banken akzeptiert werden. Schwarzhändler bieten in den Großstädten Umtauschkurse, die deutlich über der offiziellen Rate liegen. Denken Sie jedoch daran, daß ein solcher Geldwechsel illegal ist und daß sich unter den Schwarzhändlern in Istanbul Trickbetrüger befinden. Eventuell wird Ihnen aber im Istanbuler Basar ein etwas günstigerer als der offizielle Umtauschkurs beim Einkauf mit Devisen verrechnet. Wollen Sie außerhalb der Bankstunden wechseln, so versuchen Sie es in guten Restaurants, in Istanbul zudem am Bahnhof Sirkeçi und an der Wechselstube am Flughafen, die auch an Feiertagen geöffnet ist.

Da die Türkische Lira gegenwärtig in einem rapiden inflationären Verfall begriffen ist, kann es sich bei längeren Aufenthalt lohnen, jeweils nur für kleinere Zeitabschnitte im voraus zu tauschen und auf eine Korrektur des Wechselkurses zu Ihren Gunsten zu warten.

Gesundheit

In den Großstädten, z. B. in Istanbul, ist das Leitungswasser gechlort und ohne Risiko trinkbar (wenn auch wenig wohlschmeckend); anders auf dem Land und in Kleinstädten, wo Wasser verunreinigt sein kann. Meiden Sie auch ungeschältes Obst und Salate, die in undesinfiziertem Wasser gewaschen sind, sowie Eiscreme.

Zur Wasserdesinfektion sind chemische Entkeimungsmittel erhältlich, außerdem auch Filter, die allerdings vor allem für den Autofahrer in Frage kommen. Bei Durchfällen, die mit blutigem Stuhl verbunden sind oder die sich länger als 4 oder 5 Tage hinziehen, sollten Sie den Arzt aufsuchen. Im Sommer sind bei längeren Besichtigungsgängen oder Wanderungen Kopf- und Nackenschutz anzuraten.

Man sollte nicht vergessen, daß die Türkei Teil des Orients und somit ein Land ist, das in gesundheitlichen Dingen eine gewisse Vorsicht verlangt; zu übertriebener Ängstlichkeit ist jedoch kein Anlaß.

Vgl. *Gesundheitsvorsorge*, S. 211; *Apotheken*, S. 216; *ärztliche Betreuung*, S. 216.

Gewichte und Maße

Metrisches System.

Hotels, Motels, sonstige Unterkünfte

Die türkische Fremdenverkehrs- und Informationszentrale gibt jährlich einen kostenlos anzufordernden *Hotelführer* heraus, der sämtliche lizensierten Hotels und Pensionen aufführt. Man unterscheidet neben einer Luxusklasse und vier Hotelklassen drei Motelkategorien sowie drei Pensionsklassen.

Praktisch ist die Situation so, daß in allen Großstädten und Ferienzentren gute und mittlere Hotels zur Wahl stehen. Luxushotels gibt es allerdings nur in Istanbul, Ankara und Izmir.

Reisen Sie auf abgelegenen Routen fern des Touristenstroms, wird die Unterkunftssituation problematischer: Sie werden im Osten häufig mit sehr einfachen, wenn nicht primitiven unklassifizierten Hotels oder Dorfherbergen vorliebnehmen müssen. Es zahlt sich hier aus, einen Leinenschlafsack oder zwei zusammenge-

Klima

Mittel der täglichen Sonnenscheinstunden und monatlichen Niederschlagtage

	J	F	M	A	M	J	J	A	S	O	N	D
Adana	5,0/12	6,0/10	6,7/9	8,1/8	10,0/6	11,6/3	12,0/0,8	11,7/0,7	10,2/2	8,4/5	6,4/7	4,8/10
Ankara	3,1/14	4,2/12	5,6/10	7,0/11	9,1/12	11,2/8	12,4/3	11,9/2	9,7/4	7,3/7	5,3/8	3,1/12
Antalya	4,8/14	6,6/11	7,2/8	8,5/6	10,5/5	12,2/2	12,8/0,6	12,1/0,5	10,7/1	8,6/6	6,6/8	5,1/12
Istanbul	2,6/18	3,8/15	4,5/14	6,3/9	8,6/8	10,6/5	11,6/4	10,9/3	8,2/6	5,3/10	3,7/13	2,8/17
Izmir	4,0/14	5,6/11	6,3/9	8,4/8	9,9/6	11,8/2	12,5/0,6	12,2/0,4	10,4/2	7,7/5	5,6/9	4,3/13
Trabzon	3,1/13	3,6/13	3,7/13	4,7/13	5,8/13	7,7/10	7,7/8	7,3/8	5,1/11	5,7/12	3,7/12	3,4/12

Monatsmittel (mittleres mittägliches Maximum) der Lufttemperaturen; Monatsmittel der Wassertemperaturen

	J	F	M	A	M	J	J	A	S	O	N	D
Adana	14,4/—	15,8/—	18,8/—	23,4/—	28,1/—	31,9/—	33,9/—	34,9/—	33,0/—	29,0/—	22,6/—	16,8/—
Ankara	3,9/—	5,8/—	10,7/—	17,4/—	22,4/—	26,6/—	30,3/—	30,4/—	25,9/—	20,2/—	13,0/—	6,2/—
Antalya	14,8/17,8	15,5/16,8	17,6/16,4	21,0/18,6	25,1/20,9	30,1/24,3	33,6/28,4	33,7/29,3	30,8/27,6	26,4/24,9	21,4/21,7	16,8/17,9
Istanbul	8,5/8,1	9,0/7,4	11,0/8,2	16,2/10,9	21,3/15,4	25,8/20,3	28,5/22,8	28,8/23,2	25,0/20,8	20,5/17,2	15,3/13,8	11,0/10,2
Izmir	12,2/11,2	13,5/10,8	15,9/11,9	20,8/15,4	25,9/20,0	30,4/24,4	33,2/26,1	33,1/26,3	29,2/24,3	24,3/20,9	18,5/17,2	14,0/13,3
Trabzon	10,5/9,5	10,3/8,4	11,2/8,9	14,8/10,5	18,5/15,0	22,6/20,6	25,5/24,1	26,3/25,8	23,3/22,0	20,0/18,7	16,4/14,7	12,7/10,0

Vgl. auch *Reisezeit*, S. 211; *Kleidung*, S. 227

nähte Laken mitzuführen, denn Sie können nicht auf frische Bettwäsche rechnen. Auch an die orientalischen Steh- oder besser Hocktoiletten wird derjenige, der die touristisch erschlossenen Gebiete des türkischen Westens verläßt, sich gewöhnen müssen.

Kleidung

Leichte Sommerkleidung für die Küstengebiete im Sommer und Frühherbst, für Zentral- und Ostanatolien auch im Sommer ein wärmeres Kleidungsstück, da die Temperaturen abends bzw. nachts etwas abfallen. Ostanatolien, nicht zu Unrecht ›Türkisch-Sibirien‹ genannt, ist im Winter ein Eiskeller und – wenn es schon zu dieser Zeit sein muß – nur mit wärmster Kleidung auf verschneiten Straßen zu bereisen. Wer die Nordküstengebiete besucht, muß auch im Sommer mit gelegentlichen Niederschlägen rechnen.

Vgl. *Moscheebesuch*, S. 227.

Leihwagen

In Istanbul, Ankara und Izmir sowie in den Ferienzentren Antalya, Kuşadası und Marmaris findet der Reisende Leihwagen-Agenturen. Auf Wunsch stellen diese Agenturen auch einen Fahrer. Die Kosten entsprechen dem internationalen Standard, sind also nicht niedrig, so daß es sich lohnen kann, alternativ für eine Ganztagspauschale ein Taxi zu mieten.

Auskunft über Leihfirmen und die genauen Preise erteilen die örtlichen türkischen Fremdenverkehrsbüros.

Moscheebesuch

Die neue Mosquee deß Sultan Achmets: Diese ist der ansehnlichsten eine in ganz Constantinopel ... Zwar würden ihre Proportionen unsern Bau-verständigen schwerlich gefallen/ nichts destoweniger sind die Türken gewohnet/ ihre Sachen also einzurichten/ wie es ihnen selbst gut deuchtet ... Der Hof vor der Mosquee ist eben groß/ als der Grund an selber/ und hat einen Gang herum/ welcher auf alten Seulen von roth und grauem Marmor ruhet/ in der Mitte einen Brunnen/ so mit einem verguldeten eisernen Gegitter eingeschlossen ... Die neue Mosquee/ der Sultanin/ deß jetzt-regierenden Mahomets seiner Mutter/ ist noch viel prächtiger. Dann sie ist eines der schönsten Gebäude/ so man irgendwo sehen mag/ man betrachte sie gleich von aussen oder innen.

Jacob Spon 1675

In den touristisch erschlossenen Gebieten der Türkei ist ein Moscheebesuch problemlos. Außerhalb der Gebetszeit ist es hier sogar möglich zu photographieren. Shorts, Miniröcke, weite Ausschnitte, arm- und schulterfreie Kleider werden allerdings nicht gern gesehen und können dazu führen, daß der Einlaß verwehrt wird.

In Zentral- und Ostanatolien kann es vorkommen, daß weibliche Besucher nur mit Kopftuch eingelassen werden. Überhaupt sehen die türkischen Moslems den ›ungläubigen‹ Besucher in diesen Gebieten nicht immer gern, und Photographieren würde als Provokation empfunden.

Generell gilt, daß vor dem Betreten einer – mit Teppichen ausgelegten Moschee – die Schuhe auszuziehen sind. Man trägt sie mit sich oder stellt sie am Moscheeeingang in Regalen oder neben der Tür ab. Gelegentlich stehen auch geräumige Pantoffeln zum Überstreifen zur Verfügung.

Museen

Der kulturelle Reichtum Kleinasiens hat seinen Niederschlag in einer überraschend großen Zahl von Museen gefunden. Zentren sind Istanbul und Ankara, doch haben zuweilen auch Kleinstädte museale Attraktionen zu bieten. Die Öffnungszeiten variieren; als Richtwert: täglich außer montags von 10 bis 17 Uhr, manchmal durch eine Mittagspause unterbrochen. Die Eintrittsgebühren sind in der Regel niedrig.

Adana

Das Regionalmuseum, unmittelbar neben dem Busbahnhof gelegen, beherbergt eine archäologische und eine ethnologische Sammlung. Zu den herausragenden Stükken gehören eine hethitische Statuette aus Kristall, einige Urartu-Objekte, römische Sarkophage (bekannt: der Akileus-Sarkophag) und das Orpheus-Mosaik aus dem 3. Jh. n. Chr.

Afyon

Die vom Tourismus noch kaum berührte Stadt besitzt ein Ethnologisches und ein Archäologisches Museum, letzteres mit einer Auswahl, die vom Neolithikum bis zur byzantinischen Ära reicht und vor allem Funde aus der Umgebung einschließt. Keine herausragenden Stücke. Das Ethnologische Museum ist in einer Medrese von 1477 untergebracht.

Ahlat

Der alte Friedhof bei Ahlat am Nordufer des Van-Sees, ein Freilichtmuseum, besitzt seit 1971 auch einen kleinen Museumsbau. Die reich dekorierten Grabsteine und schönen Türben lohnen einen Besuch.

Alaca Hüyük

Bei der Ausgrabungsstätte steht ein kleines Museum, doch sind die schönsten Fundstücke im Archäologischen Museum von Ankara zu sehen. Ein neues Museum ist im Bau.

Alanya

Das 1967 eröffnete Museum liegt in der Nähe der Damlataş-Grotte. Es gliedert sich in eine archäologische und eine ethnologische Sektion. Nicht besonders lohnend.

Amasya

Das Museum ist in der sehenswerten Moschee der Blauen Koranschule untergebracht, einem Bau aus dem Jahre 1276 mit Seldschukenportal. Zu den – archäologischen und ethnologischen – Exponaten gehören auch zwei Ilchanen-Mumien (?) aus dem 14. Jh.

Ankara

Das exzellente Archäologische Museum mit der bedeutendsten Hethiter-Sammlung der Welt sowie interessanten Çatal-Hüyük-Funden sollte man sich auf keinen Fall entgehen lassen.
Vgl. auch S. 205.

Antakya

Mit seiner außergewöhnlichen Mosaikensammlung ist das Archäologische Museum des Hatay eine Sehenswürdigkeit ersten Ranges. Die Mosaiken aus dem 2.–4. Jh. n. Chr. stammen aus Villen des antiken Antiochia und vor allem des Vororts Daphni und sind in ihrer Ikonographie teilweise von den Mysterienreligionen der Zeit beeinflußt.

Antalya

Das 1972 neu eröffnete Regionalmuseum liegt an der Ausfallstraße zum Konyaaltı-Strand. Bemerkenswert der Herkules-Sarkophag, eine hellenistische Apollo-Statue und die Statue der Plancia Magna. Das zweite interessante Museum Antalyas, das Ethnologische Museum, ist in einem alten islamischen Gebäudekomplex beim berühmten Gefurchten Minarett untergebracht.

Aydın

Der moderne Flachbau von 1973 zeigt in seiner archäologischen Abteilung u. a. einige sehenswerte Funde aus den nahegelegenen Ruinen von Tralles.

Bergama (Pergamon)

Das Museum enthält Burgberg- und Asklepieion-Funde, daneben auch solche aus Myrina. Das schönste Stück der Sammlung ist die Statue Hadrians aus der Bibliothek des Asklepieions. Bergama besitzt daneben auch ein Ethnologisches Museum.

Bodrum

Das sehenswerte Museum ist seit 1964 im Kastell St. Peter untergebracht, und zwar in einem Saal des Haupthauses und in der Kapelle. Zu besichtigen sind u. a. Funde der Unterwasserarchäologie, darunter Bronzestatuen der Göttin Isis und eines Negerknaben (2. Jh. v. Chr.).

Boğazköy (Boğazkale)

Kleines Museum, das ausgewählte Funde vom Boden der Hethiter-Hauptstadt Hattusa zeigt. Die schönsten Funde befinden sich jedoch im Archäologischen Museum von Ankara.

Burdur

Kleines Provinzmuseum mit Funden aus der Umgebung der Stadt, darunter Keramik der am Südwestufer des Burdur-Sees gelegenen neolithischen Stätte Hacılar.

Bursa

Neben dem Archäologischen Museum im Stadtpark mit seiner reichen Münzensammlung und römisch-byzantinischen Relikten sowie dem Museum für türkische und islamische Kunst in der Grünen Medrese mit schönem Innenhof ist auch das Osmanische Haus beachtenswert, ein Holzbau aus dem 18. Jh. im Stadtteil Muradiye nahe den Prinzengräbern, der einen guten Eindruck vom alttürkischen Haushalten und Leben vermittelt.

Çanakkale

Ein neues Museum ist in Bau. Das alte Museum ist in einer Kirche untergebracht und enthält nur wenig Sehenswertes (wie z. B. den Goldschmuck aus dem Dardanos-Tumulus).

Çorum

Die Provinzhauptstadt besitzt seit 1968 ein Museum mit Funden aus Alaca Hüyük, Boğazköy, Alisar und Pazarlı.

Diyarbakır

Neben dem Atatürk-Haus (Semanoğlu-Haus) im typischen architektonischen Stil

Diyarbakırs und neben den beiden kleinen Museen für den türkischen Philosophen Ziya Gokalp und den Dichter Cahit Sitki Tarançi besitzt die Stadt ein Archäologisch-Ethnologisches Museum, das in der Zincirli-Medrese von 1198 untergebracht ist. Ausgestellt sind hier Funde aus assyrischer, hethitischer, römischer, byzantinischer und osmanischer Zeit.

Edirne

In der Koranschule südlich der Selim-Moschee befindet sich das Museum für türkische und islamische Kunst mit osmanischen Steininschriften, geschnitzten Holztüren, Stickereien, Waffen, Glasobjekten und einem schönen Zeremonialzelt. Das Archäologisch-Ethnologische Museum zeigt Teppiche, Trachten und in seiner archäologischen Sektion chronologisch geordnete Funde der thrakischen und anatolischen Kulturen.

Ephesus

Allein wegen der großartigen Statue der Artemis von Ephesus lohnt sich der Besuch des Museums. Daneben schöne Porträtplastik. Beachtenswert vor allem auch die Bronzearbeit ›Der Knabe mit dem Delphin‹ aus dem 2. Jh. n. Chr.

Erzurum

Wie die meisten anderen türkischen Museen gliedert sich auch das von Erzurum in eine archäologische und eine ethnologische Abteilung; erstere enthält Funde von der prähistorischen bis zur byzantinischen Zeit, darunter jedoch keine herausragenden Stücke. Das Kongreß-Museum besitzt eine Sammlung von Andenken an Atatürk und den Erzurum-Kongreß von 1919.

Eskişehir

Das Archäologische Museum der Stadt kann mit einigen beachtenswerten spätrömischen Mosaiken aus Dorylaeum aufwarten. Ähnlich wie in Bursa hat man auch in Eskişehir ein osmanisches Haus (aus der Mitte des 19. Jhs.) als historisches Schaustück mitsamt seiner Inneneinrichtung erhalten. Beachten Sie die schönen Holzschnitzereien.

Fethiye

Das kleine Museum zeigt Funde aus Lykien sowie aus römischer und byzantinischer Zeit.

Gaziantep

Im 1969 eröffneten neuen Archäologischen Museum (das auch über eine ethnologische Abteilung verfügt) sind Funde aus den Ausgrabungen von Karkemiš (Karkamiş), Zincirli und Sakçagözü zu sehen.

Gordion

Dem Tumulus des Königgrabs gegenüber liegt, auf den Fundamenten eines Megaron-Hauses errichtet, ein kleines Museum mit Funden vor allem aus phrygischer Zeit. Die schönsten Stücke befinden sich heute allerdings im Archäologischen Museum in Ankara.

Göreme

Vgl. S. 45–48.

Hacıbektaş

Hacıbektaş Veli war der Begründer eines Derwisch-Ordens von großer historischer Bedeutung. Das Stammkloster des Ordens im Geburtsort des Stifters ist 1964 in ein sehenswertes Museum umgewandelt worden.

Hatay
Vgl. Antakya.

Isparta
Im Bau befindet sich ein Teppich-Museum, das dem Rang der Stadt als Zentrum der Teppichknüpferei gerecht werden soll.

Istanbul
Vgl. S. 195 f.

Izmir
Sehenswert ist das Archäologische Museum im Kulturpark, wo man Funde aus der Umgebung Izmirs bzw. Smyrnas zusammengetragen hat (Demeter-Büste, Artemis-Statue), darüber hinaus auch Stücke aus Pergamon, Sardes, Ephesus und anderen archäologischen Stätten der Westküste. Izmir besitzt ferner ein Atatürk-Museum und ein Museum für Kunst und Bildhauerei mit türkischen Werken bis hin zur Gegenwart.

Izmit
Das Museum ist im neoklassizistischen ehemaligen Jagdhaus des Sultans Abdülaziz untergebracht. Zu ebener Erde sind archäologische Funde u. a. aus der antiken Provinz Bithynien, im ersten Stock Schaustücke aus der Spätzeit des türkischen Sultanats und ein Atatürk-Zimmer zu sehen.

Iznik
Das Museum des alten Nicaea ist in der 1388 erbauten Nilüfer-Hatun-Armenküche untergebracht. Griechisch-römische Funde, darunter ein Marmorsarkophag mit Medusengirlanden, sowie alte Fayencen aus den Manufakturen von Iznik sind ausgestellt.

Karatepe
Der ›Schwarze Berg‹ ist die Residenz eines späthethitischen Kleinstaats. Die Burganlage mit zahlreichen bildgeschmückten Orthostaten unter einem Schutzdach ist heute ein sehenswertes Freilichtmuseum.

Kars
Seit 1963 wurden in der Kümbet Camii, einer aus der Apostelkirche von 930–937 hervorgegangenen Moschee, Funde aus der Umgebung von Kars und aus den Schürfungen von Ani zusammengetragen. Ein neues Museum ist in Bau.

Kastamonu
Funde aus Paphlagonien, daneben türkische Waffen und ethnologische Schaustücke. Das Museum hat einen kleinen Atatürk-Gedenkraum.

Kayseri
Die Stadt besitzt ein Archäologisches Museum mit Funden aus Kültepe sowie ein Museum für türkische und islamische Kunst.

Konya
Die alte Seldschukenstadt ist reich an bedeutenden Museen. Von besonderem Interesse ist das Mevlâna-Kloster (vgl. S. 139). Daneben gibt es ein Archäologisches Museum, ein sehenswertes Keramik-Museum, das in der Büyük Karatay Medresesi, einer Koranschule aus dem Jahre 1251 mit reich dekoriertem Portal, untergebracht ist und Fayencen aus der Umgebung Konyas, vor allem aus dem Kubadabad-Palast zeigt, sowie ein Museum für Stein- und Holzskulpturen in der Ince Minare Camii von 1265–67 mit herrlichem Seldschuken-Torschmuck und durch

Blitzschlag 1901 gekappten charakteristischen Rumpfminarett. In der Sirçalı Medrese (1242) befindet sich ein Museum für historische Grabsteine aus seldschukischer und osmanischer Zeit. Konya besitzt auch ein Regionalmuseum für Ethnologie und ein Atatürk-Haus.

Kültepe

In Kültepe, dem alten Kaneš, wurden berühmte Schrifttafeln aus dem 18. und 19. Jh. v. Chr. sowie Keramiken gefunden. Eine Auswahl von Siegeln, Tafeln und Keramiken, dazu Photographien und Skizzen der Ausgrabungsstätte, zeigt das kleine, 1969 eröffnete Museum am Ort.

Kütahya

Die Provinzhauptstadt ist nach Iznik das bedeutendste türkische Keramik-Zentrum. Keramiken sind entsprechend auch im Museum von Kütahya vertreten, das sich seit 1965 in einer Koranschule aus dem Jahre 1314 befindet und über archäologische Funde vor allem aus der hellenistischen, römischen und byzantinischen Periode verfügt.

Malatya

Das 1971 im Nationalpark von Malatya eröffnete Museum zeigt, chronologisch geordnet, ein Spektrum von Funden, die vom Chalkolithikum bis zur osmanischen Zeit reichen, darunter eine Reihe von Stücken aus Arslantepe.

Manisa

Das Museum befindet sich in der Medrese (ethnologische Abteilung) bzw. in der ehemaligen Armenküche (archäologische Abteilung) bei der von Sinan erbauten Murat-Moschee. In der archäologischen Sektion sind u. a. Funde aus Sardes ausgestellt.

Milet

Funde (Keramik, Skulptur) aus den neueren Ausgrabungen in Milet.

Misis

Das kleine Mosaikenmuseum von Misis ist mit seinen schönen figürlichen Arbeiten aus dem 3./4. Jh. n. Chr. eine sinnvolle Ergänzung zum Hatay-Museum in Antakya.

Narlikuyu

Ein kleiner Museumsraum mit einem vielbeachteten Mosaik, das die ›drei Grazien‹ zeigt. Narlikuyu liegt an der Silifke-Anamur-Strecke in der Nähe der Abzweigung zu den Grotten Cennet-Cehennem.

Nevşehir

Ethnologische Stücke und eine kleine Auswahl archäologischer Funde, seit 1967 in einer Armenküche aus dem 18. Jh. untergebracht.

Niğde

Die Stadt besitzt in der Weißen Koranschule aus dem Jahre 1409 ein Provinzmuseum mit Funden aus der Umgebung der alten Seldschukenstadt: Statuen, Grabstelen, Holztüren etc. Ein neues Museum ist in Bau.

Samsun

Die zwei Museen Samsuns sind der neueren politischen Geschichte der Türkei gewidmet: das Museum des 19. Mai und das Atatürk-Museum. Am 19. Mai 1919 begann Atatürk von Samsun aus den Widerstandskampf gegen die ausländischen Mächte auf türkischem Boden.

Side

Das Museum von Side befindet sich in einem alten römischen, 1963 neu überdachten und restaurierten Bad und verfügt über eine sehenswerte Statuen- und Porträtplastik-Sammlung, ergänzt durch Sarkophage und Kleinfunde.

Sinop
In der Geburtsstadt des Diogenes hat 1970 ein moderner Bau das alte Museum in einer Medrese abgelöst. Ausgestellt sind archäologische Funde (alle Epochen) und ethnologische Schaustücke, darunter schöne Teppiche aus dem 16. und 17. Jh.

Sivas
Eine kleine volkskundliche Sammlung befindet sich in der Muzaffer Bürüciye Medresesi aus dem Jahre 1272 (schönes Seldschuken-Portal). Daneben besitzt Sivas im Atatürk-Museum des 4. September einen Bau zum Gedächtnis an den Kongreß von Sivas im Jahre 1919.

Trabzon
Die Kreuzkuppelkirche der Hagia Sophia (1238–63), kulturgeschichtliche Hauptattraktion der Stadt, ist mit ihren Reliefs, Mosaikböden und Fresken heute zum Museum umgewidmet. Außerdem besitzt die Stadt ein Atatürk-Haus.

Troja
Das kleine Troja-Museum hat archäologische Funde und Abgüsse vom Hisarlık-Hügel und aus der Umgebung zusammengestellt.

Urfa
Im 1968 eröffneten Provinzmuseum der Stadt sind vor allem Funde aus dem alten Urfa und Harran/Sultantepe zu besichtigen, außerdem Objekte islamischer Zeit.

Van
Das kleine Museum von Van (eröffnet 1972) besitzt eine Sammlung urartäischer Fundstücke aus dem alten Tušpa, von Toprakkale, Gavuştepe und Adilçevaz. Im Garten Inschriftensteine aus der Urartu-Zeit. Daneben sind einige ethnologische Stücke und Relikte aus Alt-Van ausgestellt.

Yalvaç
In den drei Räumen des Museums sind vor allem Funde (Statuen, Büsten) aus dem nahegelegenen Antiochia ad Pisidiam zu sehen, daneben ethnologisch interessante Arbeiten aus der Region, osmanische Manuskripte und Inschriften.

Weitere kleine Museen befinden sich in Akşehir, Aphrodisias, Denizli, Elâziğ, Erdemli, Ereğli, Karaman, Maraş, Mardin, Milas, Silifke, Tarsus, Tekirdağ, Ürgüp, Uşak, Zonguldak.

Nationalparks

Zur Zeit gibt es in der Türkei sieben Nationalparks, die Naturschutzgebiete und landschaftlich besonders reizvolle Szenerie umfassen.

Çamlıc
Am Ende einer Serpentinenstraße, 7 km südlich von Yozgat gelegen.

Karatepe/Aslantaş
Naturschutzgebiet bei der späthethitischen Residenz Karatepe, 22 km südlich von Kadirli (mäßige Straße) beiderseits des fischreichen Ceyhan.

Manyas Kuş Cenneti
Der Manyas-See, 20 km südlich des gleich-

namigen Ortes im Kreis Bandırma, ist eine Zugvogelstation; vertreten sind einige sehr seltene Vogelarten.

Samsun Dağı
24 km von Kuşadası entfernt auf der Halbinsel Dilek Yarımadası gelegen. Fischreiche Flüsse und kleine Seen, reiche Flora und Fauna.

Soğukzu
Schönes Nadelwaldgebiet 78 km von Ankara entfernt mitten in der Steppe, unweit der Verbindungsstraße Istanbul–Ankara (Abzweigung bei Kızılcahamam).

Ulu Dağ
Der bithynische Olymp bei Bursa, höchster Berg des westlichen Kleinasien mit schönen Wäldern und Bergwiesen. Von Bursa aus leicht erreichbar.

Yedi Göller
Naturschutzgebiete der ›Sieben Seen‹ 40 km südlich von Bolu.

Öffnungszeiten

Behörden und Banken sind außer am Samstag und Sonntag täglich von 8.30 bis 12.00 und von 13.00 oder 14.00 bis 17.00 oder 17.30 geöffnet. (In den Mittelmeergebieten können sie im Sommer jedoch nachmittags geschlossen sein.)

Geschäfte öffnen im allgemeinen (eine feste Regel gibt es nicht) zwischen 8.00 und 9.00, schließen manchmal um 13.00 zu einer Mittagspause und sind dann wieder bis 19.00 oder 20.00 geöffnet. Basare sind nach alter Tradition bis zum Sonnenuntergang offen.

Vgl. *Post,* S. 234.

Photographieren

Zumal in Ostanatolien und Kurdistan sollten Sie darauf verzichten, Frauen zu photographieren, es sei denn, der Gatte oder Vater (falls anwesend) gestattet es Ihnen. Moscheeinnenaufnahmen – wenn überhaupt – niemals während der Gebetszeit und möglichst nicht mit Blitz! Im übrigen ist man in der Türkei aber weniger allergisch gegen die Kamera als in anderen islamischen Ländern. Es kann sogar sein, daß man sich in den Dörfern danach drängt, von Ihnen potographiert zu werden

Die üblichen Photo-Verbote bestehen in bezug auf militärische Anlagen und an der türkisch-russischen Grenze (Ani).

Vgl. *Verhalten im türkischen Alltag,* S. 242.

Post

Ein gelbes Schild mit der Aufschrift PTT bezeichnet das türkische Postamt. Die Hauptpostämter sind montags bis samstags von 8.00 bis in den späten Abend (manchmal sogar bis 24.00) geöffnet, sonntags von 9.00 bis 19.00. Kleinere Postämter arbeiten von 8.30 bis 12.00 und von 13.00 bis 17.30, mit Ausnahme von Samstag und Sonntag. Beachten Sie aber mögliche Veränderungen im Sommerhalbjahr. Überhaupt scheint es hier wenig Einheitlichkeit zu geben.

Im Postamt erhalten Sie Jetons für Ortsgespräche (vgl. *Telephonieren,* S. 240) und können Ferngespräche anmelden.

Postlagernde Briefe in die Türkei müssen mit dem Vermerk *postrestant* an das

Postamt eines Ortes (bei größeren Städten an das Hauptpostamt, *Merkez Postane*) gesandt werden, wo sie gegen Vorlage des Reisepasses/Personalausweises und eine kleine Gebühr abgeholt werden können.

Schuhputzer

In allen türkischen Großstädten werden Ihnen Schuhputzer mehr oder minder beharrlich ihre Dienste offerieren, die nicht mehr als umgerechnet etwa 0,50 DM kosten sollten.

Souvenirs

Türkische ›Spezialitäten‹ sind Teppiche, Lederwaren, Mokkageschirr, Kupfertreibarbeiten, Töpferwaren und Keramik, Alabastervasen, Meerschaumpfeifen, Stoffe, Wirk- und Strickwaren, Stickereien, Schmuck.

Unter der Hand angebotene ›garantiert echte Antiquitäten‹, vor allem ›antike Münzen‹ aus den Ruinenstädten, sind in der Regel gefälschte Massenware. Im übrigen ist die Ausfuhr von echten Antiquitäten streng verboten.

Vgl. *Feilschen*, S. 223; *Zollbestimmungen für die Ausreise*, S. 243.

Sperrzonen

Gebiete unmittelbar entlang der sowjetischen Grenze sind militärische Sperrzone und nur mit Spezialerlaubnis zu bereisen. U. a. fallen der Berg Ararat und die armenische Ruinenstadt Ani unter die Bewilligungspflicht. (Sie wird für Ani ohne weiteres im nahen Kars erteilt.) Die Grenze zur UdSSR ist für den motorisierten Fremdenverkehr geschlossen.

Bootsbesitzer dürfen in den folgenden Militärzonen nicht anlegen:

– in der Einfahrt der Dardanellen, bei den Inseln Imroz und Bozca, im Gebiet von Kumkale und Mehmetçik Burnu, in der Anıt Körfesi;

– im nördlichen Teil des Bosporus, im Golf von Izmit und an der Prinzeninsel Yassı;

– in der Hafeneinfahrt von Izmir, im Südhafen von Eski Foça und bei den Inseln Uzun und Hekim;

– in bestimmten Teilen der Häfen von Mersin und Iskenderun.

Sprachführer

Die Buchstaben und ihre Aussprache

A	a	in Wörtern türkischen Ursprungs a wie in ›bald‹ (niemals lang wie in ›Wahl‹)
B	b	wie deutsches b
C	c	entspricht dem deutschen Lautkomplex dsch
Ç	ç	entspricht dem deutschen Lautkomplex tsch
D	d	wie deutsches d
E	e	entspricht dem deutschen ä, stets kurz und offen wie in ›Gefälle‹ (niemals lang wie in ›gequält‹)
F	f	wie deutsches f
G	g	wie deutsches g
Ğ	ğ	dieser Buchstabe kann auf zwei verschiedene Weisen ausgesprochen werden: – in hell vokalisierten Wörtern wie deutsches j; – in dumpf vokalisierten Wörtern, als sehr tief in der Kehle gesprochenes, oft nur gehauchtes g, zu umschrei-

		ben etwa durch gh, zwischen zwei Vokalen oft unhörbar
H	h	wie deutsches h; ist auch vor Konsonanten und am Wortende stets deutlich hörbar auszusprechen, also niemals wie ein deutsches Dehnungs-h
I	i	in Wörtern türkischen Ursprungs kurzes, helles i wie in ›Gift‹ (niemals lang wie in ›mir‹)
I	ı	kurzes dumpf, getrübt gesprochenes i
J	j	wie das weiche französische j in ›Journal‹ oder wie z in den slawischen Sprachen
K	k	entspricht im allgemeinen dem deutschen k, doch wird es in hell vokalisierten Wörtern etwas weicher, in dumpf vokalisierten Wörtern hingegen etwas rauher und tiefer in der Kehle gesprochen
L	l	wie deutsches l
M	m	wie deutsches m
N	n	wie deutsches n
O	o	kurzes, offenes o wie in ›voll‹ (niemals lang und geschlossen wie in ›hohl‹)
Ö	ö	kurzes, offenes ö wie in ›Hölle‹ (niemals lang und geschlossen wie in ›Höhle‹)
P	p	wie deutsches p
R	r	Zungen-, seltener Zäpfchen-r
S	s	scharfes ss wie in ›reißen‹ (niemals weich wie in ›reisen‹)
Ş	ş	entspricht dem deutschen Lautkomplex sch
T	t	wie deutsches t
U	u	in Wörtern türkischen Ursprungs kurzes, offenes u wie in ›Mull‹ (niemals lang und geschlossen wie in ›Stuhl‹)
Ü	ü	kurzes, offenes ü wie in ›Tüll‹ (niemals lang und geschlossen wie in ›Mühle‹)
V	v	entspricht dem deutschen w
Y	y	stets Konsonant, entspricht deutschem j
Z	z	entspricht deutschem weichen s wie in ›reisen‹.

Die Buchstaben q, w und x kommen, wie ersichtlich, im türkischen Alphabet nicht vor; wo sie in fremden Eigennamen auftreten, werden sie zwar zuweilen ins Türkische übernommen, meist jedoch wird ihr Lautwert umschrieben: z. B.

q durch kv
w durch v
x durch ks.

Groß werden lediglich die Eigennamen geschrieben. Sämtliche übrigen Wörter beginnen mit Kleinbuchstaben, ausgenommen natürlich der Satzanfang.

Begrüßung und geläufige Redewendungen

Wenn Sie mit ›Hoş Geldiniz‹ (Willkommen) begrüßt werden, dann sollten Sie mit ›Hoş Bulduk‹ (Bin froh, Sie zu sehen) antworten.

Hallo, Guten Tag	Merhaba
Guten Morgen	Günaydın
Guten Abend	Iyi Akşamlar
Gute Nacht	Iyi Geceler
Ja	Evet
Nein	Hayır
O. K., in Ordnung	Tamam
Bitte	Lütfen
Danke	Teşekkür ederim oder mersi
Bitte	Rica ederim
Entschuldigen Sie	Affedersiniz
Wie geht es Ihnen?	Nasılsınız?
Es geht mir gut (Es geht uns gut)	Iyiyim (Iyiyiz)
Es gibt	Var
Es gibt nicht	Yok
Gibt es?	Var mı?
Wo?	Nerede?
Wie?	Nasıl?
Ich verstehe nicht	Anlamıyorum
Auf Wiedersehen	Allaha Ismarladık (sagt der, der geht); Güle Güle (sagt der, der bleibt)
Gute Reise	Iyi Yolculuklar

Die Zahlen

1 bir	20 yirmi
2 iki	21 yirmi bir
3 üç	usw.
4 dört	30 otuz
5 beş	40 kırk
6 altı	50 elli
7 yedi	60 altmış
8 sekiz	70 yetmiş
9 dokuz	80 seksen
10 on	90 doksan
11 on bir	100 yüz
12 on iki	150 yüz elli
13 on üç	200 iki yüz
14 on dört	1000 bin
usw.	2000 iki bin

Uhrzeit – Tageszeit

Eine Stunde	Bir saat
Wie spät ist es?	Saat kaç?
Um wieviel Uhr?	Saat Kaçta?
Eine Minute	Bir dakika
Halbe Stunde	Yarım Saat
15 Minuten	15 dakika
Ich habe Zeit	Zamanım var
Ich habe keine Zeit	Zamanım york
Am Morgen	Sabah
Am Nachmittag	Öğleden sonra
Am Abend	Akşam
In der Nacht	Gece
Der Tag, ein Tag	Gün, bir gün
Die Woche	Hafta
Der Monat	Ay
Tagsüber	Gündüz
Gestern	Dün
heute, morgen	bugün, yarın
Morgen in der Früh	Yarın sabah

Wochentage

Montag	Pazartesi
Dienstag	Salı
Mittwoch	Çarşamba
Donnerstag	Perşembe
Freitag	Cuma
Samstag	Cumartesi
Sonntag	Pazar

Personalien

Name, Vorname	Soyadı, adı
Staatsbürgerschaft	Milliyeti
Geburtsdatum	Doğum tarihi
Geburtsort	Doğum yeri
Verheiratet, ledig	Evli, bekâr

Reise

Flugzeug	Uçak
Schiff	Gemi
Bahn	Tren
Autobus	Otobüs
Auto	Otomobil
Wagen, Mietwagen	Araba, kiralık araba
Flughafen	Hava Alanı
Hafen	Liman
Bahnhof	Gar (oder) Istasyon
Zoll	Gümrük
Wo ist der Flughafen, der Hafen ...?	Hava Alanı, Liman... nerede?
Wann kommt das Flugzeug an?	Uçak ne zaman geliyor?
Wann fliegt das Flugzeug ab?	Uçak ne zaman kalkıyor?
Wann fährt das Schiff ab?	Gemi ne zaman kalkıyor?
Reisebüro	Seyahat Acentası
Reise	Seyahat
Fahrkarte	Bilet
Wo ist das Fremdenverkehrs- und Informationsbüro?	Turizm ve Tanıtma Bürosu nerede?
Ist es weit?	Uzak mı?

Im Hotel

Ein Hotel, eine Pension, ein Zimmer	Bir otel, bis pansıyon, bir oda
Gibt es hier ein gutes Hotel?	Iyi bir otel var mı?
Haben Sie ein Zweibettzimmer?	Iki kişilik bir oda var mı?

Haben Sie ein Einbettzimmer?	Tek yataklı bir oda var mı?
Ein Zimmer mit Bad	Banyolu bir oda
Ein Zimmer mit Dusche	Duşlu bir oda
Ein Zimmer mit Ausblick auf das Meer	Denize bakan bir oda
Haben Sie kein besseres Zimmer?	Daha iyi bir odanız yok mu?
Was kostet es?	Fiatı nedir?
Ist Frühstück inbegriffen?	Kahvaltı dahil mi?
Frühstück, bitte	Kahvaltı, lütfen
Mittagessen	Öğle yemeği
Abendessen	Akşam yemeği
Essen	Yemek
Handtuch, Seife	Havlu, sabun
Die Rechnung, bitte	Hesap, lütfen

Frühstück (Kahvalti)

Kaffee, Milch	Kahve, süt
Kaffee mit Milch	Sütlü kahve
Tee	Çay
Brot, Butter, Marmelade	Emmek, tereyağ, reçel
Ei	Yumurta
Obstsaft	Meyve suyu
Toast	Kızarmış ekmek

In der Stadt

Stadt	Şehir
Gasse	Sokak
Straße, Boulevard	Cadde, bulvar
Platz	Meydan
Kreuzung	Kavşak
Moschee	Cami
Kirche	Kilise
Museum	Müze
Laden, Geschäft	Dükkan, mağaza
Bank	Banka
Wo ist das Museum?	Müze nerede?
Wo ist der Strand?	Plaj nerede?
Stadtplan	Şehir planı
Rechts	Sağ, sağda
Nach rechts	Sağa
Links	Sol, solda
Nach links	Sola
Die zweite Straße links	Soldan ikinci sokak

Unterwegs mit dem Auto

Benzin, Tankstelle	Benzin, benzin istasyonu
Super	Süper
Motoröl	Yağ
Ölwechsel, ölen	Yağ değiştirme, yağlamak
Ich habe eine Autopanne	Arabam bozuldu
Der Motor ist nicht in Ordnung	Motor iyi çalışmıyor
Ist in der Nähe eine Garage?	Yakında bir garaj var mı?
Bitte, reparieren Sie das!	Lütfen bunu tamir edin
Reifen, Reifenpanne	Lastik, lastik patladı
Batterie, Bremsen	Akümülator, frenler
Gangschaltung	Vites kutusu
Zündkerzen	Bujiler
Wohin führt dieser Weg?	Bu yol nereye gidiyor?
Ist die Straße gut?	Yol güzel mi?
Straßenkarte	Yol haritası

Auf der Post

Wo ist das Postamt?	Postahane nerede?
Ist es offen?	Açık mi?
Offen, geschlossen	Açık, kapalı
Brief	Mektup
Briefmarke	Pul
Luftpost	Uçakla
Einschreiben	Taahütlü
Telegramm, Telephon	Telgraf, telefon
Postkarte	Kart postal
Ich möchte anrufen	Telefon etmek istiyorum

Einkaufen

Was kostet das?	Bu ne kadar?

Zu teuer	Çok pahalı
Das gefällt mir	Bu hoşuma gitti
Das gefällt mir nicht	Bu hoşuma gitmedi
Geld	Para
Ich möchte etwas Billigeres	Daha ucuz birşey istiyorum
Ich möchte etwas Besseres	Daha iyi birşey istiyorum
Schuhe	Ayakkabı
Hausschuhe	Terlik
Hose	Pantalon
Bluse	Bluz
Rock	Etek
Hemd	Gömlek
Krawatte	Kravat
Hut	Şapka

Allgemeines

Burg	Kale
Festung	Hisar
Markt	Pazar
Berg	Dağ
See	Göl
Meer	Deniz
Fluß	Nehir, ırmak
Golf	Körfez
Insel	Ada
Wald	Orman
Dorf	Köy
Karte	Harita

Steinewerfer

Östlich Ankara werden Sie als Autofahrer mit einiger Wahrscheinlichkeit Opfer eines ganz besonderen türkischen Sports: Kinder und Jugendliche bombardieren vorbeifahrende Touristenwagen mit Steinen. Allerdings scheint es in den letzten Jahren etwas ruhiger geworden zu sein. Was tun? Es gibt kein Patentrezept, bestenfalls einige Tips, die vielleicht im einen oder anderen Fall helfen. Sie können abbremsen, wenn Sie einen potentiellen Werfer (Hirtenjungen) sehen und ihm so den Mut nehmen – dann gleich den Fuß aufs Gaspedal! Einige Autofahrer werfen Bonbons aus dem Fenster und beschäftigen die Kinder so – was natürlich indirekt einem Lösegeld gleichkommt. Wenn das Gelände es erlaubt und der Stein in der Hand die Absicht klar zeigt, können Sie auch hupend auf den Werfer zufahren. Wird Ihr Wagen getroffen, ist es besser weiterzufahren. Der Schuldige ist ohnedies auf und davon, und Nachfragen bei etwaigen Zeugen erbringen erfahrungsgemäß nichts.

Vgl. *Unfallverhalten*, S. 242.

Strom

Wechselstrom, 220 Volt, in einigen Fällen, vor allem in der europäischen Türkei, auch noch 110 Volt.

Studentenrabatte

Gegen Vorlage eines Internationalen Studentenausweises werden folgende Preisermäßigungen gewährt:
- auf Flüge mit Turkish Airlines (THY) ins Ausland: 60%;
- auf Inlandflüge mit THY: 10%;
- auf internationale Passagen mit Turkish Maritime Lines (TML): 15% auf das Einfachticket, 25% auf das Rückfahrticket;
- auf binnentürkische Schiffspassagen mit TML: 50%;
- auf Eisenbahnfahrkarten: 20%;
- auf Kino- und Konzertkarten: 50%;
- auf Eintrittskarten für Museen: 50%.

Der Studentenrabatt auf türkischen Bahnen wird manchmal nur gegen Vorlage einer *türkischen* Studentenkarte gewährt, die wiederum bei Vorlage eines internationalen Studentenausweises und mit einem Paßphoto gegen eine Gebühr beim Studentenbund
MTTB, Travel Office, Istanbul, Babıâli Cad. 37, Cağaloğlu, ✆ 26 69 24
erhältlich ist.

Taxi

Das Wichtigste ist, den Fahrpreis vorher auszuhandeln. Andernfalls wird der Fahrer fast mit Sicherheit einen weit überhöhten Preis fordern. Insbesondere bei den Istanbuler Taxifahrern scheint es fast zum Berufsethos zu gehören, sich am ausländischen Reisenden schadlos zu halten. Taxameter existieren entweder nicht oder werden nicht eingeschaltet.

Für bestimmte Strecken, z. B. Flughafen–Stadt, sind feste Preise vorgeschrieben. Fragen Sie mehrere Taxifahrer und gehen Sie generell davon aus, daß der erstgenannte Preis zu hoch und herunterzuhandeln ist.

Wenn Sie ein Taxi für einen ganzen Tag mieten, z. B. im Göreme-Gebiet, ist Ihnen das staatliche Informationsbüro behilflich. (Übrigens: Sie erkennen Taxis und Sammeltaxis am gelb-schwarz karierten Streifen um die Mitte des Wagens.)

Vgl. *Dolmusch*, S. 220.

Telephonieren

Öffentliche Fernsprecher schlucken in der Türkei Jetons, keine Münzen. Diese Jetons sind am Postschalter oder in Geschäften/Kiosken mit einem Fernsprecher zu kaufen. Ein Summton nach Abheben des Hörers ist das Freizeichen: Wählen Sie nun die gewünschte Nummer. Ein Tuten in kurzer Folge bedeutet, daß der Anschluß des angewählten Teilnehmers besetzt ist; ist er frei, hören sie einen unterbrochenen Brummton.

Fern- und Auslandsgespräche vermittelt das Postamt, wobei zwischen Normal-, Schnell- *(acele)* und Blitzgesprächen *(yıldırım)* unterschieden wird. Ein Direktanschluß besteht bisher nur zwischen Istanbul und Ankara.

Vgl. *Post*, S. 234.

Trink-, Bedienungsgelder

Man gibt im Restaurant zwischen 10% und (bei niedriger Rechnung) 20%, doch gehen einige Restaurants dazu über, ein Bedienungsgeld zu erheben. Taxi- oder Dolmuschfahrer erwarten kein Trinkgeld.

Türkisches Bad

De Amicis (s. Kasten) übertreibt. Die Prozedur ist weder besonders unangenehm, noch muß der Neuling fürchten, durch Verständigungsschwierigkeiten oder Verhaltensfehler peinlich aufzufallen. Die Bademeister nehmen sich seiner hilfreich an. Manchmal sprechen sie ein wenig Englisch oder Deutsch.

Das Türkische Bad oder Hamam verfügt über zwei getrennte Abteilungen für Männer und Frauen. Kleine Badehäuser

Zwei vierschrötige, halbnackte Mulatten schleppen mich eine Holztreppe hinauf und machen mir begreiflich, daß ich mich entkleiden soll, ... führen mich dann in einen anderen warmen Salon ... dann in einen dritten ... Die Temperatur des Gemaches ist eine solche, daß ich, kaum eingetreten, über und über in Schweiß bin und ich meine, mich nur wieder in Gestalt eines kleinen Flusses entfernen zu können wie der Geliebte der Arethusa. Nun beginnen die Mulatten mit der Vivisektion ... Sie dehnen und drücken mich wie eine Puppe von Teig, der sie eine bestimmte Form geben möchten und welche sie, weil es nicht gelingen will, endlich ärgerlich platt drücken; darauf folgt wieder ein Kneifen, Pressen, Striegeln, daß ich fürchte, die letzte Viertelstunde meines Lebens habe geschlagen ... Nun wird meine ganze Person in ein Leinentuch gewickelt und erst in den zweiten Saal, dann nach wenigen Minuten in den ersten gebracht. Hier finde ich eine warme Matratze, hier endlich geben die beiden Vollzieher der Gerechtigkeit mir noch die letzten Kniffe ... Zuerst legen sie mir ein gesticktes Kissen unter den Kopf, eine Decke auf mich, stecken mir eine Pfeife in den Mund, und ich fühle mich so frisch und leicht ... wie Venus eben aus dem Meeresschaum geboren.

Edmondo de Amicis 1878

sind vormittags und nachmittags jeweils wechselweise für Frauen oder Männer geöffnet. Man verständigt sich beim Eintritt darüber, welche Behandlung gewünscht wird, z. B. Massage, Haarewaschen, Körperrasur, und wird in eine an den eigentlichen Baderaum angrenzende abschließbare Kabine geführt, in der man sich entkleidet. Dann betritt man, der Mann ›fein züchtig‹ mit einem Lendentuch, *peştemi*, geschürzt, die Frau im Evaskostüm, das Schwitzbad (evtl. mit mehreren unterschiedlich heißen Räumen), in dessen Mitte sich unter der Kuppel ein beheiztes Marmorplateau, der sogenannte ›Bauchstein‹, befindet. Hier streckt man sich zum Schwitzen nieder. Mit einem rauhen Hanfhandschuh wird sodann die Haut abgescheuert, die Poren von Talgresten gesäubert. Auf Wunsch folgt nun die Massage, danach das eigentliche Waschen in einer der Nischen. Eingehüllt in ein Leinentuch, läßt man sich nach dem Bad einen Kaffee oder Tee servieren. Alle nötigen Utensilien – Seife, Shampoon, Handtuch – werden vom Hamam gestellt. Für das gesamte Vergnügen – denn ein solches ist es – sollte man, die Ruhe nach dem Bad auf einer Liege eingeschlossen, etwa zwei bis drei Stunden ansetzen. Der Preis: etwa DM 9,– in Istanbul, andernorts etwas weniger.

Zur körperlichen Erfrischung kommt der interessante kulturhistorische Rahmen, denn bei vielen Hamams handelt es sich um historische Bäder aus osmanischer oder sogar seldschukischer Zeit. In Istanbul ist z. B. noch das 300 Jahre alte Cağaloğlu Hamami in der Yerebatan Cad. 34, in Gehweite von der Hagia Sophia, in Betrieb. Die ›Stadt der Bäder‹ aber ist Bursa.

Unfallverhalten

Das türkische Ministerium für Fremdenverkehr und Information empfiehlt folgende Maßregeln bei Autounfällen:

- Die Polizei sollte bei einem Unfall, auch wenn niemand verletzt wurde, wegen eines entsprechenden Berichtes hinzugezogen werden.
- Als Mitglied des Internationalen Automobil-Clubs erledigt der Türkische Touring- und Automobilklub (Türing ve Otomobil Kurumu) alle notwendigen Reparaturen und schickt die Rechnung, ausgestellt in Schweizer Franken, an den Eigentümer des Wagens.
- Sind Sie im Besitz des A.I.T. oder F.I.A.-Hilfsbüchleins, so übernimmt der Türkische Touring- und Automobilklub alle Kosten, die beim Transport des Wagens von der Unfallstelle bis zur Wohnung des Eigentümers entstehen.
- Sollte es notwendig sein, das Fahrzeug nach einem Unfall bis zu einem späteren Zeitpunkt in der Türkei zu lassen, dann muß das Fahrzeug zu einem Zollamt gebracht werden (Gümrük Müdürlüğü), damit dies im Paß vermerkt wird. Wird das Fahrzeug beim Zoll gelassen, so sollte man betonen, daß es sich nur um eine vorübergehende Maßnahme handelt. Zu beachten ist jedoch, daß ein Fahrzeug, das innerhalb von drei Monaten nicht abgeholt wird, als aufgegeben gilt.
- Falls das Fahrzeug Totalschaden erlitten hat und ganz in der Türkei bleiben soll, ist es ebenfalls zum nächstgelegenen Zollamt (Gümrük Müdürlüğü) zu bringen. Falls sich ein solches nicht in der Nähe befindet, sollte die örtliche Verwaltungsbehörde (Mülki Amirlik) eingeschaltet werden, die veranlaßt, daß das Fahrzeug zu einem Zollamt geschickt wird. Die Zollbehörde wird dann das im Paß registrierte Fahrzeug austragen, und das Land kann ohne Schwierigkeiten verlassen werden.

Verhalten im türkischen Alltag

Die beiden Grundregeln heißen *Zurückhaltung* und *Höflichkeit*. Mag der alte türkische Verhaltenskodex auch in den Metropolen und Touristenzentren in Auf-

> *Die Türken verwenden viel Sorgfalt auf ihre schönen Bärte ... und wenn sie schwören, dann bei ihm. Die Art, sich bei den Türken zu begrüssen, ist eine leichte Verbeugung des Kopfes wobei gleichzeitig die Hand auf das Herz gelegt wird und tausend Wünsche geäussert werden ... Man trifft viele türkische Frauen von vollkommener Schönheit. Unter der Kleidung ist der Oberkörper dieser Frauen vollkommen frei, ohne Korsett, das sie belästigt. Sie sind so, wie die Natur sie gemacht hat, ganz anders wie bei uns, wo man mit Maschinen aus Eisen die Natur korrigieren will. Im übrigen ist ihre Ernährung viel süsser und viel einförmiger als die unserer Frauen ... Ihre Sauberkeit ist aussergewöhnlich; sie baden sich zweimal in der Woche ...*
>
> Pitton de Tournefort 1701

lösung begriffen sein – auf dem Lande hat er noch Gültigkeit. Man läßt sich hier Zeit, übt Gastfreundschaft (man wird es als Brüskierung betrachten, wenn Sie eine Einladung ausschlagen), zeigt keine Eile und Ungeduld, reagiert freundlich und gelassen.

Die Stellung der türkischen Frau ist im Wandel begriffen. Die alte patriarchalische Familienstruktur kann sich nur noch defensiv behaupten. Dennoch wird Ihnen (als männliches Wesen) ein ungezwungenes Verhalten im Umgang mit türkischen Frauen auf dem Land und besonders in Ostanatolien nach wie vor als schwerer Affront ausgelegt, wenn auch gerade Bauers- und Nomadenfrauen mitunter eine ganz erstaunliche Selbstsicherheit an den Tag legen.

Der zweite Bereich, der besonderes Feingefühl verlangt, ist der der Religion. Zerfallende religiöse Traditionen durch Gastarbeit, Tourismus, Industrialisierung haben auch in der Türkei streng orthodoxe Gegenreaktionen hervorgerufen, in denen Fremdenfeindlichkeit mitschwingen kann. Vermeiden Sie Konfrontationen!

Vgl. *Moscheebesuch*, S. 227; *Photographieren*, S. 234.

Zeitungen, deutschsprachige Literatur

Deutschsprachige wie überhaupt ausländische Presse und Literatur ist nur in den Metropolen sowie in ›deutschen Kolonien‹ à la Alanya erhältlich, am leichtesten noch Zeitungen (eintägige Verspätung) und Illustrierte sowie Reiseführer.

Zeitunterschied

Die Türkei liegt in der Osteuropäischen Zeitzone, die Mitteleuropäischer Zeit (MEZ) + 1 Stunde entspricht. Zwischen April und Oktober, wenn in der Türkei die Sommerzeit gilt, erhöht sich der Zeitunterschied zur Bundesrepublik Deutschland um eine weitere Stunde. Der Vorteil: lange helle Abende.

Zollbestimmungen für die Ausreise

Verboten ist die Ausfuhr von Antiquitäten. Bei alten Kupferarbeiten oder Teppichen von möglichem historischen Wert bedarf es der Bescheinigung eines Museums, daß das betreffende Stück nicht antik ist. Ansonsten dürfen Geschenkartikel und Souvenirs in unbegrenztem Umfang ausgeführt werden.

Achten Sie darauf, daß all jene persönlichen Wertgegenstände, die bei der Einreise in ihrem Paß vermerkt wurden, jetzt gestrichen werden.

Reisen in der Türkei

Mit dem Flugzeug

Das innertürkische Flugverkehrsnetz ist dicht, die Preise sind niedrig (ein Flug Istanbul–Erzurum kostet z. B. umgerechnet nur etwa DM 100,–). Eingesetzt werden vor allem Flugzeuge des Typs DC 9, daneben auch B 707 und F 28. Als Knotenstellen und Verteiler innerhalb des Flugnetzes fungieren die Metropolen Istanbul und Ankara. Zu den meisten Groß-

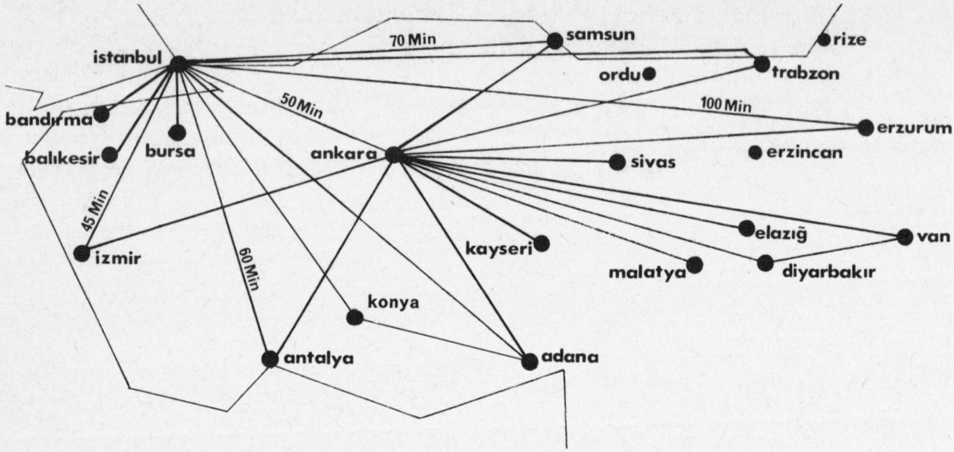

und vielen Mittelstädten des Landes bestehen von hier aus tägliche Verbindungen (Ausnahme: z. B. Van, das aber immerhin auch 4 x wöchentlich über Diyarbakır angeflogen wird).

Das Flugzeug kann in der Türkei mit ihren großen anatolischen Distanzen viel Zeit einsparen helfen. Es bringt Sie in eineinhalb Stunden von Istanbul nach Erzurum; mit der Bahn benötigen Sie für die 1728 km Schienenstrecke etwa 40 Stunden, mit dem Direktbus in anstrengender 1350-km-Fahrt immer noch 24 Stunden.

Ermäßigungen

Die nationale türkische Fluggesellschaft THY gewährt eine Fülle spezifizierter Ermäßigungen:

- 5% bei Hin- und Rückflug;
- 90% für Kinder unter zwei Jahren;
- 50% für Kinder unter zwölf Jahren;
- 20% für Familien, die gemeinsam fliegen;
- 10% für Schüler und Studenten;
- 10% bei Gruppenflügen von mindestens zehn Personen.

THY-Büros in der Türkei

Adana	Atatürk Parkı Karşısı, ✆ 12 399;
Ankara	Atatürk Bulvarı, Zafer Meydanı, ✆ 170840;
Antalya	Hastane Cad. 66, ✆ 1028;
Balıkesir	Milli Kuvvetler Cad., Yeşilyol Sok. 4/A, ✆ 1316;
Bandırma	Cumhuriyet Meydanı 4/A, ✆ 3371;
Bursa	Cemal Nadir Cad., Kocagil Apt., ✆ 11 167;
Diyarbakır	Izzet Paşa Cad., Demir Oteli altı, ✆ 1674;
Elazığ	Rızaiye Mahallesi, Şehit Ilhanlar Cad. 26, ✆ 1576;
Erzincan	Belediye Ticari Sitesi, ✆ 1503;
Erzurum	Hastaneler Cad. 38, Evler No. 26/B, ✆ 1904;
Izmir	Büyük Efes Oteli altı, ✆ 141226;
Istanbul	Cumhuriyet Cad. 131, Şişli, ✆ 471338;
	Hilton Oteli, Eingang, ✆ 482504;

	Meşrutiyet Cad. 30, Beyoğlu, ✆ 44 02 96;
	Hamidiye Cad. 26, Sirkeci, ✆ 28 48 09;
	Gezi Mağazalar 8, Taksim, ✆ 45 24 54;
Kayseri	Millet Cad. Turan Oteli altı, ✆ 1001;
Konya	Mevlana Cad. 39, Konya, ✆ 12032;
Malatya	Fuzulli Cad. 9/A, ✆ 19 22;
Ordu	Sahil Cad. 60, ✆ 18 66;
Rize	Belediye Karşısı, ✆ 10 07
Samsun	Kâzım Paşa Cad. 11/A, ✆ 3455;
Sivas	Hükümet Meydanı 7, ✆ 11 47;
Trabzon	Kemerkaya Mahallesi, Meydan Parkı Karşısı, ✆ 16 80;
Van	Cumhuriyet Cad., Turistik Bayram Oteli, ✆ 12 41.

Mit dem Schiff

Turkish Maritime Lines (TML) befährt regelmäßig mit Passagierschiffen Mittelmeer und Schwarzes Meer. Die Schwarzmeer-Linie (Hopa-Linie) berührt dabei nach ihrem Auslaufen von Istanbul und der Bosporus-Durchfahrt die Küstenstädte Zonguldak, Inebolu, Sinop, Samsun, Ordu, Giresun, Trabzon, Rize, Hopa (2½ Tage); die Mittelmeer-Schiffe (Iskenderun-Linie) verkehren auf der Strecke Istanbul, Çanakkale, Izmir, Kuşadası, Bodrum, Marmaris, Fethiye, Finike, Antalya, Alanya, Mersin, Iskenderun (5–6 Tage). In den Anlegehäfen ist Gelegenheit zu Landgängen und zum Besuch nahegelegener Sehenswürdigkeiten. Abfahrt der Schiffe in Istanbul auf der Karaköy-Seite an der Galata-Brücke. Tickets sind bei folgenden TML-Büros erhältlich:

Ankara	Ulus Iş Hanı, ✆ 11 54 81;
Istanbul	Rıhtım Cad., Karaköy, ✆ 44 02 07;
	Denizyolları Işletmesi, Salıpazarı, ✆ 45 31 30;
Izmir	Atatürk Cad. 128, ✆ 12 26 74.

Weitere Agenturen an den Kais der türkischen Hafenstädte.

Die Winterfahrpreise (November bis Mai einschließlich) liegen etwa 25% unter denen im Sommer. Die Schiffe haben verschiedene (bis zu sechs) Klassen, die von der Deckpassage bis zur Luxuskabine reichen. Preisbeispiel: Das Ticket Istanbul–Trabzon kostet im Sommer für die Deckklasse umgerechnet etwa DM 13,–, für die Luxusklasse etwa DM 70,–. Hinzu kommen die Kosten für die Bordküche während der zweitägigen Fahrt.

Ermäßigungen

10% bei Rückfahrten;
50% für Kinder zwischen vier und zwölf Jahren;
50% für Studenten (Ausweis!);
30% für Lehrer;
Kinder unter vier Jahren fahren kostenfrei. Die Ermäßigungen beziehen sich nicht auf die Mahlzeiten.

Neben diesen großen, komfortablen Passagierschiffen verkehren von Istanbul aus *Ausflugsschiffe* im Marmarameer und zu den Prinzeninseln. Abfahrt: Mitte der Galata-Brücke.

Erwähnt seien für Istanbul noch die Bosporus-Boote, die die Meerenge von Ufer zu Ufer bis Anadolu Hisarı oder Beykoz hinaufkreuzen, und die Boote, die halbstündlich oder stündlich das (schmutziggraue) Goldene Horn hinauffahren.

Auto-Fährverbindungen zwischen europäischer und asiatischer Türkei bestehen zwischen Gelibolu und Lapseki (30 Minuten Fahrt) sowie Eceabat und Çanakkale (ebenfalls etwa 30 Minuten). Eine weitere Auto-Fährverbindung zwischen Kartal und Yalova (1½ Stunden) erspart die Fahrt um die Bucht von Izmit. Auch einige der Schiffe zu den Prinzeninseln fahren nach Yalova weiter (kein Autotransport). Die Preise insbesondere der Personen-Tickets sind sehr niedrig.

Mit der Bahn

Die Türkische Staatsbahn (TCDD) verfügt über ein Schienennetz (Normalspur) von über 8000 Kilometern. Es gibt Personenwagen 1. und 2. Klasse sowie in Expreßzügen bei Nacht- und Langstreckenfahrten auch Liege- und Schlaf- sowie Speisewagen. Expreß- und sogenannte Motorzüge legen die Strecken schneller zurück als gewöhnliche Passagierzüge.

Kopfbahnhof des anatolischen Eisenbahnnetzes ist in Istanbul die Station Haydarpaşa auf der asiatischen Seite, die Sie bei Ankunft im europäischen Endbahnhof Sirkeçi mit der Fähre (Abfahrt: Galata-Brücke alle 15–30 Minuten) erreichen.

Die Preise für ein Eisenbahnticket sind niedrig: Die Strecke Istanbul–Ankara (590 Schienenkilometer) kostet z. B. etwa DM 12,– in der 1. Klasse, etwa DM 9,– in der 2. Deutlich teurer wird es allerdings bei Buchung eines Schlafwagenplatzes.

Ermäßigungen

10% auf Rückfahrten;
10% für Lehrer, Familien, Gruppen von mindestens zehn Personen;
20% für Studenten;
30% für Studentengruppen.
Kinder unter sieben Jahren fahren kostenfrei.

Mit dem Bus

Im Gegensatz zu Flug-, Schiffs- und Bahnverkehr ist der türkische Autobusverkehr privatwirtschaftlich. Zahlreiche große Busfirmen konkurrieren auf den Hauptstrecken miteinander, wobei regional meistens eine Buslinie dominiert. Nebenstrekken oder Strecken mit geringem Passagieraufkommen werden mit kleineren Bussen oder Sammeltaxis (Dolmusch) bedient. Auf längeren Strecken werden regelmäßige Rastpausen eingelegt, und Sie haben Gelegenheit, ein Restaurant zu besuchen und Obst, Getränke etc. einzukaufen. Langstreckenbusse fahren ohne Nachthalt mit zwei Fahrern. Die Busse sind auf den Hauptstrecken durchweg komfortabel und gut gewartet. Ein Fahrbegleiter kümmert sich um die Passagiere.

Die Preise sind sehr niedrig und unterbieten in der Regel noch die der Eisenbahn. So kostet z. B. die sieben- bis achtstündige Fahrt von Istanbul nach Ankara nur umgerechnet etwa DM 8,–. Ermäßigungen wie bei Bahn, Schiff und Flugzeug gibt es auf Bustickets nicht.

Bewährt hat sich in der Türkei das System der Busbahnhöfe. Hier unterhalten alle im jeweiligen Gebiet vertretenen Busfirmen ihre Ticket-Schalter, hier fahren die Busse ab, hier gibt es zumeist eine Teestube oder ein Restaurant, Toiletten etc.

Treffen Sie per Bus in einer Stadt oder in einem Ort ein, so sollten Sie unmittelbar das Ticket für Ihre Weiterfahrt (sofern sie auf die nächsten Tage fällt) buchen, da auf einigen Strecken in der Saison Busse ausgebucht und Tickets direkt vor der Abfahrt nicht mehr verfügbar sein können.

Istanbul hat zwei Busbahnhöfe, einen in Topkapı und einen in Harem auf der asiatischen Seite (mit der Fähre von der Galata-Brücke aus zu erreichen). Fahren Sie vom Topkapı-Bahnhof an der Stadtmauer ab, so passieren Sie auf dem Weg nach Anatolien die berühmte Bosporus-Brücke.

Insgesamt ist der Bus für den Individualreisenden ohne eigenes Auto geradezu ideal. Preiswert und bequem erschließt er noch die abgeschiedensten Winkel des Landes.

Mit dem eigenen Auto

25 000 Kilometer türkische Straße sind asphaltiert, was freilich nicht immer gut befahrbar heißen muß, denn viele Nebenstrecken sind in heruntergekommenem Zustand und Schlaglöcher nur durch Schlangenlinien-Fahren zu vermeiden. Daneben existieren sogenannte ›stabilisierte‹ Straßen: Schotterstraßen, auf denen Sie im Sommer Staub schmecken, im Winter meist gar nicht fahren können. Eine letzte Kategorie umfaßt Pisten und Karrenwege, die nur mit dem Jeep befahrbar sind.

In der Türkei fährt man rechts, die Verkehrsvorschriften entsprechen denen in Europa, die Geschwindigkeitsbegrenzung liegt in Städten bei 50 km/h, sonst bei 90 km/h. Nachtfahrten sollten auf unbekannten Strecken vermieden werden.

Beachten Sie folgende Informations-Straßenschilder:

bozuk satıh	Schlechte Wegstrecke
dikkat	Achtung
dur	Halt
düşük banket	Abschüssige Fahrbahn
park yapılmaz	Parken verboten
tamirat	Straßenarbeiten
yavaş	Langsam
Hastane	Krankenhaus
Şehir Merkezi	Stadtzentrum
Viraj	Kurve

Vgl. *Automobilklub*, S. 218; *Autoreparaturen*, S. 219; *Leihwagen*, S. 227; *Steinewerfer*, S. 239; *Unfallverhalten*, S. 242.

Urlaubsaktivitäten

Badeurlaub

Die Strandbuchten der *Schwarzmeerküste* sind vom Auslandstourismus noch kaum berührt. Anders die *Ägäis*, die mit Çeşme, Kuşadası, Bodrum und Marmaris bekannte Ferienzentren aufweist. Nicht immer wird die Qualität der Strände da-

Entfernungen in der Türkei

Distanzen in km	Adana	Afyon	Ankara	Antakya	Antalya	Burdur	Bursa	Çanakkale	Diyarbakır	Edirne	Erzurum	Eskişehir	Gaziantep	Istanbul	Izmir	Kars	Kayseri	Konya	Malatya	Mardin	Muğla	Samsun	Sivas	Trabzon	Van	Yozgat
Adana	—	583	489	194	578	676	842	1149	558	1173	870	693	224	941	1047	1093	341	351	433	564	1037	771	533	993	969	493
Afyon	583	—	354	777	296	174	286	593	1141	676	1392	179	807	444	475	1615	618	232	971	1147	465	785	805	1165	1552	576
Ankara	489	354	—	683	624	528	400	707	940	684	1038	251	713	452	736	1261	330	259	683	1036	819	431	451	811	1279	222
Antakya	194	777	683	—	772	870	1036	1343	532	1367	844	887	198	1135	1241	1067	535	545	407	538	1231	965	643	996	943	687
Antalya	578	296	624	772	—	122	562	869	1136	952	1448	455	802	720	545	1671	751	365	1011	1142	535	1055	943	1403	1547	839
Burdur	676	174	528	870	122	—	440	746	1234	830	1490	333	900	598	423	1713	711	325	1064	1240	413	959	903	1339	1645	750
Bursa	842	286	400	1036	562	440	—	307	1328	463	1433	149	1066	231	375	1656	718	491	1071	1406	615	785	851	1165	1667	622
Çanakkale	1149	593	707	1343	869	746	307	—	1635	231	1740	456	1373	337	340	1963	1025	798	1378	1713	580	1092	1158	1472	1974	929
Diyarbakır	558	1141	940	532	1136	1234	1328	1635	—	1624	488	1179	334	1392	1605	638	610	909	257	96	1595	840	491	640	411	720
Edirne	1173	676	684	1367	952	830	463	231	1624	—	1642	539	1397	232	571	1865	1014	881	1367	1720	811	994	1135	1374	1963	906
Erzurum	870	1392	1038	844	1448	1490	1433	1740	488	1642	—	1289	681	1410	1774	223	779	1165	437	579	1851	708	587	328	434	816
Eskişehir	693	179	251	887	455	333	149	456	1179	539	1289	—	917	307	485	1512	569	342	922	1257	633	682	702	1062	1518	473
Gaziantep	224	807	713	198	802	900	1066	1373	334	1397	681	917	—	1165	1271	904	565	575	244	340	1261	829	480	833	745	709
Istanbul	941	444	452	1135	720	598	231	337	1392	232	1410	307	1165	—	606	1633	782	649	1135	1488	846	762	903	1142	1731	674
Izmir	1047	475	736	1241	545	423	375	340	1605	571	1774	485	1271	606	—	1997	1054	696	1407	1611	240	1160	1187	1540	2003	958
Kars	1093	1615	1261	1067	1671	1713	1656	1963	638	1865	223	1512	904	1633	1997	—	1002	1388	660	726	2074	886	810	506	485	1039
Kayseri	341	618	330	535	751	711	718	1025	610	1014	779	569	565	782	1054	1002	—	386	353	706	1072	529	192	652	949	251
Konya	351	232	259	545	365	325	491	798	909	881	1165	342	575	649	696	1388	386	—	739	915	686	690	578	1038	1320	474
Malatya	433	971	683	407	1011	1064	1071	1378	257	1307	487	942	244	1135	1407	660	353	739	—	353	1425	585	236	589	596	465
Mardin	564	1147	1036	538	1142	1240	1406	1713	96	1720	579	1257	340	1488	1611	726	706	915	353	—	1601	936	587	736	499	816
Muğla	1037	465	819	1231	535	413	615	580	1595	811	1851	633	1261	846	240	2074	1072	686	1425	1601	—	1250	1264	1630	2006	1041
Samsun	771	785	431	965	1055	959	785	1092	840	994	708	682	829	762	1160	886	529	690	585	936	1250	—	349	380	1142	278
Sivas	533	805	451	643	943	903	851	1158	491	1135	587	702	480	903	1187	810	192	578	236	587	1264	349	—	460	830	229
Trabzon	993	1165	811	996	1403	1339	1165	1472	640	1374	328	1062	833	1142	1540	506	652	1038	589	736	1630	380	460	—	762	658
Van	969	1552	1279	943	1547	1645	1667	1974	411	1963	434	1518	745	1731	2003	485	949	1320	596	499	2006	1142	830	762	—	1059
Yozgat	493	576	222	687	839	750	622	929	720	906	816	473	709	674	958	1039	251	474	465	816	1041	278	229	658	1059	—

bei dem Ruf der Orte gerecht: Marmaris z. B. hat einen wenig erfreulichen Ortsstrand und eignet sich nur bei Buchung der außerhalb des Ortes gelegenen Ferienzentren und Hotels oder wenn man tägliche Bootsfahrten in Kauf nimmt für einen Badeurlaub. Auch Kuşadası ist nicht eben ein Strandparadies, doch eignet das Hotelstädtchen sich gut als Standort zum Besuch von Ephesus, Priene, Milet, Didyma. Die *Südküste* ist in ihrem landschaftlich herrlichen lykischen Teil touristisch noch unerschlossen (Ausnahme: Feriensiedlung Kemer). Kleinere Strandbuchten reihen sich zu Füßen der grünen Taurushänge zwischen Kemer und Antalya. Zwischen Side und Gazipaşa können Sie an kilometerlangen Sandstränden baden, allerdings mit der Küstenstraße im Rücken. Touristenzentren wie Side und Alanya eignen sich besonders für eine Kombination von Bade- und Besichtigungsurlaub, da Perge, Aspendos und – von Antalya aus – Termessos in Tagesausflügen besucht werden können. Sandstrandreich wird die Südküste dann wieder jenseits des Rauhen Kilikien zwischen Silifke und Mersin, wobei kleinere motelbestandene Buchten dominieren.

Tauchen

»Aus Sicherheitsgründen ist zur Zeit das Tauchen mit Preßluftgeräten in türkischen Gewässern nicht gestattet.« Soweit die Angabe des türkischen Informationsamtes. Wollen Sie tauchen, sollten Sie vor Reiseantritt erfragen, ob sich an dieser Bestimmung etwas geändert hat.

Segeln

Die buchtenreiche Küste der türkischen Ägäis wird von Seglern sehr geschätzt, insbesondere das Gebiet zwischen Bodrum und Marmaris; aber auch Lykien zwischen Fethiye und Antalya eignet sich ausgezeichnet für Segelpartien.

Es gelten die internationalen Seefahrtsvorschriften. Die türkische Höflichkeitsflagge sollte zwischen 8.00 Uhr morgens und Sonnenuntergang gehißt sein. Ein ständiges Pendeln zwischen türkischem und griechischem Territorium an der Ägäisküste wird nicht gern gesehen.

Bei der Einfahrt in einen türkischen Hafen werden Paß- und Zollkontrolle vorgenommen.

Vgl. *Anreise mit dem Schiff*, S. 214; *Sperrzonen*, S. 235.

Bergsteigen

Bergsteigergruppen benötigen eine Genehmigung der Abteilung für kulturelle Angelegenheiten beim türkischen Außenministerium, die über ein türkisches Konsulat eingeholt werden kann. Bestimmte Berge der Kaçkar-Kette und im Hakkari-Gebiet sowie der Ararat werden in der Regel nicht zum Aufstieg freigegeben.

Jagen

Die Jagd ist in der Türkei für ausländische Touristen durch strenge Vorschriften geregelt und an eine Genehmigung durch das Forstministerium gebunden. Genauere Auskunft erteilt das Türkische Fremdenverkehrs- und Informationsbüro.

Wintersport

Bedeutendstes Wintersportzentrum ist der *Ulu Dağ* bei Bursa mit 1500 Hotelbetten, mit Ski- und Sesselliften, Skilehrern und international anerkannten Slalom- und Riesenslalomhängen. Saison ist vom 15. Dezember bis zum 1. Mai.

Das Skizentrum von *Erzurum* mit etwa 100 Betten hat lange, schwierige Abfahrten zu bieten. Es liegt etwa 6 km außerhalb der Stadt.

Ein neues Skisportgebiet mit einer Slalom- und einer Riesenslalompiste für olympische Ansprüche, mit Skihütten und Hotel ist im Gebiet von *Saklıkent,* etwa 50 km von Antalya, im Ausbau begriffen.

Routenvorschläge

Die folgenden Routenvorschläge sollen als Anregung zur individuellen Reisegestaltung dienen. Die wichtigeren (aber nicht alle) Sehenswürdigkeiten sind erfaßt und jeweils kurz charakterisiert.

1. Route
Westtürkei und Lykien

(durchgehende Linie auf der Routenkarte, hintere Umschlagklappe)

● **Istanbul:** Hauptstadt des Oströmischen Reiches, dann Hauptstadt des Osmanenreiches; Kulturzentrum ersten Ranges mit einer Fülle großartiger byzantinischer und osmanischer Denkmäler. ● **Iznik:** die alte Hauptstadt des Königreiches Bithynien und als Nicaea später Bischofs- und Konzilsstadt, kurzzeitig auch byzantinische Residenz; gewaltiger Mauerring, frühosmanische Grüne Moschee. ● **Bursa:** das antike Prusa am Fuße des bithynischen Olymps (Ulu Dağ), unter den Osmanen Residenzstadt; schöne Moscheen (Grüne Moschee) und Mausoleen, alte Bäderanlagen an Heißwasser- und Mineralquellen. ● **Çanakkale:** Dardanellen-Übergang. ● **Troja** (Truva): Ruinenstätte auf dem Hügel Hisarlık über der skamandrischen Flur, ein altes Siedlungszentrum, das bis auf 3200 v. Chr. zurückgeht; keine spektakulären Sehenswürdigkeiten. ● **Assos** (bei dem Dorf Behramkale): Siedlungsplatz äolischer Griechen um 1000 v. Chr., Aristoteles gründete in der Stadt eine Philosophenschule; imposante Stadtmauer, Reste des Athenatempels und von Gymnasium, Stoa, Agora. ● **Pergamon** (heute Bergama): prachtvolle Residenzstadt eines Kleinreiches unter den Attaliden, Kulturzentrum der Antike, deutsche Ausgrabungen seit 1878 (Pergamon-Altar); sehenswert die Akropolis mit verschiedenen Bauresten und dem steilsten Theater der

Alten Welt sowie das Asklepieion, ferner die sogenannte Rote Halle und das später datierende Amphitheater. ● **Pitane, Kyme, Myrina, Larisa, Phoecaea:** antike äolische Stadtgründungen (Phoecaea allerdings war ionischer Stützpunkt) an der Küste nördlich des heutigen Izmir bzw. an der alten Verbindungsstraße Pergamon–Smyrna; keine herausragenden Sehenswürdigkeiten, wenig besucht, doch in der Verlassenheit der Ruinen nicht reizlos. ● **Aigai:** lohnende antike Ruinenstadt des äolischen Bundes, nur selten besucht, da schwierige Wegverhältnisse (Abbiegen von der Küstenstraße bei Aliağa). ● **Manisa:** das antike Magnesia am Sipylos, nach pergamenischer und römischer Herrschaft kurz byzantinische Residenz und gemeinsam mit Bursa Sitz von Osmanensultanen; viele osmanische Bauten, darunter Sinans Murat-Moschee. ● **Sardes** (heute Sart): prachtvolle lydische Hauptstadt unter den Königen Gyges und Kroisos, dann Hauptstadt einer persischen Satrapie; Artemistentempel, Akropolis und eine Nekropole lohnen den Besuch. ● **Izmir** (früher Smyrna): moderne Großstadt mit Burg Kadifekale auf dem Berg Pagos und antiker Agora; lebhafte Altstadt, schöne Küstenlage. ● **Clazomenae, Erythrae, Teos, Lebedos, Kolophon, Notion, Klaros:** kleinere ionische Ruinenstätten zwischen Izmir und Ephesus. ● **Ephesus** (bei Selçuk): Stadt der Artemis, bedeutendes antikes und frühchristliches Kulturzentrum mit eindrucksvollen Monumenten (Theater, Arkadiane, Celsus-Bibliothek, Hadrianstempel u.v.a.); seit 1895 österreichische Ausgrabungen und Rekonstruktionsarbeiten. ● **Magnesia am Mäander:** Refugium des verbannten Themistokles; bescheidene Ruinenreste (u. a. vom Artemistempel und vom Tempel des Zeus Sosiopolis). ● **Aphrodisias** (Abstecher von der Küstenstraße nach Osten, bei dem Dorf Geyre): Stadt des Aphroditekults, Sitz einer Bildhauerschule; in eindrucksvoller Landschaft Reste eines Stadions, eines Odeions, des Aphroditetempels u. a. ● **Pamukkale:** Ort der berühmten Sinter-Terrassen und Stätte des antiken **Hierapolis** mit Resten von Thermen, eines Apollotempels, eines Plutoniums, eines Theaters (Reliefs) und zweier Nekropolen. ● **Alabanda** (zurück Richtung Küste, bei Aydın links ab): Ruinenstätte, die ihre Blüte in römischer Zeit erlebte, am Çine-See gelegen; Reste eines Theaters, einer Agora, eines Buleuterions. ● **Priene:** Hafenstadt der Antike, Mitglied des ionischen Städtebunds; beeindruckend die fast vollständig erkennbare Stadtstruktur (dem Baumeister Hippodamos zugeschrieben) am Fuße des Akropolisberges. ● **Milet:** geistiges Zentrum Ioniens; vom einstigen Glanz zeugt nur noch das imposante Theater; das milesische Markttor wurde im Berliner Pergamon-Museum wiederaufgebaut. ● **Didyma:** gewaltiger, gut erhaltener Tempeltorso am Ende der Heiligen Straße (von Milet), Orakelstätte. ● **Herakleia am Latmos:** von König Mausolos am Fuß des Latmos-Gebirges zur Festungsstadt ausgebaut; eindrucksvolle Stadtmauern, Endymiontempel, Athenatempel, Totenstadt; im Latmos schwer zugängliche Klöster und Klausen mit byzantinischen Fresken. ● **Milas:** das antike Mylasa, religiöses Zentrum Kariens; am Stadtrand im Süden ein römisches Säulengrab. ● **Euromos:** Reste eines schönen korinthischen Tempels auf antikem Stadtgelände. ● **Bodrum:** das antike Halikarnassos, in reizvoller Buchtlage, überragt vom Kastell St. Peter. ● **Marmaris:** beliebter Badeort,

Ausgangspunkt für die Exkursion (auf schlechter Wegstrecke) nach **Knidos,** einer dorischen Stadt, die im 6. Jh. v. Chr. blühte, bekannt durch die Knidische Aphrodite des Praxiteles; gut erhaltene Stadtmauerpartien, ansonsten nur geringe Ruinenreste. ● **Kaunos:** wenig besuchte karische Stadt am Köyceğiz-See, westlichste Vertreterin des lykischen Gräberstils; neben der beeindruckenden Felsgräber-Nekropole Überreste römischer Thermen, eines Theaters und eines kleinen Tempels. ● **Fethiye:** das antike Telmessos, heute Badeort, aber auch Industriestadt (Chromerz-Abbau); schöne lykische Gräber in den Bergfelsen nordöstlich der Stadt. ● **Xanthos** (bei dem Dorf Kınık): lykische Hauptstadt mit sehenswerten Gräbern aus dem 3. bis 6. Jh. v. Chr.; bekannt geworden sind Harpyien- und Nereidenmonument sowie das Letoon südwestlich des Ortes. ● **Myra** (bei Kale): einstiges christliches Zentrum mit Basilika des Hl. Nikolaus; außerdem hervorragende lykische Felsgräber mit Skulpturenschmuck. ● **Limyra** (nördlich Finike): Stätte eines lykischen Heroons, daneben Sarkophage und Gräber. ● **Antalya:** das antike Attaleia mit Hadrianstor aus dem Jahre 130 n. Chr.; reizvolle Lage am Meer; Ausgangspunkt für den Besuch von Termessos und der Südküste.

2. Route
Türkische Südküste

(gestrichelte Linie auf der Routenkarte, hintere Umschlagklappe)

● **Antalya** ● **Termessos:** einsame pisidische Bergstadt in herrlicher Lage am Fuße des Solymos (links an der Strecke Antalya-Korkuteli); verstreut in einem Bergwald liegen u. a. Stoa- und Tempelruinen, ein Odeion, ein Theater mit herrlichem Panoramablick und eines der schönsten Gräberfelder der Türkei. ● **Perge:** seit 1000 v. Chr. besiedelte Stätte mit Blüte in hellenistischer Zeit; außerhalb der Stadtmauern liegen Theater (Reliefs) und Stadion; beachtenswert das stark befestigte Stadttor und die Arkadenstraße mit offener Wasserführung. ● **Aspendos:** besterhaltenes Theater Kleinasiens, im 2. Jh. n. Chr. von Zenon erbaut; von der antiken Stadt Aspendos ansonsten nur geringe Reste um eine große Agora. ● **Side**: im 7. Jh. v. Chr. von äolischen Griechen besiedelte Stätte; unter den zahlreichen Überresten ein großes Theater, Tempel an der Landspitze u. a.; Side ist heute ein lebhafter Badeort mit regem touristischem Betrieb zwischen den Ruinen. ● **Manavgat:** malerische Wasserfälle, Ausflugsziel. ● **Alanya:** das antike Korakesion; große Seldschukenfestung mit imposanten Mauerzügen; beliebter Badeort. ● **Anamur:** am westlichen Ende der Bucht von Anamur das antike Anemurium mit Bädern, kleine Theater, Odeion, Mosaikenresten, am östlichen Ende die gewaltige Meerburg von Anamur (Mamure Kalesi) aus dem 13. Jh. ● **Silifke:** das antike Seleucia am Kalykadnos; hier ertrank Barbarossa beim Flußübergang; über der Stadt eine Burg des kleinarmenischen Königreiches. ● **Olbia Diocaesarea** (Uzuncaburç, nördlich Silifke): zwei antike Stätten mit Resten eines Zeustempels (Olbia war ein dem Zeus geweihter Tempelbezirk), einem Wehrturm u. a. ● **Korykos** (Kızkalesi):

armenische Doppelburganlage aus dem 13. Jh.; einige hundert Meter vor der Küste und der Landfeste liegt die sogenannte Mädchenburg, erreichbar mit Booten; in der Nähe die beiden Korykischen Grotten (Cennet Cehennem), die eine davon begehbar. ● **Kanlıdivane:** das antike Kanytela mit Sarkophagen, Grabstätten und Resten byzantinischer Kirchen. ● **Mersin:** wichtiger Ausfuhrhafen; 3 km nördlich der Stadt die hethitische Siedlung **Yümüktepe.** ● **Tarsus:** Geburtsort des Apostels Paulus, Verwaltungsstadt Ciceros, Treffpunkt von Antonius und Kleopatra; kaum noch Überreste der großen Vergangenheit. ● **Adana:** viertgrößte Stadt der Türkei inmitten von Baumwollanbaugebieten, zunehmende Industrieansiedlung; in der Antike unbedeutender Ort (Antiochia ad Sarum); erhalten ist die Hadriansbrücke (heute Taşköprü). ● **Misis:** das alte Mopsuestia; bedeutendes Mosaikenmuseum. ● **Yılankale:** fränkische (armenische) Burganlage. ● **Anazarbus** (Anavarza): schön gelegene, jedoch selten besuchte Ruinenstätte mit römischem Stadttor und byzantinischen Kirchenruinen. ● **Toprakkale:** Armenierburg aus dem 12. Jh. ● **Karatepe** (über Kadirli): späthethitische Residenz, heute interessantes Freilichtmuseum mit Orthostatenbildern. ● **Iskenderun:** moderne Küstenstadt, türkischer Kriegshafen; keine historischen Sehenswürdigkeiten. ● **Antakya:** als Antiochia eine der glanzvollsten Städte der Antike, Zentrum bei der Ausbreitung des Christentums; vorzügliches Mosaikenmuseum, Orontesbrücke Kaiser Diokletians, vor der Stadt die Kirche des hl. Petrus; malerische Landschaft um die Felsenquellen von Daphni, 10 km südlich der Stadt. **Tell Açana** (Alalakh): Exkursionsziel von Antakya aus; Stätte des Kleinstaats Alalakh, der bis 1200 v. Chr. bestand.

3. Route
Zentral- und Ostanatolien

(gepunktete Linie auf der Routenkarte, hintere Umschlagklappe)

● **Ankara:** Hauptstadt der türkischen Republik; schon in hethitischer Zeit Besiedlung des Zitadellenhügels, im 7. Jh. phrygische Zuwanderung, seit 25 v. Chr. endgültig römische Provinzhauptstadt; einige römische Überreste, u. a. Bäder und der Tempel des Augustus; einzigartiges Archäologisches Museum. ● **Hattusa** (Boğazkale), **Yazılıkaya:** Residenz des hethitischen Großreiches mit Stadtmauern (Löwentor), Tempeln, Palästen, Straßenzügen; im Felsheiligtum Yazılıkaya, einige Kilometer östlich von Hattusa, bedeutende Relieffriese. **Alaca Hüyük:** bekannt durch elegante Hirschfiguren; seit 3500 v. Chr. besiedelt, bis auf das Sphinxtor keine größeren Sehenswürdigkeiten. ● **Amasya:** in der Antike als Amaseia Residenzstadt der pontischen Könige, Hauptsitz eines Seldschuken-Emirats, seit 1392 osmanisch; sehenswerte pontische Grabkammern und islamische Bauten (Moschee der Blauen Koranschule, Turumtay-Mausoleum). ● **Samsun:** das antike Amisos, gegründet im 7. Jh. v. Chr.; heute bedeutende Hafenstadt; keine größeren Sehenswürdigkeiten. ● **Trabzon:** das alte Trapezunt, im 13. Jh. Hauptstadt eines byzantinischen Kaiserreiches; schöne Fresken in der Hagia Sophia aus dem 13. Jh. ● **Sumela:** Ausflugsziel von Trabzon in schöner Berglandschaft; in die Felsen hineingebautes verfallenes byzantinisches Kloster mit Fresken aus dem 14. und 18. Jh. ● **Erzurum:** vor kahlen Berghängen inmitten der rauhen Hochebene gelegene Provinzhauptstadt; alte Station des Ost-West-Handels, 1514 ins osmanische Reich eingegliedert; unter den sehenswerten islamischen Bauten die Çifte Minare Medresesi aus dem 13. Jh. mit kannelierten Rundminaretten. ● **Kars:** ehemalige Hauptstadt des armenischen Königreichs, dann im Herrschaftsbereich der Seldschuken, der Georgier und schließlich der Osmanen; die Zitadelle aus dem 16. Jh. und eine armenische Kirche aus dem 11. Jh. können besichtigt werden. ● **Ani:** Exkursionsziel von Kars; nur mit Militärgenehmigung Zugang zum Ruinengelände nahe der sowjetischen Grenze; sehenswerte armenische Kirchen (10.–13. Jh.), darunter die Kathedrale und die St.-Gregor-Kirche. ● **Doğubayazıt:** Dorf an der iranischen Grenze am Fuße des Ararat, berühmt für die Palast- und Moscheeruinen des Ishak-Paşa-Komplexes in großartiger Landschaft. ● **Ağrı:** keine Sehenswürdigkeiten. ● **Van:** das alte Tušpa, Hauptstadt des Reiches von Urartu; abseits der Neustadt der Zitadellenhügel mit Grabkammern und urartäischen Inschriften im senkrechten Fels; 5 km östlich der Zitadelle der Hügel Toprakkale mit Überresten einer urartäischen Siedlung aus dem 8. Jh. ● **Hoşap:** Ausflugsziel von Van, imposante Kurdenfestung aus dem 16. Jh. auf steilem Felsen. ● **Achtamar:** kleine Insel im Van-See mit armenischer Klosterkirche aus dem 10. Jh., berühmt wegen ihrer figürlichen Reliefs ganz eigener Art; die Insel ist mit dem Motorboot von Gevaş am Südufer des Van-Sees aus erreichbar. ● **Tatvan:** keine besonderen Sehenswürdigkeiten. ● **Ahlat:** beim alten Ahlat sechs historische Friedhöfe mit Tausenden von fein bearbeiteten Grabsteinen und schönen Türben aus der Zeit, als ein mittelalterliches islamisches Fürstentum hier seine Hauptstadt hatte. ● **Bitlis:** Kleinstadt mit seldschukischen Bauten und Zitadelle, umgeben von kahlen Bergen. ● **Diyarbakır:** das alte Amida, bedeutende östliche Festungsstadt gegen die Perser; besonders sehenswert die schwarzen Basalt-Stadtmauern von über 5 km Länge mit seldschukischen Reliefs und Inschriften, daneben die Große Moschee (um 1090), die Behram-Paşa-Moschee und andere islamische Bauten. ● **Mardin:** Ausgangspunkt zum Besuch des Tur-Abdin-Gebiets um Midyat mit seinen syrisch-christlichen Klöstern: ● **Urfa:** das alte Edessa, entstanden aus einer hurritischen Stadtanlage, später bedeutendes christliches Zentrum, seit 1516 osmanisch; interessanter Basar, Baalssäulen am Zitadellenberg, Teich des Abraham. ● **Sumatar:** Ausflugsziel von Urfa; Planetenheiligtum der astrologischen Sabier-Sekte mit sieben kleinen Tempeln aus dem 2. Jh. v. Chr. ● **Harran** (Carrhae): Trulli-Dorf, Ausflugsziel von Urfa; Abraham soll hier vor dem Aufbruch nach Kanaan gelebt haben. ● **Karkemiş:** Reste (Tempel, Paläste, Stadtmauern) eines späthethitischen Fürstentums. ● **Gaziantep:** keine besonderen Sehenswürdigkeiten. ● **Adıyaman:** Ausgangsort zur Besteigung (Jeep, Maultier) des Nemrud Dağı mit seiner aufgeschütteten Grabhügel-Spitze(?) und monumentalen Kultbildern; in der Nähe Arsameia am Nymphaios, die Hauptstadt des antiken Kleinkönigreichs Kommagene. ● **Malatya:** moderne Stadt, Handels- und Industriezentrum;

16 km nördlich das alte Malatya (Militene) mit erhaltenem Stadtmauerzug, seldschukischer Moschee und Karawanserei. ● **Sivas:** das römische Sebastea, blühende Stadt unter den Seldschuken; bemerkenswert die Blaue Medrese und die Fassade der Doppel-Minarett-Medrese, beide von 1271. ● **Sultanhanı:** seldschukische Karawanserei an der Straße Sivas–Kayseri mit Wohnräumen, Küchen, Stallungen, Lagergewölben, kleiner Moschee. ● **Kültepe:** hethitischer Siedlungshügel (das alte Kanesch), archäologisch bedeutsam durch seine Tontafeln und Keramiken, doch nicht sehr sehenswert. ● **Kayseri:** Großstadt am Fuße des Erciyas Dağı, das alte Caesarea, im 3. Jh. ein bedeutendes christliches Zentrum; zahlreiche schöne seldschukische Bauten, u. a. die Honat-Hatun-Moschee und das sogenannte Kreisende Mausoleum. ● **Göreme-Gebiet:** berühmte ›Mondlandchaft‹ im Herzen Kappadokiens mit Felspyramiden, Feenkaminen, bizarrem Tuffschliff; zahlreiche Höhlenkirchen mit byzantinischen Fresken, Höhlendörfer und unterirdische Städte (Kaymaklı und Derinkuyu). ● **Niğde:** sehenswerte seldschukische Türben, Zitadellenhügel mit der Alaettin-Moschee; die Stadt ist vom Touristenstrom noch wenig berührt. ● **Ivrız** (bei Ereğli): späthethitisches Felsrelief aus dem 8. Jh. v. Chr. ● **Konya:** das antike Ikonium, Seldschukenhauptstadt mit hervorragenden islamischen Bauten, u. a. das Mevlâna-Kloster. ● **Eflatun Pinar** (bei Beyşehir): hethitisches Quellheiligtum. ● **Isparta:** keine Sehenswürdigkeiten, aber wöchentlich interessanter Teppichmarkt. ● **Sagalassos:** Ausflugsziel 40 km südlich Isparta; Ruinenstätte, nachweisbar bis 1200 v. Chr., Blüte in hellenistischer Zeit; sehenswert: Theater, korinthischer Tempel, Nekropole. ● **Afyon:** Zentrum des Opiumanbaus, alte Siedlungsstätte seit hethitischer Zeit; in der Stadt die seldschukische Große Moschee, in der weiteren Umgebung verstreute phrygische Felsgrabmäler ● **Gordion:** phrygische Stadt, bekannt für ihr Königsgrab; daneben sind Häuserreste und Teile der Stadtmauer erhalten. ● **Ankara.**

Gebiete für den Wanderer

● **Göreme-Gebiet:** Der eigenartige Reiz dieser Landschaft erschließt sich am nachhaltigsten dem Fußwanderer. Die Distanzen im Dreieck Nevşehir-Ürgüp-Avanos sind nicht allzu groß, so daß Sie ein festes Quartier (am günstigsten wohl Ürgüp mit seinen Hotels und Pensionen) wählen und das Gebiet von hier in Tagesausflügen erkunden können. (Anfahrt zu weiter entfernten Sehenswürdigkeiten, z. B. den unterirdischen Städten, mit dem Taxi.) Versäumen Sie nicht, das malerische ›Tal der Engel‹ zwischen Selime und Ihlara zu durchwandern (13 km) und die Höhlenkirchen im steilen Fels der Schlucht zu besuchen. Theoretisch können Sie über Wochen im Göreme-Gebiet immer neue Sehenswürdigkeiten entdecken, im allgemeinen sollten jedoch etwa fünf Tage zum Kennenlernen genügen.

● **Lykien:** Das Gebiet gehört noch immer zu den abgeschiedensten der Türkei, obwohl der Ausbau der Küstenstraße inzwischen einen Durchgangsverkehr Antalya–Finike–Fethiye ermöglicht. Die meisten Stätten und Monumente Lykiens werden jedoch weiterhin kaum besucht, da sie abseits akzeptabler Wegstrecken liegen. Dazu gehören Pinara, Tlos, Patara, Kekova, Phaselis, Chimaera, Olympus sowie zahlreiche weitere Stätten im nördlichen Lykien. Wer mit Zelt und Verpflegung ausgerüstet ist, kann dieses Gebiet mit seiner herrlichen Berglandschaft erwandern. Er wird gelegentlich bei Bauern unterkommen können, sollte sich aber nicht darauf verlassen. Die einzelnen Wanderausflüge lassen sich durch Busfahrten auf der Küstenstraße kombinieren. Hotels gibt es in Kemer, Finike und Kaş, in Kalkan noch ein zweifelhaftes ›Dorfhotel‹.

● **Tur Abdin:** Bekannt als Berg Athos des Orients, ist die karge Region des Tur Abdin seit dem 4. Jh. ein Zentrum des syrischen Christentums. Um die Stadt Midyat am Dreiländereck Irak–Syrien–Türkei liegen zahlreiche Kirchen und Klöster, einige davon heute noch benutzt bzw. bewohnt. Das Wandern in diesem Gebiet erfordert im Sommer der hohen Temperaturen und der Sandwinde wegen eine gute Kondition und kommt einer kleinen Entdeckungsreise gleich. Gelegentlich wird man Aufnahme in Klöstern oder Dörfern finden, doch sollte man nur mit kompletter Ausrüstung von Mardin oder Midyat aufbrechen.

Weitere Gebiete für den routinierten und unerschrockenen Wanderer sind das kaum erschlossene **Bithynien, Isaurien,** das **Kurdengebiet um Hakkari** (wo erst kürzlich ein alter christlicher Bau, das Batholomäuskloster, wiederentdeckt wurde), der **Georgische Sinai,** der **Nordwesten des Van-Sees,** wo von Ahlat aus der Nemrut Dağı mit seinem Kratersee zu besteigen ist, und schließlich die Gebirgseinöde des **Latmos**, wo Kletterausflüge Eremitenhöhlen und Klöster (Styroskloster) erschließen. Der Wanderer wird in diesen Regionen eine ursprüngliche Türkei, islamische Gastfreundschaft, einsame, großartige Landschaften kennenlernen und die Freude einer dem Massentourismus entzogenen Begegnung mit bedeutenden Kulturdenkmälern haben.

Preisangaben in den Praktischen Informationen erfolgen durchweg in DM, da eine Angabe in Türkischer Lira angesicht einer zuletzt 70%en Inflationsrate in der Türkei nur ›nostalgischen Wert‹ haben könnte.

Zeittafel der Kulturen

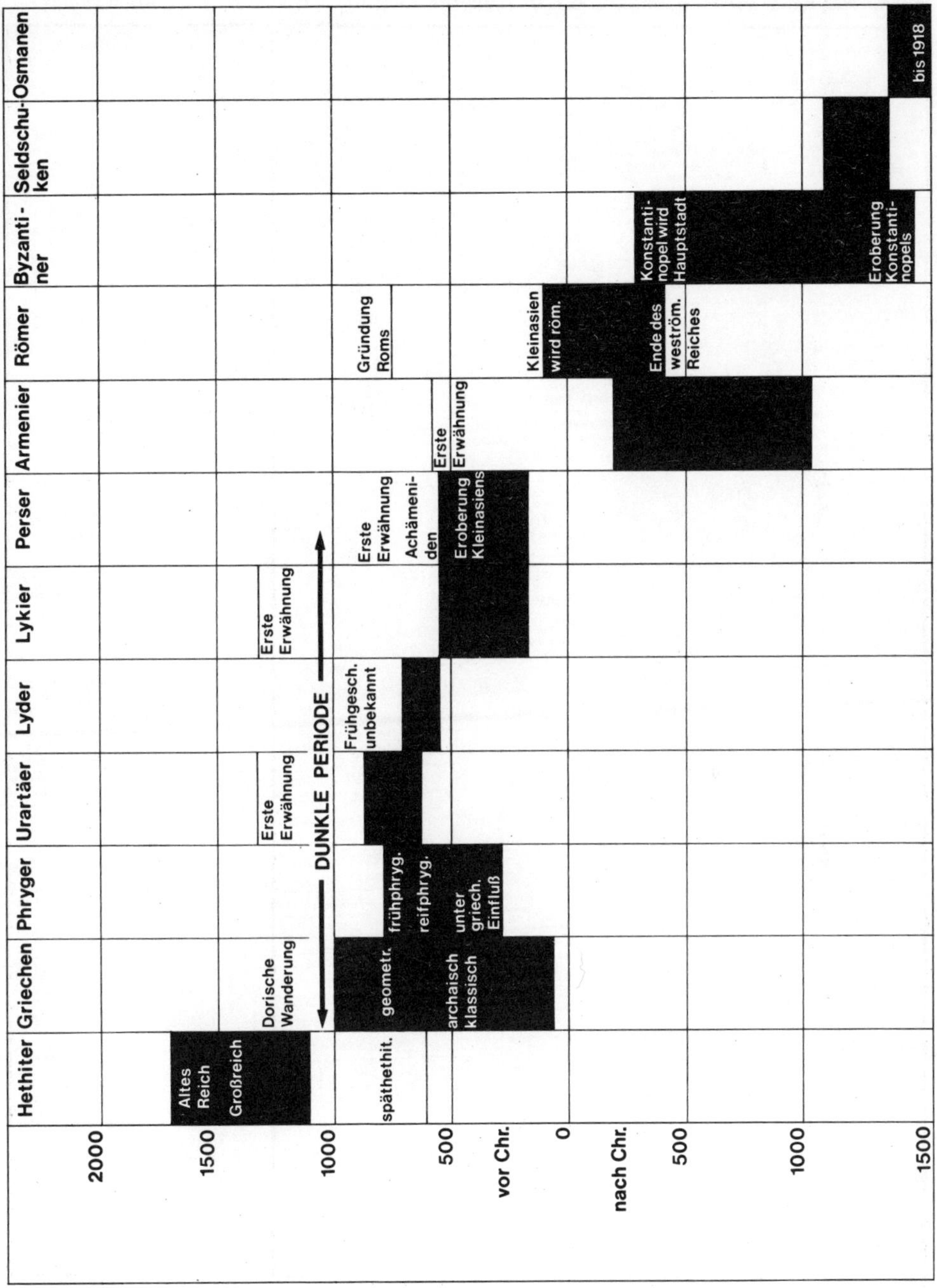

Raum für Ihre Reisenotizen

Anschriften neuer Freunde, Foto- und Filmvermerke, neuentdeckte gute Restaurants, etc.

Raum für Ihre Reisenotizen

Anschriften neuer Freunde, Foto- und Filmvermerke, neuentdeckte gute Restaurants, etc.

Raum für Ihre Reisenotizen

Anschriften neuer Freunde, Foto- und Filmvermerke, neuentdeckte gute Restaurants, etc.

Abbildungsverzeichnis und Fotonachweis

Schwarzweiß-Abbildungen

Die Fotos stammen vom Verfasser, mit Ausnahme der Vorlagen zu den Abb. 7, 17, 21, 25, 26, 45 (Minist. für Fremdenverkehr, Ankara).

Abbildungen im Text

Die Ziffern beziehen sich auf die Seite

Farbtafeln

(Farbt. I, V, VII–X, XIII–XVIII, XX, XXII bis XXV: Klaus D. Francke, Hamburg; IV: Agentur Photo-Center, Braunschweig; II, III, VI, XI, XII, XIX, XXI, XXVII, XXIX–XXXIV: Bavaria-Verlag, Gauting vor München; XXVI, XXVIII: Roebild, Frankfurt/M.)

Index

Personen

Orte, Völker, Stämme

Die Kunst der islamischen Kalligrafie

Von Abdelkébir Khatibi/Mohammed Sijelmassi. 256 Seiten mit 54 Farbtafeln und 120 einfarbigen Abbildungen, Anmerkungen, Bibliographie, Leinen mit Schutzumschlag

Prämiiert von der Académie Français 1977

»Es ist ein überraschendes Erlebnis, innerhalb des weitgestreuten Bereichs der modernen kunstgeschichtlichen Forschung auf ein Werk zu treffen, das eine ganz unerwartete Begegnung mit dem Transzendenten vermittelt. Auf der Spur der überwältigenden Fülle der Ausdrucksformen in einer Vielzahl von Stilen gelingt es den Verfassern, den Leser in das Geheimnis der Kalligrafie einzuführen.« *Die Welt*

»Im Buch ergänzen sich Text und eine hinreißend schöne Bildfolge zu einem repräsentativen Überblick über das neben der Architektur gewichtigste Gebiet der islamischen Kunst: die Kalligrafie.« *Westfalen-Blatt*

Die Entstehung der islamischen Kunst

Von Oleg Grabar. 304 Seiten mit 131 einfarbigen Abbildungen, Grund- und Aufrissen, kommentierter Bibliographie, Chronologie der frühislamischen Welt, Register, kartoniert (DuMont Dokumente)

»Der Autor gibt eine gemeinverständliche Einführung in die islamische Kunst und leistet zugleich einen eigenen theoretischen Fachbeitrag mit teilweise neuen Erkenntnissen und Hypothesen als Ergebnis seiner Untersuchungen. Eine anschauliche Sprache, der übersichtliche gedankliche Aufbau und zahlreiche Abbildungen erleichtern den Einstieg in dieses reizvolle Gebiet.« *Westfälische Nachrichten*

»Oleg Grabar interpretiert in sieben Essays die Herausbildung der Kunst des Islam. Eine fundierte, aber doch allgemein verständliche Beschreibung der frühen Periode, die die Voraussetzung für spätere Entwicklungsphasen darstellt.« *Die Kunst*

»Richtig reisen«

DuMont

»Richtig reisen«: Istanbul

Von Lissi und Klaus Barisch. 257 Seiten mit 28 farbigen und 173 einfarbigen Abbildungen, Zeichnungen, Karten und Plänen, 59 Seiten praktische Reisehinweise, Register, kartoniert

»Wer gewohnt ist, seine Reise selbst zu organisieren, überlaufene touristische Straßen zu meiden, wer eine Stadt aus einer ganz neuen Perspektive erleben will, wird dieses Buch besonders schätzen.« *Stuttgarter Nachrichten*

»Das Buch gehört mit zu den besten Reiseführern, die über Istanbul geschrieben wurden. In einem gut illustrierten Abschnitt wird der Leser mit den Eigenheiten der Stadt vertraut gemacht. Zusätzlich wird ein Informationsteil, der eigentliche Reiseführer, mitgeliefert. Er gibt sachlich über Sehenswürdigkeiten, Geschichte, Sprache und Küche Auskunft.« *Münchner Merkur*

»Diese Bücher verbreiten Leselust durch lockere, reich illustrierte Reportagen und vermitteln außer dem selbstverständlichen Service wie historischem Abriß, Informationen über Sehenswürdigkeiten, Restaurants und Galerien – Hinweise, wie sie sonst kaum zu haben sind. Die Bände erweisen sich als Augenöffner für Typisches, wenig Bekanntes. Ob man das Ticket schon in der Tasche hat oder sich erst nach einem Reiseziel umsieht: die Reiseführer aus dem DuMont Buchverlag helfen, Fremdheit zu überbrücken – und das ist es, was man von solchen Sachbüchern erwartet.« *Radio Bremen*

DuMont Kunst-Reiseführer

Ägypten – Geschichte, Kunst und Kultur im Niltal
Vom Reich der Pharaonen bis zur Gegenwart. Von Hans Strelocke

Äthiopien – Kunst im Verborgenen
Ein Reisebegleiter ins älteste Kulturland Afrikas. Von Hans Helfritz

Algerien – Kunst, Kultur und Landschaft
Von den Stätten der Römer zu den Tuareg der zentralen Sahara. Von Hans Strelocke

Belgien – Spiegelbild Europas
Eine Einladung nach Brüssel, Gent, Brügge, Antwerpen, Lüttich und zu anderen Kunststätten. Von Ernst Günther Grimme

Dänemark
Land zwischen den Meeren. Kunst – Kultur – Geschichte. Von Reinhold Dey

Deutsche Demokratische Republik
Geschichte und Kunst von der Romanik bis zur Gegenwart. Brandenburg, Mecklenburg, Sachsen-Anhalt, Sachsen, Thüringen. Von Gerd Baier, Elmar Faber und Eckhard Hollmann

Bundesrepublik Deutschland

Das Bergische Land
Kultur, Geschichte, Landschaft zwischen Ruhr und Sieg. Von Bernd Fischer

Bodensee und Oberschwaben
Zwischen Donau und Alpen: Wege und Wunder im ›Himmelreich des Barock‹. Von Karlheinz Ebert

Franken – Kunst, Geschichte und Landschaft
Entdeckungsfahrten in einem schönen Land – Würzburg, Rothenburg, Bamberg, Nürnberg und die Kunststätten der Umgebung. Von Werner Dettelbacher

Hessen
Vom Edersee zur Bergstraße. Die Vielfalt von Kunst und Landschaft zwischen Kassel und Darmstadt. Von Friedhelm Häring und Hans-Joachim Klein

Köln
Stadt am Rhein zwischen Tradition und Fortschritt. Von Willehad Paul Eckert

München
Von der welfischen Gründung Heinrichs des Löwen bis zur Gegenwart: Kunst, Kultur, Geschichte. Von Klaus Gallas

Der Niederrhein
Das Land und seine Städte, Burgen und Kirchen. Von Willehad Paul Eckert

Oberbayern
Kultur, Geschichte, Landschaft zwischen Donau und Alpen, Lech und Salzach. Von Gerhard Eckert

Oberpfalz, Bayerischer Wald, Niederbayern
Regensburg und das nordöstliche Bayern. Kunst, Kultur und Landschaft. Von Werner Dettelbacher

Die Pfalz
Die Weinstraße – Der Pfälzer Wald – Wasgau und Westrich. Wanderungen im ›Garten Deutschlands‹. Von Peter Mayer

Schleswig-Holstein
Zwischen Nordsee und Ostsee: Kultur – Geschichte – Landschaft. Von Johannes Hugo Koch

Sylt, Amrum, Föhr, Helgoland, Pellworm, Nordstrand und Halligen
Natur und Kultur auf Helgoland und den Nordfriesischen Inseln. Entdeckungsreisen durch eine Landschaft zwischen Meer und Festlandküste. Von Albert am Zehnhoff (DuMont Landschaftsführer)

Der Westerwald
Vom Siebengebirge zum Hessischen Hinterland. Kultur und Landschaft zwischen Rhein, Lahn und Sieg. Von Hermann Joseph Roth

Zwischen Neckar und Donau
Kunst, Kultur und Landschaft von Heidelberg bis Heilbronn, im Hohenloher Land, Ries, Altmühltal und an der oberen Donau. Von Werner Dettelbacher

Frankreich

Auvergne und Zentralmassiv
Entdeckungsreisen von Clermont-Ferrand über die Vulkane und Schluchten des Zentralmassivs zum Cevennen-Nationalpark. Von Ulrich Rosenbaum

Die Bretagne
Im Land der Dolmen, Menhire und Calvaires. Von Frank und Almut Rother

Burgund
Kunst, Geschichte, Landschaft. Burgen, Klöster und Kathedralen im Herzen Frankreichs: Das Land um Dijon, Auxerre, Nevers, Autun und Tournus. Von Klaus Bußmann

Das Elsaß
Wegzeichen europäischer Kultur und Geschichte zwischen Oberrhein und Vogesen. Von Karlheinz Ebert

Frankreich für Pferdefreunde
Kulturgeschichte des Pferdes von der Höhlenmalerei bis zur Gegenwart. Camargue, Pyrenäen-Vorland, Périgord, Burgund, Loiretal, Bretagne, Normandie, Lothringen. Von Gerhard Kapitzke (DuMont Landschaftsführer)

Frankreichs gotische Kathedralen
Eine Reise zu den Höhepunkten mittelalterlicher Architektur in Frankreich. Von Werner Schäfke

Languedoc – Roussillon
Von der Rhône zu den Pyrenäen. Von Rolf Legler

Das Tal der Loire
Schlösser, Kirchen und Städte im ›Garten Frankreichs‹. Von Wilfried Hansmann

Die Normandie
Vom Seine-Tal zum Mont St. Michel. Von Werner Schäfke

Paris und die Ile de France
Die Metropole und das Herzland Frankreichs. Von der antiken Lutetia bis zur Millionenstadt. Von Klaus Bußmann

Périgord und Atlantikküste
Kunst und Natur im Lande der Dordogne und an der Côte d'Argent von Bordeaux bis Biarritz. Von Thorsten Droste

Die Provence
Ein Reisebegleiter durch eine der schönsten Kulturlandschaften Europas. Von Ingeborg Tetzlaff

Savoyen
Vom Genfer See zum Montblanc – Natur und Kunst in den französischen Alpen. Von Ruth und Jean-Yves Mariotte

Südwest-Frankreich
Vom Zentralmassiv zu den Pyrenäen – Kunst, Kultur und Geschichte. Von Rolf Legler

Griechenland

Athen
Geschichte, Kunst und Leben der ältesten europäischen Großstadt von der Antike bis zur Gegenwart. Von Evi Melas

Die griechischen Inseln
Ein Reisebegleiter zu den Inseln des Lichts. Kultur und Geschichte. Hrsg. von Evi Melas

Kreta – Kunst aus fünf Jahrtausenden
Minoische Paläste – Byzantinische Kirchen – Venezianische Kastelle. Von Klaus Gallas

Alte Kirchen und Klöster Griechenlands
Ein Begleiter zu den byzantinischen Stätten. Hrsg. von Evi Melas

Tempel und Stätten der Götter Griechenlands
Ein Reisebegleiter zu den antiken Kultzentren der Griechen. Hrsg. von Evi Melas

Großbritannien

Schottland
Geschichte und Literatur. Architektur und Landschaft. Von Peter Sager

Süd-England
Von Kent bis Cornwall. Architektur und Landschaft, Literatur und Geschichte. Von Peter Sager

Guatemala
Honduras – Belize. Die versunkene Welt der Maya. Von Hans Helfritz

Holland
Kunst, Kultur und Landschaft. Ein Reisebegleiter durch Städte und Provinzen der Niederlande. Von Jutka Rona

Indien

Indien
Von den Klöstern im Himalaya zu den Tempelstätten Südindiens. Von Niels Gutschow und Jan Pieper

Ladakh und Zanskar
Lamaistische Klosterkultur im Land zwischen Indien und Tibet. Von Anneliese und Peter Keilhauer

Indonesien
Ein Reisebegleiter nach Java, Sumatra, Bali und Sulawesi (Celebes). Von Hans Helfritz

Iran
Kulturstätten Persiens zwischen Wüsten, Steppen und Bergen. Von Klaus Gallas

Irland – Kunst, Kultur und Landschaft
Entdeckungsfahrten zu den Kunststätten der ›Grünen Insel‹. Von Wolfgang Ziegler

Italien

Apulien – Kathedralen und Kastelle
Ein Reisebegleiter durch das normannisch-staufische Apulien. Von Carl Arnold Willemsen

Elba
Ferieninsel im Tyrrhenischen Meer. Macchienwildnis, Kulturstätten, Dörfer, Mineralienfundorte. Von Almut und Frank Rother (DuMont Landschaftsführer)

Das etruskische Italien
Entdeckungsfahrten zu den Kunststätten und Nekropolen der Etrusker. Von Robert Hess und Elfriede Paschinger

Florenz und die Medici
Ein Begleiter durch das Florenz der Renaissance. Von My Heilmann

Ober-Italien
Kunst, Kultur und Landschaft zwischen den Oberitalienischen Seen und der Adria. Von Fritz Baumgart

Von Pavia nach Rom
Ein Reisebegleiter entlang der mittelalterlichen Kaiserstraße Italiens. Von Werner Goez

Rom
Kunst und Kultur der ›Ewigen Stadt‹ in mehr als 1000 Bildern. Von Leonard von Matt und Franco Barelli

Das antike Rom
Die Stadt der sieben Hügel: Plätze, Monumente und Kunstwerke. Geschichte und Leben im alten Rom. Von Herbert Alexander Stützer

Sardinien
Geschichte, Kultur und Landschaft – Entdeckungsreisen auf einer der schönsten Inseln im Mittelmeer. Von Rainer Pauli

Sizilien
Insel zwischen Morgenland und Abendland. Sikaner/Sikuler, Karthager/Phönizier, Griechen, Römer, Araber, Normannen und Staufer. Von Klaus Gallas

Südtirol
Begegnungen nördlicher und südlicher Kulturtradition in der Landschaft zwischen Brenner und Salurner Klause. Von Ida Pallhuber und Walter Pippke

Toscana
Das Hügelland und die historischen Stadtzentren. Pisa · Lucca · Pistoia · Prato · Arezzo · Siena · San Gimignano · Volterra. Von Klaus Zimmermanns

Venedig – Geschichte und Kunst
Erlebnis einer einzigartigen Stadt. Von Marianne Langewiesche

---

Japan – Tempel, Gärten und Paläste
Einführung in Geschichte und Kultur und Begleiter zu den Kunststätten Japans. Von Thomas Immoos und Erwin Halpern

---

Der Jemen
Nord- und Südjemen. Antikes und islamisches Südarabien – Geschichte, Kultur und Kunst zwischen Rotem Meer und Arabischer Wüste. Von Peter Wald

---

Jugoslawien
Kunst, Geschichte und Landschaft zwischen Adria und Donau. Von Frank Rother

---

Kenya
Kunst, Kultur und Geschichte am Eingangstor zu Innerafrika. Von Helmtraut Sheikh-Dilthey

---

Marokko – Berberburgen und Königsstädte des Islam
Ein Reisebegleiter zur Kunst Marokkos. Von Hans Helfritz

Mexiko
Ein Reisebegleiter zu den Götterburgen und Kolonialbauten Mexikos. Von Hans Helfritz

---

Nepal – Königreich im Himalaya
Geschichte, Kunst und Kultur im Kathmandu-Tal. Von Ulrich Wiesner

---

Österreich

Kärnten und Steiermark
Vom Großglockner zum steirischen Weinland. Geschichte, Kultur und Landschaft ›Innerösterreichs‹. Von Heinz Held

Salzburg, Salzkammergut, Oberösterreich
Kunst und Kultur auf einer Alpenreise vom Dachstein bis zum Böhmerwald. Von Werner Dettelbacher

Tirol
Nordtirol und Osttirol. Kunstlandschaft und Urlaubsland an Inn und Isel. Von Bernd Fischer

Wien und Umgebung
Kunst, Kultur und Geschichte der Donaumetropole. Von Felix Czeike und Walther Brauneis

---

Portugal
Ein Begleiter zu den Kunststätten von Porto bis zur Algarve-Küste. Von Albert am Zehnhoff

---

Rumänien
Schwarzmeerküste – Donaudelta – Moldau – Walachei – Siebenbürgen: Kultur und Geschichte. Von Evi Melas

---

Kunst in Rußland
Ein Reisebegleiter zu russischen Kunststätten. Von Ewald Behrens

---

Die Schweiz
Zwischen Basel und Bodensee · Französische Schweiz · Das Tessin · Graubünden · Vierwaldstätter See · Berner Land · Die großen Städte. Von Gerhard Eckert

---

Skandinavien – Dänemark, Norwegen, Schweden, Finnland
Kultur, Geschichte, Landschaft. Von Reinhold Dey

Spanien

Die Kanarischen Inseln
Inseln des ewigen Frühlings: Teneriffa, Gomera, Hierro, La Palma, Gran Canaria, Fuerteventura, Lanzarote. Von Almut und Frank Rother (DuMont Landschaftsführer)

Katalonien und Andorra
Von den Pyrenäen zum Ebro. Costa Brava – Barcelona – Tarragona – Die Königsklöster. Von Fritz René Allemann und Xenia v. Bahder

Mallorca – Menorca
Ein Begleiter zu den kulturellen Stätten und landschaftlichen Schönheiten der großen Balearen-Inseln. Von Hans Strelocke

Zentral-Spanien
Kunst und Kultur in Madrid, El Escorial, Toledo und Aranjuez, Avila, Segovia, Alcalá de Henares. Von Anton Dieterich

---

Südamerika: präkolumbische Hochkulturen
Ein Reisebegleiter zu den indianischen Kunststätten in Peru, Bolivien und Kolumbien. Von Hans Helfritz

---

Thailand und Burma
Tempelanlagen und Königsstädte zwischen Mekong und Indischem Ozean. Von Johanna Dittmar
(Erscheint Herbst '81)

Städte und Stätten der Türkei
Ein Begleiter zu den Kunstwerken Istanbuls und Kleinasiens. Von Kurt Wilhelm Blohm

---

Tunesien
Karthager, Römer, Araber – Kunst, Kultur und Geschichte am Rande der Wüste. Von Hans Strelocke

---

USA – Der Südwesten
Indianerkulturen und Naturwunder zwischen Colorado und Rio Grande. Von Werner Rockstroh

»Richtig reisen«

»Richtig reisen«: Algerische Sahara
Reise-Handbuch
Von Ursula und Wolfgang Eckert. 330 Seiten mit 42 farbigen und 151 einfarbigen Abbildungen

»Richtig reisen«: Amsterdam
Von Eddy und Henriette Posthuma de Boer. 203 Seiten mit 50 farbigen und 130 einfarbigen Abbildungen

»Richtig reisen«: Ferner Osten
Von Charlotte Peter und Margrit Sprecher. 302 Seiten mit 14 farbigen und 120 einfarbigen Abbildungen

»Richtig reisen«: Florida
Von Manfred Ph. Obst. Fotos von Werner Lengemann. 354 Seiten mit 45 farbigen und 170 einfarbigen Abbildungen

»Richtig reisen«: Griechenland
Delphi, Athen, Peloponnes und Inseln
Von Evi Melas. 344 Seiten mit 45 farbigen und 124 einfarbigen Abbildungen

»Richtig reisen«: Griechische Inseln
Reise-Handbuch
Von Dana Facaros. 344 Seiten mit 50 farbigen und 142 einfarbigen Abbildungen

»Richtig reisen«: Großbritannien
England, Wales, Schottland
Von Rolf Breitenstein. 284 Seiten mit 58 farbigen und 140 einfarbigen Abbildungen

»Richtig reisen«: Ibiza/Formentera
Von Ursula von Kardorff und Helga Sittl. 248 Seiten mit 52 farbigen und 153 einfarbigen Abbildungen

»Richtig reisen«: Istanbul
Von Klaus und Lissi Barisch. 257 Seiten mit 28 farbigen und 173 einfarbigen Abbildungen

»Richtig reisen«: Kanada und Alaska
Von Ferdi Wenger. 325 Seiten mit 39 farbigen und 118 einfarbigen Abbildungen

»Richtig reisen«: Kopenhagen
Von Karl-Richard Könnecke. 200 Seiten mit 32 farbigen und 118 einfarbigen Abbildungen

»Richtig reisen«: London
Von Klaus Barisch und Peter Sahla. 251 Seiten mit 18 farbigen und 189 einfarbigen Abbildungen

»Richtig reisen«: Los Angeles
Hollywood, Venice, Santa Monica
Von Priscilla und Matthew Breindel. 344 Seiten mit 75 farbigen und 256 einfarbigen Abbildungen

»Richtig reisen«: Malediven
Reise-Handbuch
Von Norbert Schmidt. 207 Seiten mit 43 farbigen und 64 einfarbigen Abbildungen

»Richtig reisen«: Marokko
Reise-Handbuch
Von Michael Köhler. 387 Seiten mit 38 farbigen und 170 einfarbigen Abbildungen

»Richtig reisen«: Mexiko und Zentralamerika
Von Thomas Binder. 330 Seiten mit 32 farbigen und 119 einfarbigen Abbildungen

»Richtig reisen«: Moskau
Von Wolfgang Kuballa. 268 Seiten mit 36 farbigen und 150 einfarbigen Abbildungen

»Richtig reisen«: München
Von Hannelore Schütz-Doinet und Brigitte Zander. 365 Seiten mit 63 farbigen und 272 einfarbigen Abbildungen

»Richtig reisen«: Nepal
Kathmandu: Tor zum Nepal-Trekking
Von Dieter Bedenig. 288 Seiten mit 37 farbigen und 97 einfarbigen Abbildungen

»Richtig reisen«: New Mexico
Santa Fe – Rio Grande – Taos
Von Gudrun Wasmuth u. a. 320 Seiten mit 65 farbigen und 200 einfarbigen Abbildungen

»Richtig reisen«: New York
Von Gabriele von Arnim und Bruni Mayor. 312 Seiten mit 61 farbigen und 178 einfarbigen Abbildungen

»Richtig reisen«: Nord-Indien
Von Henriette Rouillard. 332 Seiten mit 36 farbigen und 121 einfarbigen Abbildungen

»Richtig reisen«: Paris
Von Ursula von Kardorff und Helga Sittl. 277 Seiten mit 34 farbigen und 178 einfarbigen Abbildungen

»Richtig reisen«: Peking und Shanghai
Von Uli Franz. 334 Seiten mit 46 farbigen und 138 einfarbigen Abbildungen

»Richtig reisen«: San Francisco
Von Hartmut Gerdes. 248 Seiten mit 33 farbigen und 155 einfarbigen Abbildungen

»Richtig reisen«: Südamerika 1
Kolumbien, Ekuador, Peru, Bolivien
Von Thomas Binder. 252 Seiten mit 35 farbigen und 121 einfarbigen Abbildungen

»Richtig reisen«: Südamerika 2
Argentinien, Chile, Uruguay, Paraguay
Von Thomas Binder. 330 Seiten mit 37 farbigen und 110 einfarbigen Abbildungen

»Richtig reisen«: Südamerika 3
Brasilien, Venezuela, die Guayanas
Von Thomas Binder. 332 Seiten mit 38 farbigen und 117 einfarbigen Abbildungen

»Richtig reisen«: Tokio
Von Frank und Ceci Whitford. 270 Seiten mit 49 farbigen und 120 einfarbigen Abbildungen

»Richtig reisen«: Wien
Wachau, Wienerwald, Burgenland
Von Wolfgang Kuballa und Arno Mayer. 320 Seiten mit 66 farbigen und 172 einfarbigen Abbildungen